Economic Analysis of Initial Public Offering

IPOの経済分析

過小値付けの謎を解く

金子 隆 [著]
Takashi Kaneko

東洋経済新報社

はしがき

　IPO（initial public offering）という言葉は，日本では新規株式公開の略語として使われることが多いが，正確には，企業が公開に先立って不特定多数の投資家向けに株式を発行することを指す．本書はIPOの値付け――すなわちいくらで株式を発行するか――に焦点を絞った研究書である．具体的には，いまの日本における値付けのあり方がいかに異常なものであるかを指摘し，その現象がなぜ起こっているのかを解明し，正常な姿に戻すには制度をどう改善すべきかの提言を行う．これが本書の主たる目的である．

　IPOがファイナンス研究者の関心を集めるおそらく最大の理由は，株式が市場で流通する前にいくらで発行するかを決めなければならない点にある．したがって，そこにはどうしても人為的な要素が入り込んでくる．しかし，IPOといえども背後には無数の投資家の需要があるわけで，需給実勢を無視した値付けというのは，本来ありえない．ところが，多くの場合，結果的に需給実勢を大きく下回ったところで値付けがなされている．これを過小値付けという．過小値付けされた株式の配分を受けた投資家は，公開初日に市場で売り抜けることで高いリターンを得る．これを初期収益率という．

　本書では，最初に，値付けと配分に関する代表的な方式――具体的には入札方式とブックビルディング方式――を中心に，日本のIPO制度を概観する．次に，なぜ過小値付けが発生するのかに関する代表的な先行研究を展望する．そこで紹介される理論は，大半が米国の制度を前提に生み出されたものである．

　そのうえで，日本のIPOに関する2つの謎の解明に取り組む．1つめは，かつて導入されていた入札方式のもとで，平均10％台もの初期収益率が発生しているのはなぜかという「謎1」である．平均10％台というのはブックビルディング方式が支配的な米国でも観察されており，それに対して様々な解釈が試みられている．しかし，後述するように，謎1を米国生まれの理論で説明することはできない．この謎に筆者なりの解釈を提示し，妥当性を検証す

る．

　2つめは，1997年秋に追加的に導入されたブックビルディング方式のもとで，平均60％台後半の異常に高い初期収益率が発生しているのはなぜかという「謎2」である．本書の主題はこちらであり，謎1の考察はそのための準備作業に過ぎない．この謎に正面から取り組み，説得力ある答えを提示した研究は，筆者の知るかぎり，存在しない．初期収益率が高いということは，発行企業が一種の損失を被っていることを意味する．にもかかわらず，同方式が導入されてから，入札方式を選択した企業は（最初の1カ月余を別とすれば）一社もない．この謎に筆者なりの解釈を提示し，妥当性を検証する．

　以上2つの謎に筆者なりの答えを与え，それを踏まえて制度改善のための提言を行う．

　本書で示した謎1や謎2に対する答えは，至ってシンプルなものである．これは，筆者に複雑精緻な理論モデルを構築する力がないということもあるが，同時に研究上の信念によるものでもある．キザな言い方を許してもらうなら，真理というのはそれを覆い隠している「落ち葉」を取り除けばシンプルな姿をしており，したがってそれをとらえた説明もシンプルなものでなければならないと考えている．本書で示した解釈がはたして真理をとらえているのか，それとも筆者の単なる独りよがりなのかは，読者の判断をまつしかない．

　本書には，じつはもう1つの目的がある．それは，あまり認識されていないIPO研究の面白さを知ってもらうということである．IPO研究というのは，第1に，理論・制度・実証のどれが欠けても成立せず，第2に，十分に解明されていない（しかし挑戦に値する）問題が山積しており，第3に，歪みの少ない価格形成に向けての提言等，政策的含意が約束されている．あくまで個人的な感想であるが，学問としてのファイナンスでIPOほど面白いテーマはそうないように思う．このテーマに巡り会えた偶然に感謝するとともに，現役を退いた身として，微力ながらその面白さを伝えることの責務を感じている．

　あらかじめ次の2点を断っておきたい．まず，筆者には実務経験がなく，制度に関する知識はすべて公表資料や関係者へのヒアリングを通して得たも

のである．そのため，IPOの実務家からすると，不適切な記述があるかもしれない．その点はご容赦いただきたい．ただ，本書の中心的論点である値付け制度については，可能なかぎり調べたつもりである．仮に事実誤認があったとしても，それは本書の結論を大きく左右するものではないと信じている．

　また，本書の後半部分は，見方によっては，総合証券会社の行動を批判しているように受け取られるかもしれない．しかし，彼らの行動は，行政当局や業界団体の定めたルールのもとでは，何ら違法なものではない．それどころか，わが国の総合証券会社の置かれている立場等を考えると，きわめて合理的な行動である．その意味で，彼らの行動は非難されるべきものではない．ただし，そのことと，かかる行為が国民経済的にみて望ましいかどうかは，まったくの別問題である．もし望ましくなければ，行政当局が主導する形で，値付け方式を抜本的に見直す必要がある．

　本書は，筆者が1990年代から取り組んできたIPO研究の成果を，一度すべて分解し，一冊の本となるように全体の構想を練り，それに沿って書き直したものである．必要に応じてデータを更新し，計測作業をやり直している．そのため，初出論文といえるようなものは特にない．出版にこれほど多くの時間を要したのは，ひとえに筆者の要領の悪さゆえである．

　ここに至るまで，じつに多くの方々にお世話になった．間違いなく最大の恩人は，大学院時代の指導教授の田村茂先生である．先生からは，大学に残ってからも，あらゆる面で折に触れ的確なアドバイスを頂戴した．理路整然と説得力のある話し方や書き方をされる先生は，常に私のお手本であった．この本で少しでも恩返しができればこれほど嬉しいことはない．

　学部時代の指導教授である故大熊一郎先生は，財政学がご専門であるにもかかわらず，ゼミの学生には卒論で好きなテーマを選ばせてくれた．そのおかげで，私は金融論に関心をもつことになるのだが，先生は私の無謀な大学院挑戦を認めてくれたばかりか，別の学部に所属する田村先生を紹介してくださった．このご恩がなければ，いまの私は存在しない．

　37年来の親友であるRichard H. Pettway教授（元フロリダ大学）は，日本のファイナンスについての共同研究を何回ももちかけてくれ，論文投稿や学

会発表を通して私の目を海外に向けさせてくれた．彼と執筆した論文は本書で直接的には使用されていないが，問題意識や分析視点は間違いなく彼との共同研究で養われたものである．IPO研究の世界的第一人者であるJay R. Ritter教授（フロリダ大学）は，私にこのテーマの面白さと奥深さを教えてくれた．私の稚拙な質問にいつも親切に答えてくれる彼からのメールは，私にとって大きな財産となっている．

　大学院時代の兄弟子である大村敬一氏（早稲田大学）や，かつての職場（慶應義塾大学）の同僚である辻幸民氏，和田賢治氏，富田信太郎氏からは，さまざまな機会で貴重なアドバイスを頂戴した．記して謝意を表したい．同じIPO研究者である池田直史氏（東京工業大学）は，共著の一部を転載することを快諾してくれただけでなく，原稿の一部に目を通し，改善に役立つコメントを数多く寄せてくれた．彼の惜しみない協力がなければ本書は完成に漕ぎ着けなかったと思われる．

　日本ファイナンス学会，日本経済学会，日本金融学会関東部会，各種セミナーなどで報告の機会を得たときには，討論者の先生方をはじめとして多くの方々から貴重なコメントを頂戴した．とりわけ，鈴木健嗣氏（一橋大学），翟林瑜氏（大阪市立大学），平木多賀人氏（国際大学），米澤康博氏（早稲田大学）から頂戴したコメントは，内容の改善に大きく役立った．

　日本証券経済研究所主任研究員の若園智明氏は，私の質問に答えてくれただけでなく，各分野の専門家への橋渡し役を務めてくれた．日本証券業協会の山内公明氏と岩瀬哲也氏からは，制度や慣行に関する日米の違いについて，いろいろとご教示いただいた．証券分野の第一線で活躍している私のゼミの卒業生からも，多くの教えを請うことができた．

　お名前をすべてあげることはできないが，お世話になった方々にこの場を借りて厚くお礼を申し上げたい．もちろん，本書に残された誤りは私個人の責に帰すものである．

　本書のもととなった各種研究は，科学研究費補助金（基盤研究（B）：課題番号17330074，21330079），日本経済研究奨励財団（当時），財団法人清明会（当時），公益財団法人石井記念証券研究振興財団，慶應義塾大学グローバルCOEプログラム（市場の高質化と市場インフラの総合的設計），慶應義

塾大学学事振興資金（研究補助（個人，共同），研究科枠，特別研究費補助）による補助を受けている．記して謝意を表したい．

　東洋経済新報社の伊東桃子氏は，呆れるほど遅筆の私を温かい言葉で励まし，原稿の完成を辛抱強く待ってくださった．そして，岡博惠氏とともに厄介な編集と校正の労をとってくださった．心より感謝申し上げたい．

　最後に，私事で恐縮だが，家業の町工場を継がずに学問の道に進むことを許し，応援してくれた両親と，安心して仕事に打ち込める環境をつくり，献身的にサポートしてくれた妻・惠美子に，最大限の謝意をもって本書を捧げたい．

2019年6月3日

金子　隆

目　次

はしがき　iii

第1章　日本のIPOの何が問題か
——本書の目的と概要　1

1. 本書の目的　1
2. 予備知識　2
3. 特徴的な観察事実　9
4. 過小値付けによる損失と利益の発生：仮設数値例　14
5. 2つの謎とそれに対する基本的考え方　16
6. 本書の構成と概要　19
   データの出所一覧　25

第2章　日本のIPO制度
——値付け方法と配分方法を中心に　27

1. 固定価格方式（～1989年3月）　27
2. 入札方式（1989年4月～）　29
   2-1. 導入の経緯　29
   2-2. 入札方式下の公開価格決定方法　30
   2-3. 入札方式下の配分方法　33
3. BB方式（1997年9月～）　34
   3-1. 導入の経緯　34
   3-2. BB方式下の公開価格決定方法　35
   3-3. BB方式下の配分方法　37
   3-4. BB方式の日米比較　38

  3-5. 抽選配分制度の導入（2006年8月～） 41
  3-6. 配分のあり方等に関するその後の見直し 45
 4. まとめ──入札方式とBB方式の差異を中心に……………47

第3章 過小値付け現象に関する先行研究　51

 1. 情報の非対称性に着目した解釈……………………………52
  1-1. 逆選択仮説とその発展系 53
  1-2. 情報獲得（情報顕示）仮説 59
  1-3. シグナリング仮説 63
  1-4. 利害対立仮説 65
 2. 発行企業・引受業者間のリスク配分に着目した解釈………69
 3. 制度的要因に着目した解釈………………………………71
  3-1. 訴訟回避仮説 71
  3-2. 安定操作仮説 73
 4. 発行企業の所有・支配構造に着目した解釈………………76
  4-1. 支配権維持仮説 77
  4-2. エージェンシーコスト削減仮説 79
 5. 行動ファイナンスに基づく解釈……………………………80
  5-1. 情報カスケード仮説 80
  5-2. プロスペクト理論 81
  5-3. 投資家センチメント仮説 84
 6. 価格決定方式の優劣に関する議論…………………………87
 7. まとめ──2つの謎に対する説明力を中心に………………93

第4章 入札方式下の主幹事の「適正値付け」行動　95

1. 主幹事による過小値付けの誘因：理論的整理 …………… 95
2. 入札方式下における適正値付けの可能性 ……………… 98
3. 「公開前」需要曲線と均衡価格の推定方法 …………… 101
   - 3-1. 推定を可能にするための前提条件　101
   - 3-2. 投資家のビッド分布と集計需要関数の関係　102
   - 3-3. 需給均衡価格の推定方法　103
4. 公開価格と推定均衡価格の関係 ………………………… 106
5. 結び …………………………………………………………… 109

第5章 不正確性プレミアム仮説　111
——謎1の解明

1. 「公開前」需要曲線と「公開後」需要曲線 ……………… 111
2. 仮説の前提条件 ……………………………………………… 113
   - 2-1. 前提条件1——対称的情報下における意見の相違　113
   - 2-2. 前提条件2——平均的意見を反映した株価形成　114
3. 不正確性プレミアム仮説 …………………………………… 115
   - 3-1. 仮説の基本的考え方　115
   - 3-2. 不正確性プレミアムの決定要因　119
   - 3-3. 実証的含意　121
4. 実証計画 ……………………………………………………… 122
   - 4-1. 不正確性の指標としての意見分散度　122
   - 4-2. 検証方法　123
5. 検証結果 ……………………………………………………… 127
6. 結び …………………………………………………………… 130

第6章 現行方式の特異性に関する観察事実　133

1. 初期収益率に関する観察事実：再確認 …………………………… 133
2. 仮条件に関する観察事実 ……………………………………………… 140
    2-1. 仮条件と公開価格の関係　140
    2-2. 仮条件の中間値とレンジに関する観察事実　142
    2-3. まとめ　145
3. 値付けの的確性に関する観察事実 …………………………………… 147

第7章 利益相反仮説の提示とその根拠　153

1. 利益相反仮説 ……………………………………………………………… 153
2. 仮説の根拠 ………………………………………………………………… 157
    2-1. 総合証券会社の収益構造と顧客構成　157
    2-2. 主幹事の裁量の余地　162
    2-3. IPOのコスト構造　164
    2-4. まとめ　170
3. 補論——初値が高すぎる可能性について ………………………… 171

第8章 利益相反仮説の検証
    ——謎2の解明　175

1. 仮説から導かれる実証的含意 ………………………………………… 175
2. 利益相反誘因の規定要因 ……………………………………………… 177

3. 利益相反誘因の代理変数 …………………………………………… 178
4. 実証計画 …………………………………………………………… 182
   4-1. 検証方法の概要　182
   4-2. 回帰分析で使用する変数の定義　183
   4-3. データと計測方法　189
5. 検証結果 …………………………………………………………… 191
   5-1. 利益相反誘因が初期収益率に及ぼす影響　191
   5-2. 利益相反誘因が機会損失額に及ぼす影響　195
6. 結び ………………………………………………………………… 198
   主幹事証券会社の一覧　200

第9章　結論　201

1. 分析結果の要約——2つの謎に対する答えを中心に ……… 201
2. 利益相反行為の何が問題なのか ……………………………… 204
3. 制度改善のための提言 ………………………………………… 207
4. 健全なIPO市場の発達にとって真に重要な視点 …………… 211

参考文献　213
索　引　222

第1章

日本のIPOの何が問題か
——本書の目的と概要

1. 本書の目的

　企業が自社の株式を投資家間で自由に売買できるようにすることを，株式公開または上場という[1]．次節できちんと定義するが，上場時に株式を発行することをIPO (initial public offering) という．本書はこのIPOの値付け（プライシング）に焦点を絞った研究書である．具体的には，いまの日本における値付けのあり方がいかに異常なものであるかを指摘し，その現象がなぜ起こっているのかを解明し，正常な姿に戻すには制度をどう改善すべきかの提言を行う．これが本書の主たる目的である．

　したがって，株式公開の解説書ではないので，企業が株式を公開するまでのプロセス全般を取り上げるわけではない．公開の準備が整って，いよいよ株式を発行するという最後の段階が分析の対象となる．

　日本のIPOの価格形成を取り上げた研究書としては，すでに忽那（2008）や岡村（2013）などの優れた業績がある．本書がそれらと大きく異なるのは，解明されていない2つの謎に「答え」を与えるというスタイルで書かれている点である．

---

[1] 本書では株式公開と上場を同義に扱っている．厳密にいうと，証券取引所を通じての株式公開のことを上場という．つまり，上場は株式公開の部分集合である．かつては証券取引所を通さずに証券会社の店頭で取引を行う店頭市場が存在し，そこでの株式公開を店頭公開と呼んで上場とは区別していた．しかし，2004年12月に店頭市場がジャスダック証券取引所に業態転換してからは，両者を区別する意味が（少なくとも日本では）なくなっている．

2. 予備知識

　具体的にどういう謎を取り上げるのかを説明する前に，IPO に不案内な読者のために，簡単な予備知識を提供しておこう．あわせて，IPO 研究における筆者の基本的スタンスも示しておきたい．

　IPO のことを新規株式公開とか新規上場と訳すことが多いが，厳密にいうと，それは間違いである．Initial public "offering" という言葉の意味を考えればわかるように，最初に（正確にいうと上場直前に），不特定多数の投資家を対象に，株式を「発行する」ことである[2]．その株式のことを以下では新規公開株またはIPO株という．

　発行の形態は2つある．1つは，企業が新規に株式を発行する「募集（または公募）」であり，もう1つは，創業者一族やベンチャー・キャピタルなどの既存株主が保有株式の一部またはすべてを放出する「売出し」である（図1-1参照）．政府系企業が民営化する場合は売出しの形態をとる（その場合の既存株主は政府）．募集の場合，発行代金を手にするのは企業であり，売出しの場合，発行代金を手にするのは株式を手放した既存株主である．

　募集と売出しに適用される価格をそれぞれ募集価格と売出し価格という．多くの新規公開企業は募集と売出しを両方とも実施し，その場合，2つの価格は必ず一致するので，両者を総称して公開価格と呼ぶ．本書でいうIPO株の値付けとは，公開価格の決定のことである．

　株式の発行を伴わない公開——いわゆる直接上場（direct listing）——も，原理的には可能である．しかし，実際にはきわめて稀であり，筆者の知る唯一の事例は，2018年4月にニューヨーク証券取引所（NYSE）に直接上場した音楽ストリーミング配信大手のSpotify社である．

　では，なぜ上場時に株式を発行するのか．当該企業の観点からは，成長資金を調達したり，既存株主に出資金の回収機会を提供したりするためである．しかし，それだけが目的であれば，なにも公開時にこだわる必要はな

[2) ちなみに，新規株式公開や新規上場に相当する英語は going public や new listing である．

図1-1 新規公開株の内訳

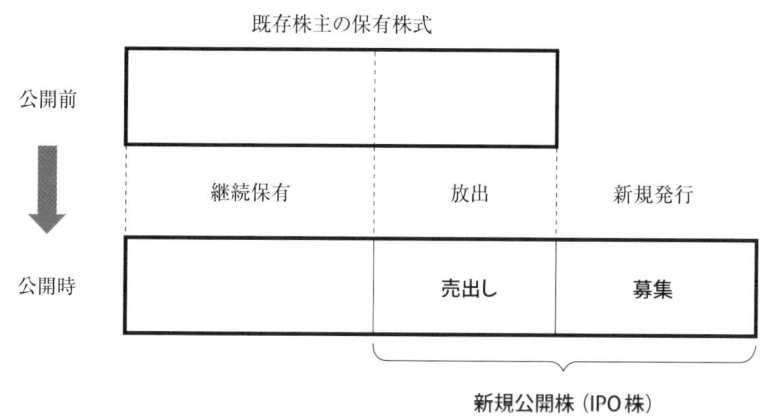

（出所）筆者作成.

く，公開後でも理屈のうえでは可能である[3]．株式市場の観点からは，もっと別の理由がある．それは，公開初日から活発な取引が行われ，円滑な価格形成がなされるよう，あらかじめ株式に流動性を付与しておくためである．

そうしたことをせずにいきなり公開に踏み切れば，既存株主しか売り手の候補はいないので，投資家による買いが一方的に表れて株価が急騰するか，既存株主による売りが一方的に表れて急落する可能性が高い．公開時の募集や売出しは，事前にそれらをある程度吸収しておくことで，株価を市場に「軟着陸」させる役割を果たす．事実，Spotify社が直接上場した際には，公開初日だけで寄付きから終値にかけて株価は10％も下落した．

すでに上場している企業が株式を発行することを，実務の世界ではPO（public offering）と呼んでIPOと区別する[4]．IPOがPOと決定的に異なるのは，市場で価格が決まる前に，いくらで発行するかを決めなければならない点である[5]．POの場合，直近の市場価格を参考にして発行価格を決めることができる．しかし，IPOの場合，参考にすべき市場価格がそもそも存在しな

3）先取りしていうなら，公開後に発行した方が過小値付けによる機会損失は少なくて済む．
4）研究者の間ではPOの代わりにSEO（seasoned equity offering）と呼ばれることが多い．

い[6]．そのため，公開価格の決定はどうしても人為的とならざるをえない．

　発行される株式を投資家に配分する役割を果たすのが引受業者であり，日本では証券会社の引受部門がこれを担っている[7]．引受とは，投資家に販売する目的で発行企業から株式を買い取ることである[8]．この買い取りがあるおかげで，発行企業は受取額を安定的に手にすることができる．一方，引受業者は売れ残りのリスクを負うことになるが，それに対する報酬（引受手数料）として，投資家の支払額（公開価格）と発行企業の受取額（引受価額）の差であるスプレッドを受け取る[9]．

　IPO株の引受を証券会社が一社で行うことはまずない．通常は，引受シンジケート団（シ団）を組成して，主幹事証券会社がこれをとりまとめる．主幹事はシ団メンバー間の引受シェアの決定のみならず，公開価格の決定においても主導的な役割を果たしている．そのため，本書では主幹事の行動に注目し，その他のメンバーの行動にはほとんど言及しない．主幹事が複数いる大型IPOの場合は，いわゆる墓石広告のトップレフトに位置する筆頭主幹事

---

5) ここでいう市場とは，証券取引所のように，不特定多数の参加者が競争的に売買を行い，需要と供給で価格が決定される市場のことである．

6) 日本では，非上場企業の株式を取引するグリーンシート市場が，1997年7月，日本証券業協会により開設され，売り気配と買い気配が提示されるようになった．しかし，上場企業並みの厳しい情報開示が求められることもあって指定を取り消される銘柄が相次ぎ，また，売買が成立しないリスクも大きいので，投資家から不人気であった．そのため，この制度は2018年3月末で廃止された（背景にはクラウドファンディングの普及もある）．この20年余の間にグリーンシート経由で証券取引所に上場した企業はわずか19社である．公開価格の決定にとって参考となる価格情報を同市場が安定的に提供していたとは考えられない．

　なお，欧州や香港には，新規公開株を上場前に先渡しのかたちで相対取引する場（グレーマーケット）が存在し，日本でも，海外発行を伴うIPOの場合，そこでの取引価格が注目されている．ただし，それは仮目論見書に記載された発行条件に基づく取引であり，そこには仮条件（後述）も記載されているので，公開価格のとりうる範囲はすでに決まっている．

7) 米国では投資銀行（investment bank）がこれを担っている．そして，IPO株の配分先は主として機関投資家である．販売委託を受けたリテール証券会社を通して個人投資家にも配分されるが，割合は多くない．これに対して日本では，あとでみるように，個人投資家への配分割合が多い．

8) 引受の契約形態には，発行企業からすべてを買い取ったうえで投資家に販売する買取引受と，売れ残りが発生した場合に（あらかじめ定められた条件で）残部を買い取って投資家に販売する残額引受がある．さらに，これとは別に，発行企業から買い取ることはせず，販売可能な分だけ販売し，売れ残りが生じても責任を負わないという，ベストエフォート方式の契約形態もある．

9) かつては企業が一定額の引受手数料を支払う固定方式が採用されていたが，現在ではスプレッド方式が主流である．なお，スプレッド方式の場合，発行企業にとって損益計算書上の費用は発生しない．

が公開価格の決定においてイニシアチブを握っているので，筆頭主幹事の行動に注目する[10]．

公開初日に市場で成立する株価のことを初値という[11]．そして，初値が公開価格をどれだけ上回ったか（下回ったか）を示す比率のことを初期収益率と呼ぶ[12]．よく知られているように，平均的にみると，世界中で非常に高い初期収益率が観察されている（次節参照）．

初期収益率が高いということは，形式的には2通りの解釈が可能である．1つは，分子の初値が高すぎるというもので，日本の実務家に多い解釈である．しかし，初値といえども需給実勢を反映した株価である．株式市場の効率性を全面的に否定するなら話は別であるが，それが「ほとんど常に」「高めに」ミスプライスすると考えることには，大きな無理がある．それだけではない．あとで示すように，日本では公開価格の決定方式が変更となった途端に平均初期収益率が高くなっているのだが，初値に着目した解釈だけではこの現象はうまく説明できない．

もう1つは，分母の公開価格が低すぎるというもので，欧米で支配的な解釈である．公開価格の決定にイニシアチブを握っているのは主幹事であるから，「なぜ主幹事（あるいは発行企業）は公開価格を過小に値付け（underpricing）するのか」がこれまで研究者の主たる関心事であった．その謎に対しては多くの仮説が提示されているが，それらを総称して過小値付け説と呼ぶ．今日では，その中で定説ともいうべき解釈が確立されている．

筆者自身，初値が高すぎるという可能性は否定しないが，本書ではもっぱら後者の視点から考察を進める[13]．そのため，以下では「高い初期収益率」

[10) 墓石広告（tombstone advertisement）とは，株式や社債の発行に際して引受業者が新聞等に掲載する募集広告のことで，発行概要や引受業者名などの表記方法が西洋の墓碑銘に似ていることから，こう呼ばれる．
11) 公開初日に買いが殺到して値が付かない銘柄もあるので，ここでいう初値とは，正確には「初約定日に成立した株価」のことである．しかし，本書では単に初値と呼ぶことにする．
12) 初期収益率の測り方には，初値として何を用いるかにより2通りの方法がある．1つは公開初日の始値を用いる方法であり，実務の世界ではこれが一般的である．しかし，IPO研究者の間では公開初日の終値を用いる方法がよく使われる．IPOの場合，始値よりも終値の方が価格に含まれるノイズ（企業価値に関する雑音的情報）が少ないと考えられるためである．本書では常にこの方法で初期収益率を計算する．

と「過小値付け」はほぼ同義に扱われる．ただし，これから指摘する日本の過小値付け現象は，従来の解釈ではうまく説明できないと筆者は考える．

この機会に，過小値付けについてよくある誤解に言及しておこう．証券会社は単に売れ残りを避けるために公開価格を低く設定しているのだ，ということがよくいわれる．しかし，引受手数料が発行総額（公開価格×新規公開株数）に一定率のスプレッドを掛けるかたちで決定される現行方式のもとでは，過小値付けは引受手数料の減少を招く．したがって，売れ残りを避けることだけを目的として過小値付けをしていると考えることには大きな無理がある．だからこそ，研究者は別の理由を探ろうとしている．

さて，過小値付け現象を少し違った角度からみてみよう．初期収益率が高いということは，引受業者からIPO株の配分を受けて公開価格で購入した投資家からすれば，公開初日に売り抜けることで高いリターンが得られることを意味する．しかし，同じことを発行企業（含，既存株主）からみると，「もっと高い価格で発行できたはず（したがって，もっと多くのキャッシュを手にすることができたはず）」ということになる．つまり，機会損失（opportunity loss）が発生する．これはキャッシュの流出を伴う損失ではないので軽視されがちであるが，合理的な経済主体にとってはキャッシュの流出を伴う損失とまったく同様の意味をもつ．

こう考えるとわかるように，過小値付けされたIPOというのは，「発行企業や既存株主が損をして投資家が得をする」という構図を生み出している．この点は意外なほど看過されているが，重要なのは，そこに正当な理由があるかどうかである．損失・利益の発生が正当な理由によるものであれば，この構図は社会的にも国民経済的にも問題とならない．逆に，正当な理由がなければ，それは（おそらく）値付け制度の欠陥ゆえに生じたものであり，是正される必要がある．先取りしていうなら，いまの日本のIPOは，正当化される部分と正当化されない部分が混在しているというのが，本書における主要な結論の1つである．

「平均」初期収益率がいつまでたっても高いというのは，ある意味，不思

---

13) 第7章の補論で，初値が高すぎる可能性についても若干の考察を加える．

議なことである．なぜなら，その現象をみて，投資家は「もっと高い価格を支払ってもよいからIPO株を配分して欲しい」と証券会社に要求するし，まもなく公開する企業は，主幹事から提示された価格案をみて「もっと高い価格で発行できるはず」と主張する．つまり，本来なら，投資家と企業の思惑が一致して公開価格に上昇圧力がかかり，初期収益率はいずれ低下に向かうはずだからである．

ところが，いつまでたっても高い状態が続いている．この現象をどう解釈するかは研究者によって異なるが，大別すると2つに分けられる．1つは理屈ではうまく説明できない特異な値動き（いわゆるアノマリー）とする解釈である．もう1つは高い初期収益率には必ず理由があり，それを考えると決して不思議な現象ではないとする解釈である．その場合，理由にも2通りのタイプがある．1つは経済合理性に基づく理由付けであり，もう1つは投資家の心理や非合理性に着目した理由付けである．ここで経済合理性とは，自身の経済的な目的や価値基準に沿って常に矛盾なく行動することを指す概念である．

あらかじめいうなら，筆者は「高い初期収益率には必ず理由がある」と考え，可能なかぎり経済合理性に基づく解釈を試みる．そして，それがどうしても無理な場合には，いわゆる限定合理性に基づく解釈を考える[14]．ただし，高い初期収益率に経済合理性があるというのは，あくまで当事者の主体的行動に関する話であって，それが国民経済的にみて望ましいかどうかは，まったくの別問題である．

最後に，公開価格の決定方式を簡単に紹介しておこう．公開価格をどう決定するかと値付けされたIPO株をどう配分するかは，制度上，密接不可分の関係にある．しかも，その制度は国や時代によって異なる．ここでは日本の値付け制度に焦点を絞って紹介する．

詳しくは第2章で述べるが，日本では3つの価格決定方式が順番に採用されてきた．古くから採用されていたのが固定価格方式——日本での通称は類

---

14) ここで限定合理性とは，誰もが合理的に行動しようとしているが，認知能力等の限界により「限られた合理性」しか発揮できないことを意味する概念である．

似会社比準方式——である．これは，同じ業種に属する既上場企業の株価と財務指標をもとに，一定の算式を用いて公開価格を決定する方式である．最大の特徴は，投資家の需要の強さを（少なくとも直接的には）考慮せずに価格が決定される点である．この方式下では，ほぼ例外なく初値が公開価格を大きく上回り，「IPO株は確実に儲かる」というIPO神話が形成された．

そのことを如実に物語るエピソードが，1988年に表面化したリクルート事件である．この事件を契機に，株式公開に対する公正性の確保が強く要請されるようになり，その一環として，透明性の高い値付け方式の採用が検討された．その結果，1989年4月，入札方式——正確には部分入札方式——が固定価格方式にとって代わるかたちで導入された．これは簡単にいうと，IPO株の一部を投資家の参加する複数価格方式の入札にかけ，落札結果をもとに主幹事が残りの株式（非入札株）の公開価格を決定する方式である．

ところが，この方式では，個人投資家のIPO人気によって公開価格が吊り上げられ，公開後に大きく値崩れすることが問題視されるようになった．そして，価格発見能力に優れているとされる機関投資家の意見を反映させた値付け方式に変更すべきであるという声が，証券業界で強まった．

その結果，1997年9月に，ブックビルディング（BB）と呼ばれる方式が追加的に導入された．これは，主幹事が機関投資家の意見を踏まえて仮条件と呼ばれる価格帯を設定し，その範囲内で投資家から需要申告を受け付けて，その積み上がり状況をみて公開価格を決定する方式である．筆者の考える最大の特徴は，値付け面でも配分面でも入札方式とは比べものにならないほど主幹事に裁量の余地が与えられている点である．この方式は入札方式と選択可能なかたちで導入されたが，1カ月ほどの移行期間を別とすれば，その後現在に至るまで入札方式は1件も採用されていない．ちなみに，どちらの方式を選ぶかの権限は，少なくとも建前上は発行企業にある．公開前に所管の財務局に提出される有価証券届出書には，「入札方式による募集・売出し」欄と「BB方式による募集・売出し」欄が併記されているが，前者は常に空欄となっており，完全に有名無実化している．

3. 特徴的な観察事実

日本の，特にBB方式に移行してからの平均初期収益率がいかに高いかを，図で確認しておこう．記述統計量等を用いた詳細な分析は第6章で行う．

図1-2の棒グラフは，いわゆるG7（先進7カ国）の平均初期収益率を高い国順に並べたものである．データの出所は，Loughran, Ritter, and Rydqvist (1994) がIPOパフォーマンスの国際比較を行った際に使用したデータベースを，著者の一人であるJay Ritterが随時更新して自身のウェブサイトに掲載しているものである（2018年3月4日版使用）[15]．国によって期間や件数が

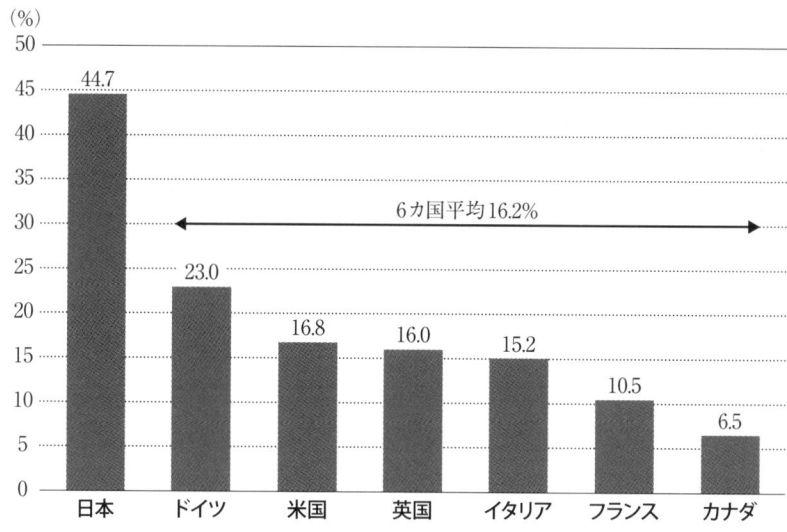

図1-2　平均初期収益率の国際比較：先進7カ国

(注) 各国の観察期間とIPO件数：日本（1970～2016年）3,488件，ドイツ（1978～2014年）779件，米国（1960～2017年）13,001件，英国（1959～2012年）4,932件，イタリア（1985～2013年）312件，フランス（1983～2010年）697件，カナダ（1971～2016年）743件．
(出所) Loughran, Ritter, and Rydqvist (1994) (2018年3月4日更新版) をもとに作成．

---

[15] https://site.warrington.ufl.edu/ritter/files/2018/03/Int.pdf

異なるので比較には注意が必要であるが，少なくとも日本，米国，英国の3カ国については，サンプル・サイズが十分大きいので安定的な値といえよう．

これをみると，日本の平均初期収益率44.7％がいかに高いかがわかる．米国，英国，そして日本以外の6カ国の平均がいずれも約16％であるのに対して，日本はそれを約28％も上回っている．ちなみに，世界54カ国の平均初期収益率が掲載されている上記サイトによると，日本より高いのは，アラブ首長国連邦（270.1％），サウジアラビア（239.8％），ヨルダン（149.0％），中国（145.4％），インド（88.0％），韓国（58.8％），マレーシア（56.2％），ギリシャ（50.8％），ベトナム（49.1％）の9カ国だけである．

以下では，米国と英国の平均初期収益率が（10％以上20％未満という意味で）10％台であることを念頭に置いて議論を進める．ここで注目すべきは，両国で採用されている公開価格の決定方式である．両国とも，かつては固定価格方式が主流であったが，1990年代に入ってBB方式が急速に普及しはじめ，日本と同様，今日ではBB方式が主流となっている[16]．入札方式については，両国とも採用実績はあるが，実施件数はごくわずかである[17]．

ところで，図1-2に示した日本の平均初期収益率（44.7％）は，1970年から2016年までの期間についてのものであり，いまでは利用可能でない固定価格方式時代の値も含まれている．そこで，いまでも制度上は存在する入札方式が導入された1989年4月以降，2017年12月までの期間について，日本における平均初期収益率の推移を描いたのが図1-3である[18]．これは，民営化

---

[16] 90年代に入ってBB方式が世界中で普及したことについては，Jagannathan and Sherman (2006)（特にTable 1）参照．筆者がJay Ritterに確認したところ，米国では，80年代後半以降，全IPOの約98％がBB方式を採用している（残りは固定価格方式と入札方式）．一方，英国では，長いこと固定価格方式が支配的であったが，Geddes (2003) によると，すでに2000年の時点で，全IPOの44％がBB方式（23％が固定価格方式）を採用している．また，ロンドン証券取引所への上場手引き（2010年版）は，BB方式の採用を前提に書かれている．London Stock Exchange (2010)．ただし，同じBB方式でも，国によって値付けや配分の仕方がかなり異なることに注意が必要である．

[17] Jagannathan and Sherman (2006) 参照．米国では，1999年にWR Hambrecht社がOpenIPOと呼ばれるインターネットを利用した入札による値付け・配分サービスの提供を開始し，話題を呼んだ．しかし，同社のウェブサイトによると，実施件数はいまだ30程度である．OpenIPOについては忽那 (2008) が詳しい．

図1-3　日本における平均初期収益率と市場収益率の推移

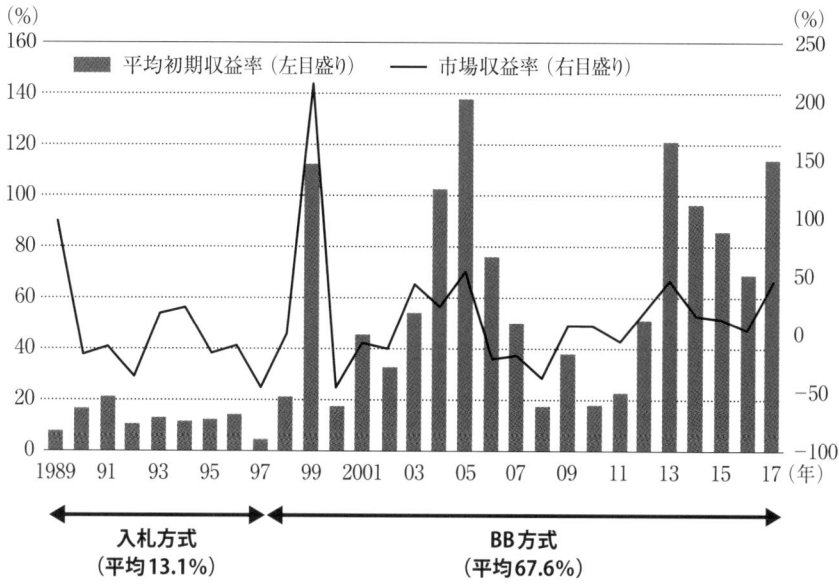

(注1) 民営化した政府系企業を除くすべてのIPOを対象（入札方式1,069件，BB方式2,056件）．ただし，TOKYO PRO Marketに上場した銘柄は対象外．
(注2) 初期収益率＝（初値－公開価格）／公開価格　　初値には初約定日の終値を採用．
(注3) 年間平均初期収益率は算術平均（加重平均については第6章）．
(注4) 市場収益率は，期間中一貫してデータのとれる日経平均ジャスダック平均株価の終値を用いて，対前年末変化率により計算（入札方式期間中の年平均は0.2%，BB方式期間中の年平均は17.0%）．
(出所) 筆者構築のデータベース（章末にデータの出所一覧あり）をもとに作成．

した政府系企業を除くすべてのIPOを対象としている[19]．ただし，特定投資家（いわゆるプロ投資家）向けに運営されているTOKYO PRO Marketは，前身のTOKYO AIM時代も含め，不特定多数の投資家が参加する市場ではないので，そこに上場した銘柄は対象外としている．

---

18) ここでいう平均初期収益率は件数で除した算術平均である．発行総額でウエイト付けした加重平均については第6章であらためて考察する．
19) 民営化した政府系企業をサンプルから除いたのは，公開価格の決定に際して特別ルールが適用されているためである．

これをみるとわかるように，BB方式に実質移行してから平均初期収益率は大きく上昇した．入札方式下の平均13.1％からBB方式下の平均67.6％へと，じつに54.5％も上昇している．参考までに，期間中のIPO件数をみてみると，入札方式下が計1,069件（年あたり約126件）であり，BB方式下が計2,056件（年あたり約101件）である．したがって，どちらかが極端に少ない（あるいは多い）というわけではない．

　BB方式移行後の初期収益率がいかに高いかを示すために，それが100％以上となった銘柄の数を両方式で比較してみよう．入札方式下が16件で全体の1.5％に過ぎないのに対して，BB方式下は508件で全体の24.7％を占めている．つまり，BB方式下のIPOの約4分の1は，初値が公開価格の2倍以上を記録している．さらに，図1-3をみればわかるように，「平均」初期収益率が100％を超えている年が，BB方式に移行してからの20年余で5つもある．

　ちなみに，図1-3と同じ期間（1989～2017年）について，米国における平均初期収益率をみてみると，100％以上となった年は一度もなく，いわゆるITバブル期の1999年に71.2％，2000年に56.4％を記録した以外，高くても22％程度である[20]．

　IPOの初期収益率は公開前の市場動向の影響を強く受けることが知られている[21]．そのため，市場動向の違いを考慮せず単純に初期収益率を2方式間で比較するのはおかしいという指摘を受けるかもしれない．そこで，同じ図1-3には市場収益率の推移を折れ線グラフで描いている（右目盛り）．期間中を通してIPOの件数が一番多かった市場は新旧のジャスダックなので，データとしては日経ジャスダック平均株価の終値を採用し，対前年末変化率により年間の市場収益率を計算している[22]．

　これをみると，予想通り，平均初期収益率は市場収益率と密接に連動しており，特にBB方式下ではその連動性が高いことがわかる[23]．すなわち，市

---

20) Jay Ritterのウェブサイト（https://site.warrington.ufl.edu/ritter/ipo-data/）より．
21) IPOにかぎらず，個別銘柄の収益率が市場収益率の影響を受けることは，ファイナンス理論ではよく知られた事実であり，それに対する理論的解釈も確立されている．
22) 他にJASDAQ INDEXがあるが，データの公表が1992年末からなので，この図では使用することができない．
23) 両者の相関係数を計算すると，全期間で0.51，BB方式下で0.61である．

場の上昇局面では初期収益率は高くなる傾向があり，下降局面では低くなる傾向がある．もっとも，年平均でみると，入札方式下の市場収益率が0.2%で，BB方式下のそれが17.0%であるから，市場動向の違いだけで平均初期収益率の違いを説明することはできそうにない．

読者の中には，公開価格と比較すべきなのは初値ではなく，値動きが落ち着いてからの株価ではないのか，と思われる人がいるかもしれない．そこで，第6章の先取りになるが，公開日（正確には初約定日）から1カ月後（正確には20営業日後）と3カ月後（正確には60営業日後）の株価と比較した場合の結果を簡単に紹介しておこう．いずれの株価と比較しても，BB方式下の公開価格は入札方式下のそれを有意に下回っている[24]．つまり，ある程度の期間をとって比較しても，依然としてBB方式の方が過小値付けの程度は大きい．

以上の特徴的観察事実をポイントだけ簡単にまとめておこう．かつては固定価格方式が主流で現在ではBB方式が主流の米国や英国では，平均で10%台の初期収益率を記録している．一方，日本でも，入札方式下ではやはり10%台の初期収益率を記録している．ところが，BB方式に実質移行してから平均初期収益率は60%台後半に跳ね上がっている．

この現象はどう解釈すればよいのだろうか．「BB方式だから」初期収益率が高いのではなく，「日本のBB方式だから」初期収益率が高いといわざるをえない[25]．本書の後半で日本のBB方式のもつ特異性に着目するのはこのためである．

もう1つ強調しておきたいのは，10%台でも十分高いということである．日本の場合，公開価格が決定されてから公開日までの所要日数は，入札方式下で平均7日，BB方式下で平均10日である．米国ではたったの1日（つまり

---

[24] 本書では「有意に（significantly）」という言葉をよく使うが，これは統計学的な用語法である．比較の対象となる2者の間に「差がない」という帰無仮説を棄却しても，間違いを犯す確率は（たとえば）1%以下しかなく，したがって棄却して差し支えないというときにこの言葉を用いる．

[25] ちなみにフランスでは，3つの公開価格決定方式がいずれも選択可能な時期があったが，Derrien and Womack (2003) によると，1992年から98年までの平均初期収益率は，固定価格方式（24件）が8.9%，入札方式（99件）が9.7%，BB方式（135件）が16.9%であった．BB方式だからといって，飛び抜けて高いわけではない．

翌営業日に公開）である．それほど短い期間で平均10％台のリターンが発生するというのは，他の投資機会の平均リターンと比べて，明らかに異常である．だからこそ，なぜ高いリターンが発生するのか（なぜ大きな過小値付けがなされるのか）が，欧米のIPO研究者の間で謎とされてきた．そして，今日，定説ともいうべき解釈が確立されている．

そう考えると，日本の場合，入札方式の10％台というのは欧米流の定説で説明できるかもしれないが[26]，BB方式の60％台というのはとても説明できそうにない．新しい解釈が必要と思われる．

4. 過小値付けによる損失と利益の発生：仮設数値例

2節で述べたように，過小値付けされたIPOというのは，「発行企業や既存株主が損をして投資家が得をする」という構図を生み出している．ここで，仮設数値例を用いてこの構図を視覚的に示しておこう．これは直感的理解を促すためのものであるが，のちの議論でもたびたび登場する．

図1-4は，ある企業が新規公開時に300万株を発行し，公開時の需給均衡価格（初値）が800円となる状況を想定している．左側の図は，この企業が入札方式で公開した場合を例示しており，右側の図はBB方式で公開した場合を例示している．前者は，米国や英国で公開した場合と言い換えてもよい．発行株数はあらかじめ決まっているので，供給曲線Sは垂直に描かれている[27]．一方，公開時における投資家の需要曲線Dは右下がりで描かれている．両曲線とも公開価格決定方式の影響は受けないものとする．

図では証券会社の引受手数料は無視している．実際には引受手数料のぶんだけ企業の受取額は減少するが，それを図示するかどうかは議論の本質に影響を及ぼさない．また，ここでいう企業の損失には既存株主の損失も含まれる．IPO株が過小値付けされると，募集のかたちをとった場合には企業が損

---

[26] たとえば木村（1995）は，日本の入札方式下で平均10％台もの高い初期収益率（著者のいう超過収益率）が発生していることに対して，欧米流の解釈の適用可能性を検討している．
[27] 簡単化のため，オーバーアロットメント（第2章で説明）による追加売出しは無視している．

図1-4 過小値付けによる損失と利益の発生：仮設数値例

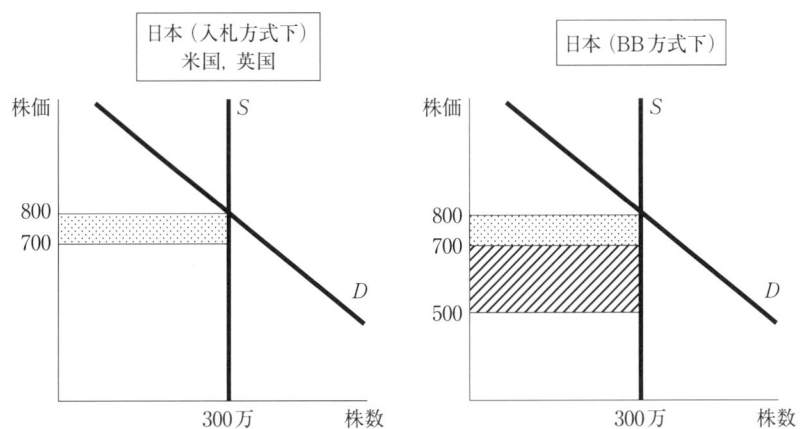

D：需要曲線，S：供給曲線
新規公開株数：300万株，公開価格：700円
初期収益率＝(800－700)／700＝14.3%
投資家の支払額＝企業の受取額＝21億円
企業の損失＝投資家の利益＝3億円
（注）簡単化のため引受手数料部分は無視．

D：需要曲線，S：供給曲線
新規公開株数：300万株，公開価格：500円
初期収益率＝(800－500)／500＝60.0%
投資家の支払額＝企業の受取額＝15億円
企業の損失＝投資家の利益＝9億円
（注）簡単化のため引受手数料部分は無視．

失を被り，売出しのかたちをとった場合には既存株主が損失を被るが，実際には両方とも実施されることが多い．仮に募集のみの場合でも，過小値付けによる損失は最終的に既存株主に及ぶので，この場合，両者の損失を区別することは意味がない．

　入札方式で公開した場合の左図から話を始めよう．公開価格は700円で設定されている．市場価格は800円なので，過小値付けの程度（初期収益率）は14.3%である．もし仮に市場価格でこの株式が発行されたら，投資家の支払額＝企業の受取額（発行総額）は計24億円となるはずである．これは，もしこの企業が新規公開ではなく既上場であったら実現した金額に「ほぼ」相当する．しかし，実際には700円で発行されるので，計21億円で取引がなされている．つまり，この場合，14.3%の過小値付けにより3億円の機会損失を企業が被り，同額の利益を投資家が得ている（図のアミ点部分の面積がそれに相当）．

次に，BB方式で公開した場合の右図に移ろう．左図との違いは公開価格が500円で設定されている点だけである．市場価格は同じく800円なので，過小値付けの程度（初期収益率）は60％である．このとき，投資家の支払額＝企業の受取額（発行総額）は計15億円であるから，60％の過小値付けにより9億円の機会損失を企業が被り，同額の利益を投資家が得ている．図でいうと，斜線部分の面積（6億円）だけ入札方式の場合より多くの損失と利益が発生している．

もちろん，これは仮設数値例に過ぎない．しかし，過去20年間，実際にBB方式で公開したIPO（民営化した政府系企業を除く2,056件）の発行総額が平均で約66億円，中央値で約12億円であり，初期収益率が平均で67.6％であることを考えると，これに近いことが現実にも起こっているのである．

重要なのは，2つの方式下における損失・利益の発生がそれぞれ正当な理由によるものなのかどうかである．これは，筆者が本書全体を通して常に意識している視点である．

理由それ自体の考察はいずれ行うが，本書ではどういうときに正当というかを先に定義しておこう．まず，過小値付けがなければ投資家はIPO株を購入しなかった可能性が考えられる．もしそうであれば，過小値付けはIPO株に固有のリスク等に見合った報酬（プレミアム）であり，発行企業や既存株主にとって不可避の損失ということになる．こういう場合，本書では「正当化される」過小値付けと呼ぶ．

逆に，そうした過小値付けがなくても投資家が進んで購入した可能性も考えられる．もしそうであれば，投資家は本来なら得られないはずの余分なプレミアムを手にしていることになる．発行企業や既存株主からすれば，本来なら被らなくてよいはずの余分な損失である．こういう場合，本書では「正当化されない」過小値付けと呼ぶ．

5. 2つの謎とそれに対する基本的考え方

以上の考察を踏まえ，筆者は，日本のBB方式下で観察される平均60％台

の初期収益率は次の2つに分けて論じるのが適当と考える．1つは「正常部分」であり，具体的には米国や英国のBB方式下で，さらには日本の入札方式下で，安定的に観察されている平均10％台の初期収益率である．もう1つは，正常部分を超えて追加的に発生している「異常部分」であり，平均50％台の上乗せである．何をもって「正常」「異常」というのか，確固たる根拠があるわけではないが，先進諸国における観察事実を踏まえ，便宜上そう呼ぶことにする．というわけで，本書で解明を試みる謎は次の2つである．

> 謎1：なぜ入札方式下でも高い初期収益率が発生しているのか．それは発行企業にとって不可避な損失という意味で正当化される過小値付けなのか．
>
> 謎2：なぜBB方式に実質移行してから異常に高い初期収益率が追加的に発生しているのか．それは正当化される過小値付けなのか．

あらかじめいうなら，本書の主題は謎2であり，謎1はそのための準備作業である．すなわち，日本のBB方式で発生している初期収益率が，入札方式では起こりえない異常なリターンであることを示すために，まず謎1から解明する．

謎1は欧米のIPO研究者の間で古くから論じられている，いわば古典的な謎である．そして，今日では定説ともいうべき解釈が確立されている．にもかかわらず，本書であらためて取り上げるのはなぜか．少なくとも日本の入札方式下のIPOに関するかぎり，定説ではうまく説明できないからである．

ここで定説のエッセンスを簡単に紹介しておこう．それは情報の非対称性に着目した解釈である．第3章で紹介するように，その中にもいくつかのバリエーションがあるが，その起点となっているのが逆選択仮説である．新規公開企業の価値について情報劣位の立場にある大半の投資家は，質の劣る銘柄（いわゆるレモン）をつかむのを恐れてIPO株を購入しようとしない．なぜなら，自分達が容易に入手できる銘柄というのは，情報優位の投資家が手を出さない銘柄だからである．そこで，IPO株を売り尽くしたい主幹事は，情報劣位者が安心して購入できるよう公開価格を意図的に低く設定する．そ

れにより，レモン覚悟で購入することへの報酬（レモン・プレミアム）が生み出される．

要するに，投資家間の情報格差が原因で過小値付けが生じるというわけである．しかし，日本の入札方式は，次の2つの理由で，情報優位者が参加する余地や誘因はほとんどない．第1に，内部情報を知りうる立場にある発行企業の関係者は，入札に参加する資格がない．第2に，株数や銘柄数に関して厳しい配分制限が課されている．そのため，情報優位者と考えられる大口の機関投資家にとって，入札に参加する魅力はない．入札参加に魅力を感じるのは，もっぱら小口の個人投資家である．

したがって，入札に参加する投資家の間で，企業価値に関する情報格差はほとんどないと考えられる．にもかかわらず，入札方式下のIPOで平均13％もの初期収益率が観察されている．これはどう解釈したらよいのだろうか[28]．定説とは異なる視点から説明を試みる必要がありそうである．

先取りして，新解釈の基本的考え方を紹介しておこう．新規株式公開を行う企業の大半はいわゆる新興企業である．関係者へのヒアリングでよく聞かれる話だが，新興企業の場合，投資家間の情報格差よりも，正確な情報が「全体的に不足」していることの方が，深刻な問題である．そのため，たとえ情報格差がなくても，企業価値に関する投資家の意見はバラツキやすい．株価は投資家の平均的意見を反映して決まるが，公開前の時点では，個々の投資家はそれがいくらなのか不正確にしかわからない（注：公開後にはコストなしで観察できる）．それゆえ，意見のバラツキが大きい銘柄ほど，彼らは平均的意見の不正確性を嫌って大きく割り引かれた公開価格を要求する．こうして，レモン・プレミアムならぬ不正確性プレミアムが生み出される（詳しくは第5章）．これが新解釈のエッセンスである．

謎2については，筆者の知るかぎり，解明を試みた先行研究は存在しない．第3章で紹介するように，BB方式の追加的導入以降，なぜ入札方式を採用する企業が一社もないのかという問題を考察した先行研究は存在する．しか

---

[28] 第3章で紹介するが，この謎に対してKerins, Kutsuna, and Smith（2007）は情報の非対称性に依拠しない解釈を提示している．しかし，第4章で指摘される重要な観察事実とこの解釈とは相容れない．

し，それとても，謎2に答えを与えているわけではない．

　ここで，謎2に対する筆者の基本的考え方を紹介しておこう．日本の場合，IPOの主幹事を務めるのは，大半がリテール（個人投資家向け営業）も兼ねた総合証券会社である．彼らは発行者（企業，政府）からの収入より投資家（個人投資家，機関投資家に代表される法人投資家）からの収入に大きく依存している．そのため，発行企業の利益を犠牲にして投資家の利益を優先する誘因（以下，利益相反誘因）を潜在的に有している．ただし，その誘因が発揮されるためには，値付けと配分の両面において主幹事に裁量の余地がなければならない．第7章で説明するように，その条件は日本のBB方式下で満たされている．

　以上の現実的背景を根拠として，筆者は次のような利益相反仮説を提示する．IPOの主幹事を務める総合証券会社は，投資家からより多くの売買注文や預かり資産を獲得し，より多くの委託手数料や信託報酬を稼ぐため，BB方式のもとでIPO株を必要以上に過小値付けして，それを投資家に裁量的に割り当てている．こうした行為は発行企業に損失を被らせることになるが，それのもたらすマイナスの評判効果より，投資家に利益を供与することのプラスの評判効果の方が大きいので，総合的にみれば得策となる．

　誤解のないように，あらかじめ次の点を強調しておきたい．主幹事のこうした行為は，行政当局や業界団体の定めたルールに従っているという意味で，何ら違法なものではない．それどころか，総合証券会社の置かれている立場等を考えると，きわめて合理的な行動である．その意味で，彼らの行動は非難されるべきものではない．ただし，そのことと，かかる行為が国民経済的にみて望ましいかどうかは，まったくの別問題である．もし望ましくなければ，値付け方式を抜本的に見直す必要がある．

6. 本書の構成と概要

　以下では，コアとなる部分を中心に，本書の構成と概要を若干詳しく紹介する．

この章と結論の第9章を別とすれば，本書は大別して3つのパートからなる．1つめは，2つの謎の解明に必要な制度面での予備知識と先行研究面での予備知識を提供するパートである．したがって，IPOの制度や先行研究に馴染みのある読者は，このパートは適宜読み飛ばしていただきたい．

　まず第2章では，現実に観察される経済主体の行動は制度的制約を無視しては説明できないという考えのもとに，日本のIPOに関する制度について解説する．そこで特に重要となるのは，①日本の入札方式は参加者間の情報格差が問題となりにくく，また値付け面でも配分面でも主幹事に裁量の余地がほとんどないこと，②日本にかぎらず，BB方式は値付け面でも配分面でも主幹事の裁量の余地が大きいこと，③同じBB方式でも，日本と米国では大きな違いがあることの3点である．①は謎1を解くうえで重要な手掛かりとなり，②と③は謎2を解くうえで重要な手掛かりとなる．

　続く第3章では，過小値付け現象がなぜ起こるのかに関する様々な先行研究を整理して紹介し，それらが2つの謎に対する答えとなるのかという観点から検討を行う．たとえば，米国で実証的に支持されている理論仮説でも，それが想定している前提条件が日本の制度環境下ではまったく満たされず，答えの候補とはなりえないということも十分考えられる．レビューの結果を先にいうなら，説得力のある答えは先行研究からはみつからない．

　2つめのパートは，謎1に筆者なりの答えを与える部分である．第4章では，そのための準備的考察を行う．具体的には，公表された入札結果のデータを用いて「公開前の」需要曲線を銘柄ごとに推定し，公開価格が需給均衡水準に設定されている可能性を検証する．つまり，公開前の段階では，過小値付け（underpricing）でなく適正値付け（just-pricing）が成立している可能性を検証する．その結果，可能性は強く支持される．この結果と高い初期収益率現象とを整合的に解釈するには，公開前に何らかの理由で低く位置していた投資家の需要曲線が，公開後に上方シフトすると考えるしかない．

　問題はその理由であるが，情報劣位の投資家がレモン・プレミアムを要求するために公開前の需要曲線を低く提示するという解釈は，少なくとも日本の入札方式下のIPOには不向きである．そこで筆者が考えるのが，第5章で展開する不正確性プレミアム仮説である．エッセンスは前節で述べたので繰

り返さないが，この仮説が正しければ，投資家間の意見のバラツキが大きい銘柄ほど初期収益率は高くなる．意見のバラツキが大きい銘柄というのは，集計化された需要曲線の形状でいうと，傾きが急な銘柄である．したがって，需要の価格弾力性を意見分散度の逆指標として用いることができる．この点に着目して仮説の妥当性を検証したところ，強く支持する結果が得られた．

このように考えると，入札方式下で生じている過小値付けは，投資家にIPO株を購入させるのに必要なディスカウントであり，その意味で，発行企業や既存株主にとって不可避の損失である．つまり，入札方式下で観察されている平均10％台の初期収益率は「正当化される」過小値付けということになる．

3つめのパートは，謎2に筆者なりの答えを与える部分である．第6章では，日本のBB方式のもつ特異性を浮き彫りにするような観察事実を指摘し，それのもつ意味を考察する．そこで焦点となるのは仮条件（公開価格の上限と下限を画する価格帯）の性質である．

日本における仮条件と公開価格の決定プロセスをごく簡単に説明すると，まず，主幹事が発行企業の財務指標と同業他社の株価をもとに理論価格を算定し，それを割り引く形で想定発行価格を決定する．そのうえで，機関投資家を対象とした企業説明会（いわゆるロードショー）を開催する．終了後に，出席した機関投資家から妥当株価水準や購入予定株数についてヒアリングする．そこで把握した需要情報と直近の市場動向等を踏まえ，主幹事が主導するかたちで仮条件を決定する．その後，この仮条件の範囲内で投資家から需要申告を受け付ける．そして，需要の積み上がり状況等をみて，主幹事が公開価格（案）を決定し，発行企業に提示する．ただし，日本の場合，投資家の需要がいくら強くても，仮条件の上限を超えた水準で公開価格が決定されることは，慣習としてない．

そこで，個別銘柄のデータを用いて仮条件の決められ方を調べてみると，興味深い特徴が浮かび上がってくる．主要なものを2つほど紹介するなら，まず，仮条件の決定に強い影響を及ぼしているのは想定発行価格であって，機関投資家の意見ではない．次に，大半のIPOは，仮条件の上限で公開価格

が決定されており[29]，その場合の平均初期収益率は83.5％と異常に高い．逆に，公開価格が仮条件の上限にも下限にもヒットせずに決定された場合の平均初期収益率は10％にも満たない．このことは，BB方式下の初期収益率が高いのは，仮条件の上限が需給均衡点を大きく下回る水準に設定されているため，ということを意味する．

値付けに関するこうした観察事実を踏まえ，第7章では，謎2に対する答えの候補として利益相反仮説を提示する．そして，根拠となる現実的背景を3つほど述べる．第1に，主幹事を務める日本の総合証券会社には，発行企業の利益を犠牲にして投資家の利益を優先する誘因が潜在的にあることを，収益構造と顧客構成の分析を通して指摘する．第2に，その誘因が発揮されるためには，値付けと配分の両面で主幹事に裁量の余地がなければならないが，日本のBB方式下ではその条件が満たされていることを指摘する．第3に，企業にとってのIPOのコスト——具体的には，直接コストとしての引受手数料率と間接コストとしての初期収益率——に着目し，それらはいずれも平均でみると入札方式の方が低いが，BB方式下では発行規模の大きい企業ほど平均コストが著しく低くなることを指摘する．

最後の点は，価格決定方式の選択に直面した企業にとって重要な意味をもつ．すなわち，発行規模の大きな企業はBB方式を選択した方がコスト的に有利となる可能性が高い．事実，発行総額が100億円を超える大型IPOの中には，間接コスト（初期収益率）がマイナスのところが約38％もある．マイナスということは，投資家が損をして発行企業が得をしていることを意味する．逆に，IPOの大半を占める小規模企業は入札方式を選択した方がコスト的に有利となる可能性が高い．ところが，BB方式が追加的に導入された1997年9月以降，最初の1カ月余は別として，入札方式を選択した企業は一社もない．

コスト的に不利なBB方式を選択するという小規模企業の行動は，どう解釈すればよいのだろうか．この問題は，謎2を利益相反仮説で説明しようと

[29) BB方式導入後，2017年末までの全期間でみると82％（2015年以降の直近3年間でみると95％）が仮条件の上限で公開価格が決定されている．

するかぎり，避けて通ることができない．これに対する筆者の答えは次のようなものである．一般に，小規模企業は主幹事に対する価格交渉力が弱いので，たとえコスト的に不満があってもBB方式の採用を前提とした主幹事の提案を受け入れざるをえない．

もちろん，この解釈は推測に過ぎない．また，その妥当性を検証しているわけでもない．しかし，IPOのコスト構造に関する観察事実と，入札方式が一度も採用されていないという事実を整合的に結び付けようとしたら，他の解釈が入り込む余地はないように思われる．

以上が利益相反仮説を提示するに至った根拠の概要である．第8章では，同仮説の妥当性を統計的手法により検証する．最大のポイントは，仮説から導かれる次の2つの実証的含意が成立するかどうかである．①他の条件に変わりがなければ，利益相反誘因の強い証券会社が主幹事を務めるIPOほど過小値付けは大きくなる．②他の条件に変わりがなければ，価格交渉力の弱い企業のIPOほど過小値付けは大きくなる．

問題は，直接観察することのできない利益相反誘因の強さをどう測るかである．この仮説のアイデア自体は，決して斬新なものではない．ただ，これまでは誘因の強さを示す指標がなかったので，妥当性を直接検証することができなかった．

ここで筆者は，2006年8月に導入された個人投資家向け抽選配分制度に着目する．BB方式が導入されて以降，個人投資家からIPO株が入手しにくいとか配分の方法が不透明であるといった苦情が寄せられるようになった．それを受けて，日本証券業協会はIPO株の配分のあり方に関する検討に入った．その結果，「個人投資家向け配分予定数量の10％以上を抽選」とする業界ルールが制定された[30]．

このルールの導入は，図らずも，証券会社のもつ利益相反誘因の強さを可視化させることになる．なぜなら，過小値付けされたIPO株をできるだけ多くの顧客に配分したければ，抽選配分比率をできるだけ低く抑えて裁量配分

---

[30] それ以前にも，IPO株の配分先を（一部もしくはすべて）抽選で決めている証券会社は多く存在していたが，それは各社が独自の方法で自発的に行っていたものである．

の余地を確保する行動に出ると考えられるからである．しかも，各社の個人投資家向け配分状況が銘柄ごとに協会のウェブサイトで公表されるので，利益相反誘因の強さを（1から抽選配分比率を差し引いた）裁量配分比率でとらえることが可能となった．

そこで，各IPOの主幹事を務めた証券会社の裁量配分比率に着目し，それを同社の利益相反誘因の代理変数とみなす．そして，過小値付けの指標を被説明変数とし，主幹事の利益相反誘因指標と発行企業の価格交渉力指標を主要説明変数とする回帰式を，通常最小二乗法（OLS）により計測する．ただし，利益相反誘因指標は（誤差項と相関をもつという意味で）内生性が疑われるので，OLSの結果のもつ頑健性をチェックするため，主幹事ダミーを操作変数とする一般化積率法（GMM）による計測も行う．その結果，仮説の妥当性は強く支持された．

以上の分析結果を踏まえ，最後の第9章で，謎1と謎2に対する筆者の答えを提示する．そして，BB方式下で発生している追加的な過小値付け（異常部分）は，総合証券会社の利益相反誘因によってもたらされており，「正当化されない」過小値付けであることを結論づける．

この点は，これまでまったくといってよいほど社会問題にならなかった．しかし，だからといって，このまま放置してよいというわけではない．なぜなら，総合証券会社にとっては合法的で合理的な行動であっても，そして割り当てを受けて余分なプレミアムを手にした投資家にとっては喜ばしい話であっても，国民経済的にみたらきわめて弊害の大きい行為だからである．

そこで，いまの制度をどう改善すべきかの提言を最後に行う．最大のポイントは，値付けに公開前の需給実勢が反映されるような仕組みにすることである．ごく当たり前の提言であるにもかかわらず，これまでそれが実行されなかった——それどころか入札方式時代と比べて明らかに後退した——というのは，憂慮すべきことである．それさえできれば，IPO株の配分は基本的に証券会社の裁量に任せてよいと筆者は考える．そうした改革は，入札方式に戻さなくても，現行のBB方式を手直しするだけで十分可能である．米国の例がなによりそれを物語っている．

データの出所一覧

　本書で使用するデータは，特に断りのないかぎり，以下の出所をもとに筆者が構築したデータベースからのものである．構築に際しては，可能なかぎり，複数の出所を照らし合わせることで正確さを期している．

IPO関連データ
紙媒体
- 商事法務研究会『増資白書』(『旬刊商事法務』臨時増刊号)各号
- 日本証券業協会『店頭株式統計年報』各号
- 日本証券経済研究所監修，ディスクロージャー実務研究会『株式店頭公開白書』(2001年以降は『株式店頭上場白書』，2005年以降は『株式ジャスダック上場白書』)各号
- 同『株式上場白書(新興市場編)』各号
- 同『株式上場白書(既存市場編)』各号

電子媒体[注]
- eol社「新規公開企業情報」の開示書類より，「目論見書」「訂正目論見書1」「訂正目論見書2」「有価証券届出書」「第1回訂正届出書」「第2回訂正届出書」
- アイ・エヌ情報センター社「INDBファイナンス情報サービス(エクイティ)」
- 金融データソリューションズ社「NPM関連データサービス」より，「日本上場株式日次リターン」「個別銘柄ファイナンス情報」
- 日本証券業協会「新規公開に際して行う株券の個人顧客への配分状況」
  (http://www.jsda.or.jp/shiryoshitsu/toukei/shinkikoukai/index.html)
- DZHフィナンシャルリサーチ社「Trader's Web」(https://www.traders.co.jp/)
- フィナンテック社「Tokyo IPO」(http://www.tokyoipo.com/)

財務・株価・株価指数データ
電子媒体[注]
- 日本経済新聞社「日経NEEDS社会科学情報検索システム」より，「一般企業財務」，「株価」，「マクロ経済(指数日々データ)」

(注)電子媒体で提供されるデータについては，無料で情報公開されているもの以外，筆者の所属先(当時)の慶應義塾大学を通して，または筆者個人で，提供者と利用契約を結んでいる．

第2章

日本のIPO制度
──値付け方法と配分方法を中心に

　公開価格の決定方式には，大別して，固定価格方式，入札方式，ブックビルディング（BB）方式の3つがある．日本ではこれらが順番に採用されてきた[1]．このうち現在でも利用可能なのは，制度上は存在するが実際には利用されていない入札方式と，BB方式の2つである．以下では，かつての固定価格方式を簡単に紹介したうえで，本書の分析対象である入札方式とBB方式を若干詳しく説明する．なお，値付けされた新規公開株の投資家への配分方法は，通常，値付け方法とセットで定められているので，そちらもあわせて紹介する．

1. 固定価格方式（〜1989年3月）

　固定価格方式は，日本では類似会社比準方式と呼ばれることが多い．1989年4月に入札方式が導入されるまで，これが唯一の公開価格決定方式であった．

　採用している国によって具体的なルールは異なるが，共通している最大の特徴は，投資家の需要の強さを（少なくとも直接的には）考慮せずに，既上場類似会社の株価と財務指標をもとに一定の算式に基づいて公開価格を決定する点である．以下，日本における同方式の概要を紹介する[2]．

---

1) IPO制度の変遷については佐々木（2007）が詳しい．
2) 以下は主として忽那（2008）に依拠している．

まず，主幹事は新規公開企業（以下，発行企業）の類似会社（ただし既上場）を3社ほど選定する．選定にあたっては，「主要事業部門または主要製品，部門または製品別の売上構成比，事業および成長性（売上高，純利益の額およびその伸び率），資本規模を参照」（忽那〔2008〕）する．

　そうして選定された類似会社について，直近1カ月の平均株価を求め，次式により想定発行価格を決定する．

$$想定発行価格 = 類似会社平均株価 \times \left\{ \frac{\left(\frac{a}{A}\right) + \left(\frac{b}{B}\right) + \left(\frac{c}{C}\right)}{3} \right\}$$

　A：類似会社の1株あたり配当金，　a：発行企業の1株あたり配当金
　B：類似会社の1株あたり純利益，　b：発行企業の1株あたり純利益
　C：類似会社の1株あたり純資産，　c：発行企業の1株あたり純資産

　算定された想定発行価格は，発行予定株数や発行見込額などとともに，有価証券届出書に記載され，所管の財務局に提出される．その約1カ月後に公開価格が決定されるが，その間の市場動向に大きな変化がないかぎり，基本的には想定発行価格がそのまま採用される．その後，公開価格は取締役会での承認を得て訂正届出書に記載され，提出される．届出の効力が発生すると投資家からの申込期間に入り，払込期日を経て公開日を迎える．投資家への配分方法は，引受証券会社の裁量に委ねられていたようである（佐々木〔2007〕）．

　この方式のもとでは，ほぼ例外なく初値が公開価格を上回っていた．たとえば，1980年1月以降にこの方式で東証1・2部に上場した115銘柄（民営化した政府系企業を除く）をみてみると，すべてのケースで初値が公開価格を上回っている．新興市場と違って，初期収益率が比較的低いことで知られる東証1・2部への上場であるにもかかわらず，平均初期収益率は約61％にものぼっている[3]．

　その原因は明らかで，「公開価格が企業の財務内容から算出した理論価

---

3) 固定価格方式下のIPOの初期収益率を分析したものとして，Hebner and Hiraki（1993），福田・芹田（1995），Pettway and Kaneko（1996）などがある．

であるのに対し，初値は投資家の実際の需要により決定される価格であり，新規公開に対する人気や成長性に対する期待が反映していることにある」ためである（証券取引審議会の1988年12月の報告書「株式公開制度の在り方について──問題点とその改善策」を引用した佐々木〔2007〕より）．

2．入札方式（1989年4月～）[4]

2-1．導入の経緯

　こうして，固定価格方式のもとでは，「IPO株は確実に儲かる」というIPO神話が投資家の間で形成されることになった．

　当時のIPO神話を如実に物語るエピソードが，1988年6月に発覚したリクルート事件である．これは，当時のリクルート社が子会社（リクルートコスモス）の未公開株を政治家や官僚への賄賂として使い，譲渡された人達が1986年10月30日の店頭公開後に売却して大きな利益を得たという贈収賄事件である．これ自体は子会社の公開が正式に決まる前に起こった事件であり，公開価格の決定方式とは直接関係のない話であるが，そもそも未公開株が賄賂の手段となりえたのは，配分を受ければ「確実に儲かる」というIPO神話が背景にあったからである．

　この事件を契機に，IPO株の取引について社会的関心が高まり，株式公開に対する公正性の確保が強く要請されることになった．これを受けて，証券取引審議会は1988年12月に上述の報告書をとりまとめた．そして，この報告書の趣旨に沿って関係方面で各種規則の改正がなされ，1989年4月，新しい株式公開制度が導入された．その新制度の目玉となったのが，需給実勢を反映したかたちで公開価格を決定するための入札方式である．その結果，第1章でみたように，平均初期収益率は10％台前半に落ち着くことになる．

---

[4] 本節は，主として商事法務研究会（1989，1992，1993），日本証券業協会（1989，2007），佐々木（2007），忽那（2008）に依拠している．

2-2. 入札方式下の公開価格決定方法

　1989年4月に導入された入札方式——正確には部分入札方式——では，2段階で公開価格を決定する．第1段階では，新規公開株式の一部をコンベンショナル方式とも呼ばれる複数価格方式（pay-what-you-bid）の入札にかける[5]．これは，投資家に各自の希望する価格を札に書かせて封印のうえ提出させ，入札価格の高い順に予定株数に達するまで落札していく方式である．落札者は自分の入札した価格で購入しなければならないので，高い価格を付ければ落札できる可能性は高まる代わりに，公開後に市場で売却したときの利益は減ることになる．つまり，いくらで入札するかの巧拙が投資家にとって重要となる．

　第2段階では，その落札結果をもとに，残りの株式（非入札部分）の公開価格を決定する．ただし，入札に関するルールや公開価格の決定方法については，導入後に二度ほど制度変更がなされている．主要な変更内容を3つの期間に分けて整理したのが表2-1である．参考までに，同表には各期におけるIPOの実施件数も載せてある．

　導入当初の第1期では，入札にかけられる株式の割合は複雑なルールに基づいて決められていた．そのため一概にはいえないが，基本的には新規公開株数の25％から50％の範囲に収まっていた．そして，既上場の同業他社（2社以上）を主幹事が選出し，直近1カ月の平均株価，一株あたり純資産，一株あたり純利益の各平均値をもとに類似会社比準価格を求め，その水準を入札の下限価格として，さらにその130％水準を上限価格として，両者の範囲内で入札が実施された[6]．入札結果は直ちに公表され，落札価格の加重平均値が非入札部分の公開価格として採用された．ここで，最低落札価格（すなわち需給均衡価格）ではなく，それより高い平均値が公開価格として採用されている点は注意を要する[7]．

---

[5] 公開価格決定のための入札方式には，日本が採用している複数価格方式のほかに，最低落札価格（すなわち需給均衡価格）を公開価格とする単一価格方式があり，イスラエルなどで採用されている．Beierlein and Kato（2003）．

[6] このときの類似会社比準価格の算式は，固定価格方式のときとは異なり，1株あたり配当金の項（a/A）がなく，したがって除数は3でなく2である．

表2-1　入札方式の制度的変遷

	適用期間	実施件数（注1）	入札株数の割合	入札下限価格	入札上限価格	公開価格決定に際しての割引の可否
第1期	1989/4/1～1992/3/31	360	新規公開株数の25%以上50%以内（所定の計算方式に準拠）	類似会社比準価格と同じ水準	類似会社比準価格の130%水準	割引を認めず（落札加重平均価格を公開価格として採用）
第2期	1992/4/1～1992/12/27	26	新規公開株数の50%以上	類似会社比準価格の85%水準	上限撤廃	同上
第3期	1992/12/28～現在（注2）	683	同上	同上	同上	入札状況, 期間リスク, 需要見通し等を勘案して割り引くことを認める

(注1) 民営化した政府系企業については，入札に際して特別ルールが適用されているので，実施件数から除外してある．
(注2) 1997年10月8日に東海旅客鉄道が東証1部に上場したのを最後に，入札方式で公開した企業は一社も存在しない．しかし，財務局に提出される有価証券届出書には，「入札方式による募集・売出し」欄がいまだに設けられている（常に空欄）．つまり，かたちのうえではいまも存在するので「現在」と記してある．
(出所) 商事法務研究会 (1989, 1992, 1993) をもとに筆者作成．

　1992年4月からの第2期では，入札株数が新規公開株数の50%以上に引き上げられた．さらに，入札方式のもつ価格決定機能をより強化するため，上限価格が撤廃され，下限価格が類似会社比準価格の85%水準まで引き下げられた．ほかは第1期と同様である．

　1993年1月（正確には92年12月28日）からの第3期では，落札加重平均価格をそのまま公開価格として採用する方法が廃止された．代わりに，入札状況，期間リスク，需要の見通し等を総合的に勘案して，主幹事が落札加重平均価格を割り引くかたちで公開価格が決定されるようになった．ただし，主幹事は割引率の決定理由を公表することが義務づけられている．

　このように，同じ入札方式でも時期によって公開価格の決定方法は異な

---

7) このあとに登場する第3期で，落札加重平均価格を主幹事が割り引くことを認めるようになるのだが，指摘した点はそのルール変更を正当化する根拠といえるかもしれない．

り，その違いは無視することができない．本書では，以下の理由により，最後の第3期を「現行の」入札方式として位置付け，もっぱらこれを取り上げることにする．

第1章で述べたように，1997年9月にBB方式が導入されてから現在に至るまで，最初の1カ月余の移行期間は別として，入札方式を採用した企業は一社もない[8]．しかし，財務局に提出される有価証券届出書には，「入札方式による募集・売出し」の欄がいまだに記載されている（常に空欄）．つまり，制度としてはいまも存在するので，この第3期を「現行の」入札方式と呼ぶことにする．ただし，今後，入札方式を採用する企業が出てきたときに，当時のルールがそのまま適用されるという保証はまったくない．

第3期の入札方式における公開価格決定プロセスを示したのが図2-1である．公開日の約1カ月前に提出される有価証券届出書には，入札に関する価格情報は記載されず，その後に提出される第1回訂正届出書で，入札下限価格や入札株数などの情報が開示される．公開日の平均1週間前に入札が行われ，入札結果は即日公表される[9]．そして，主幹事が落札加重平均価格を割

図2-1 入札方式（第3期）の流れ

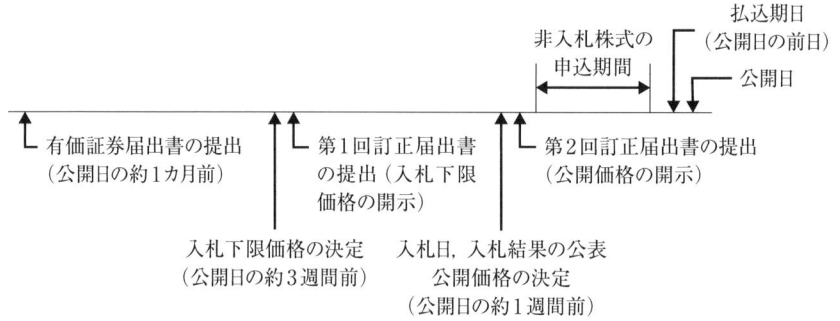

（出所）池田・金子（2015）（一部修正）．

---

8) 最後に入札方式を採用したのは，1997年10月8日に東証1部に上場した東海旅客鉄道である．しかし，これは政府系企業の民営化であるため，通常とは異なる入札ルールが適用されていた．純粋な私企業では，同年10月7日に店頭登録した北陸ミサワホームが最後の入札方式適用企業である．

り引くかたちで公開価格が決定される．

その際の割引率は，第3期に上場した計683社（民営化した政府系企業を除く）でみると，平均6.1%（中央値5.2%）であった．既上場企業による公募増資（PO）の直近株価に対する割引率が3～5%程度であることを考えると，この値は意外なほど低い[10]．

2-3. 入札方式下の配分方法

入札方式下では，入札部分についても非入札部分についても，投資家への配分方法は厳しく制限されていた．まず，いわゆる特別利害関係者等は入札に参加できない．具体的には，上場申請会社の役員（役員持ち株会を含む），役員の配偶者および2親等内の血族，役員等により発行済株式総数の過半数が所有されている会社，上場申請会社の関係会社およびその役員は参加できない．さらに，上場申請会社の大株主上位10名，人的関係会社およびその役員，資本的関係会社およびその役員，証券会社の役員と従業員も入札には参加できない．

投資家が入札で取得できる株数は，5,000株以下の範囲内で主幹事が定めた1単位に制限されている[11]．実際の1単位は，当時の記録によると，通常は1,000株であり，多くても2,000株ないし3,000株である[12]．取得株数が1単位に限られているので，投資家は入札に際して株数は記さず購入希望価格のみを記すことになる．

この取得株数制限があったため，一般に価格発見能力が高いとされる機関

---

9) 公表される入札結果の情報には，総入札数，最高入札価格，最低入札価格，最多入札価格，入札加重平均価格，総落札件数，最高落札価格，最低落札価格，最多落札価格，落札加重平均価格が含まれる．
10) 加藤・鈴木（2013）によると，既上場企業による公募増資の割引率は適用される制度によって若干異なるが，いわゆる従来方式（1977～2001年）で4.59%，算式表示方式（1984～1990年）で3.37%，短縮方式（2001～2009年）で3.3%である．
11) ここでいう単位とは単位株制度時代の言葉であり，2001年10月の商法改正で導入された単元株制度の単元（2018年10月1日以降は一律100株）とは意味が異なる．
12) 内田（1996）参照．筆者自身，東京証券取引所の「所報」でそのことを確認したが，大半は1単位1,000株であった．

投資家や外国人投資家などの大口投資家の需要が締め出され，投機的姿勢の強い個人投資家の入札動向に公開価格の決定が大きく左右されることになったことは，この方式のもつ問題点として見逃せない（佐々木〔2007〕）．

参加資格制限や取得株数制限は，非入札部分の配分にもまったく同様に適用された．したがって，いかなる投資家も1単位しか配分を受けることができなかった．さらに，入札・非入札を問わず，1投資家には年間4銘柄までしか配分できないとする配分回数制約もあった．

以上のことから明らかなように，入札方式下では，値付け面においても配分面においても主幹事（および他のシ団メンバー）に裁量の余地はほとんどなかった．

3. BB方式（1997年9月～）[13]

3-1. 導入の経緯

入札方式は証券会社にとって「旨み」のない方式であったと考えられる．裁量の余地がほとんどないという理由だけでなく，引受手数料を稼げないという問題もあった[14]．なぜなら，投資家の入札結果に基づいて公開価格や入札部分（新規公開株数の50％以上）の配分先がほぼ決められてしまうので，引受業務の量が圧倒的に少ないからである[15]．

そうした推測はさておき，やがて証券会社は，日本証券業協会を通して大蔵省証券局（当時）に入札方式の問題点を指摘し，BB方式の導入を認めることを強く要望するに至った．当時の記録によると，入札制度は「新規公開

---

[13] 本節は，主として内田（1996），日本証券業協会（1997, 2005, 2007），田村（1997），商事法務研究会（1998），佐々木（2007），忽那（2008），岩井（2010），みずほ証券（2014），池田・金子（2015）に依拠している．

[14] 福田（2010）参照．

[15] 第3期入札方式で上場した計683社（民営化企業を除く）の引受手数料率は，平均値で3.23％，中央値で3.21％であった（ただし手数料自由化前のデータも含む）．これに対して，次に登場するBB方式で2017年12月末までに上場した計2,046社の引受手数料率は，平均値で6.86％，中央値で7.00％であった．2倍以上の開きがある．

銘柄の人気度合に大きく左右され，概ね公開価格が高く決まりがちであり，公開後の円滑な流通に支障をきたしている」（内田〔1996〕）という問題点を有していた[16]．要するに，投資家のIPO人気で吊り上げられた公開価格が公開後に大きく値崩れすることを証券業界は問題視していた．

また，「適切な公開価格を算定するという証券会社固有の機能である引受業務が，入札制度のもとでは機能していない」という指摘もなされた（佐々木〔2007〕，傍点筆者）．

そのうえで，「諸外国と同様に，株式の公開方法としては，主幹事証券会社が仮条件を提示し，機関投資家等の需要を積み上げたうえ，その需要予測をもとに，市場動向等を勘案しつつ，公開価格等を決定する方式によることが望ましい」（内田〔1996〕）と主張し，「国際的に整合性があり，市場機能による適正な価格形成が期待できるブックビルディング方式を導入する」（日本証券業協会〔1997〕，傍点筆者）ことを提言している．

こうした経緯を経て，1997年9月に入札方式と選択可能なかたちでBB方式が導入された[17]．結論を先にいうなら，BB方式に実質移行することで，値付け面では主幹事の裁量の余地が劇的に高まり，配分面では主幹事のみならず引受各社の裁量の余地が劇的に高まった．

3-2. BB方式下の公開価格決定方法

BB方式というのは，投資家の需要――正確には予約注文（book）――を積み上げていき，その結果を踏まえて公開価格を決定する方式の総称である．具体的なプロセスは国によって異なるが，以下では日本の方式について説明する．

BB方式による公開価格決定プロセスを示したのが図2-2である．この方式では，まず主幹事が類似会社比準方式または収益還元方式により発行企業

---

16) 同様の記述は日本証券業協会（2007）にもみられる．
17) 1997年6月の証券取引審議会の答申によれば，「（BB方式を導入した場合においても）現行方式も存続させ，いずれの方式をとるかについては，発行体と引受証券会社がそれぞれのニーズに応じて判断できるようにすることが望ましい」とある（佐々木〔2007〕）．しかし，導入後1カ月余の移行期間を別とすれば，その後入札方式が採用されることは一度もなかった．

図2-2 ブックビルディング方式の流れ

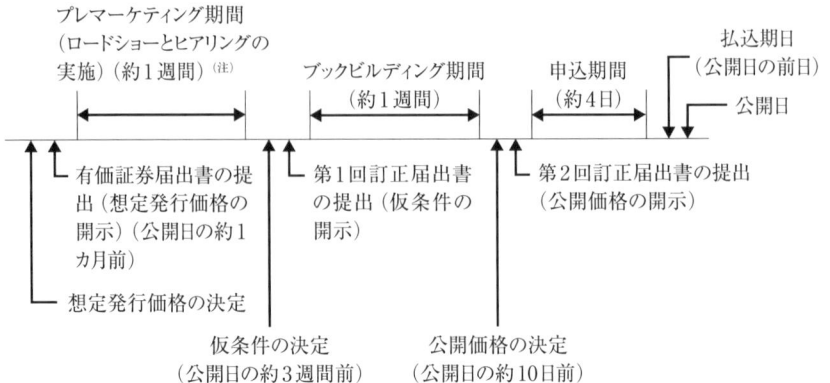

(注) ロードショーは仮条件決定後も公開価格決定の前日まで実施されるのが慣例.
(出所) 日本証券業協会 (2007), みずほ証券 (2014), 池田・金子 (2015), ヒアリング調査結果をもとに筆者作成.

の「フェアバリュー」と呼ばれる理論価格を算出する．そこから，発行企業と協議のうえでIPOディスカウントと呼ばれる割引を行い，想定発行価格を決定する．ディスカウントの大きさは，「たとえば新規上場会社における会社情報のアベイラビリティの低さを考慮」（日本証券業協会〔2007〕）して決められているようであり，「平時で10〜20％，マーケット環境が悪ければ最大50％程度」（みずほ証券〔2014〕）とのことである．この段階で早くもかなりのディスカウントがなされていることには注意を要する．

この想定発行価格は，それを基礎として算出される発行予定株数や発行見込額などとともに有価証券届出書に記載され，公開日の約1カ月前に所管の財務局に提出される．届出書の記載事項とほぼ同じ内容で投資家向けに発行されるのが，いわゆる目論見書である．

そのうえで，価格発見能力に優れているとされる機関投資家を対象にプレマーケティングを行う．具体的には，発行企業の役員が会社説明会（いわゆるロードショー）を実施し，出席した機関投資家から主幹事が当該企業の妥当株価や申込み予定株数についてヒアリングを行う．そこで把握した需要情報と直近の市場動向等を参考に，主幹事が発行企業と協議のうえで仮条件

（公開価格の上限と下限）を決定する．この仮条件は取締役会での決議を経て第1回訂正届出書に記載される．同届出書には仮条件の決定理由も記載される[18]．多くの場合，初回の届出書に記載された想定発行価格の代わりに，仮条件の中間値を用いて再計算された発行見込額も掲載される．

その後，1週間ほどの需要積み上げ（BB）期間を設けて，投資家から需要申告を受け付ける．具体的には，シ団を構成する引受各社が，本支店の営業部門を通して，顧客に仮条件の範囲で購入希望価格と購入希望株数を申告してもらう[19]．のちに導入される個人投資家向け抽選配分制度への申込みもこの期間中に行われる．引受各社は需要申告の結果を集計し，価格帯ごとにどれだけの申込みがあったかを主幹事に報告する．主幹事はこれをさらに集計し，最多価格帯や申込みの分布状況などを勘案のうえ，公開価格（案）を決定し，発行企業に提示する．

日本の場合，投資家の需要がいくら強くても，仮条件の上限を超えた水準で公開価格が決定されることは，慣習としてない．ここが米国のBB方式と大きく異なる点である．日米の違いについてはのちほどあらためて説明する．

公開価格は取締役会での決議を経て第2回訂正届出書に記載される．その後，約4日の申込期間が設けられ，投資家から正式な発注と申込証拠金の提出を受ける．その後，発行企業への払込みを経て公開日を迎える．公開価格決定日から公開日までの所要日数は平均で約10日（だいたい7〜13日）である．

3-3. BB方式下の配分方法

配分面では，主幹事のみならず他のシ団メンバーにとっても裁量の余地が大きい．入札方式のときに採用されていた1投資家あたりの配分回数や配分数量に関する厳しい制限は，BB方式の導入とともに撤廃された．その理由

---

[18] 日本証券業協会（2007）によると，記載されている「仮条件の決定理由」はどのIPOもほとんど同じである．
[19] 成り行きで需要申告をする場合は購入希望株数のみを伝える．

は，ひとことでいうなら「適合性の原則」と整合性をもたせるためである[20]．すなわち，「顧客の諸要素を勘案した上で適合性の原則の徹底を図りながら配分を行おうとする一方で，数値基準で一顧客が配分を受けられる回数や数量を一律に制限し続けることは相反するため，これを撤廃した」（日本証券業協会〔2005〕）のである．

申込期間中になされる配分の仕方は，2006年8月に導入された抽選配分制度の適用部分を別とすれば，基本的に引受各社の裁量に委ねられている．その際，BB期間中に需要申告のあった投資家の中から配分先を決める方法が主流のようであるが，それ以外の方法を禁止しているわけではない．後述するように，2012年に配分ルールの見直しが行われたが，裁量の度合いは依然として大きい．

3-4. BB方式の日米比較

ここで，日本のBB方式と米国のBB方式の違いについて述べておこう．もともとは米国の方式を真似て導入されたものであるが，具体的なプロセスは両国でかなり異なる[21]．しかし，形式的な違いにはこだわらず，過小値付けの発生メカニズムという観点から，本質的と思われる違いを3つほどあげる．これらは，米国の制度を前提として生まれた理論を日本に適用する際に，重要な意味をもってくる．

1つめは，仮条件の性質に関する違いである．米国では，投資家の需要が当初の予想より強い場合，仮条件の上限を超えた水準で公開価格を決定する

---

20) 適合性の原則とは，投資家の知識，経験，財産の状況，投資目的に照らして，不適当な勧誘・販売を行い，投資家の保護に欠けるようなことをしてはならないとする基本原則である．

21) たとえば，日本では，想定発行価格の決定→機関投資家向けロードショー→仮条件の決定→一般投資家を対象としたブックビルディング→公開価格の決定というプロセスをとる（図2-2）．これに対して米国では，そもそも想定発行価格を開示する慣習がない．主幹事を務める投資銀行は，届出書を証券取引委員会に提出したのち，予想株価幅（日本の仮条件）を決定する．その際，一部の機関投資家の意見を参考にすることもあるが，基本的には主幹事の企業評価によりそれを決定する．その後，予想株価幅を記載した訂正届出書を提出し，仮目論見書を発行してから，機関投資家を主対象にロードショーとブックビルディングを同時並行的に実施する．その結果を踏まえ，公開価格を決定する（佐々木〔2007〕，日本証券経済研究所〔2016〕，ヒアリング調査結果参照）．しかし，これから述べる3つの違いに比べれば，こうしたプロセスの違いは形式的なものに過ぎない．

ことがしばしばある（逆に弱い場合は下限を超えた水準で公開価格を決定）．あるいは，需要の積み上げ期間中に仮条件を一度上方に修正し，そのうえで公開価格を決定することもある[22]．いずれにしても，最初に設定した仮条件の上限や下限に縛られることなく，公開価格が決定される．

Jay Ritterのウェブサイトによると，米国で1990～2017年の間に上場した5,933件のIPOのうち，公開価格が仮条件の上限を超えて決定されたケースは25.9%あり，逆に下限を超えて決定されたケースは28.4%ある（残りは仮条件の範囲内で決定）[23]．仮条件という制約に縛られず，需要の強さに応じて公開価格を決定していることがわかる．

これに対して日本では，投資家の需要がいくら強くても，最初に設定した仮条件の上限を超えて公開価格を決定することは，慣習としてない[24]．つまり，米国と違って仮条件には拘束力がある．そのため，大半のIPOは，仮条件の上限に張り付くかたちで公開価格が決定されている[25]．すでに述べたように，仮条件は主幹事が発行企業と協議のうえで決定することになっているが，通常，その決定を主導しているのは主幹事である．ということは，日本の場合，主幹事が「自ら課した制約に自ら縛られている」のが実情である．

仮条件の範囲で公開価格を決定するという慣習がある国は，じつは日本だけではない．たとえば，Derrien and Womack（2003）によると，フランスでも同様の慣習がある（同論文の脚注9）．ところが，同論文で取り上げられている期間（1992～1998年）のデータをみると，BB方式下のIPO（135件）の平均初期収益率は13.1%に過ぎない．すでにみたように，日本のBB方式導入後の平均初期収益率は67.6%である．対象期間が異なるので単純な比較

---

22) たとえば，2018年3月にNASDAQに上場したドロップボックスの場合，最初に提示された仮条件は16～18ドルであったが，その後18～20ドルに修正され，最終的に公開価格は21ドルで決定された．
23) https://site.warrington.ufl.edu/ritter/ipo-data/（この中のTable 6）
24) 筆者が行った証券関係者へのヒアリングによれば，BB方式が導入された当初は，大蔵省（当時）の行政指導によって公開価格を仮条件の範囲内に収めることが要請されていたが，いまでは業界内での暗黙の自主規制としてそれが引き継がれているようである．その証拠に，2016年7月にLINEが「日米で」同時上場したときには，特例的に仮条件の上方修正がなされ，話題を呼んだ．
25) BB方式導入後，2017年末までの全期間でみると82%（2015年以降の直近3年間でみると95%）が仮条件の上限で公開価格が決定されている．

はできないが，それでもこの違いは無視できない．これは何を意味しているのだろうか．おそらく真に問題とすべきなのは，仮条件に拘束力があるかどうかではなく，仮条件が適切な価格帯に設定されているかどうかである．

2つめは，投資家層の違いである．米国では，主幹事による需要調査の対象も，新規公開株の主たる購入者も，ともに機関投資家である．これに対して，日本では，需要調査（ロードショー後のヒアリング）の対象は機関投資家であるが，新規公開株の主たる購入者は個人投資家である．

たとえば，Aggarwal, Prabhala, and Puri（2002）は，米国で1997年から1998年にかけて上場した174社の新規公開株式の配分状況を調べているが，それによると機関投資家への配分比率は72.8％（残りは個人投資家）である．一方，船岡（2008）は，2006年8月より日本証券業協会が公表している「新規公開に際して行う株券の個人顧客への配分状況」のデータに着目して，日本における配分状況を調べている．対象期間は2007年12月までと短く，対象市場はジャスダックに限定されているが，それによると，米国とはまったく逆で，個人投資家への配分比率が74.1％にものぼる[26]．

同様のことは日本証券業協会（2012a）でも指摘されており，「わが国における募集・売出しの近時の配分状況をみると，配分全量のうち個人投資家に配分される割合が6〜8割程度となっており，その割合が1〜2割程度と言われる海外市場の一般的な傾向とは，全く逆の状況」となっている．

要するに，日本では，事前に需要調査をする対象（機関投資家）と，実際の主たる購入者（個人投資家）とが違うのである．この違いは，1つめの違いと同様，米国生まれの理論を日本に適用する際に無視してはならない点である．

3つめは，公開価格決定から公開日（上場日）までの所要日数の違いである．米国では，公開価格決定の翌日に公開日を迎える．これに対して日本では，公開価格決定から公開日まで平均で10日（だいたい7日から13日）ほどかかる．日本証券業協会（2007）によると，通常は，公開価格が決定された翌日に第2回訂正届出書が提出され，その翌日に届出の効力が発生し，その

---

[26] 本書の第7章で，同じデータを使って2017年12月までの期間について配分状況を調べているが，先取りして紹介するなら，個人投資家への配分比率は対象を全市場に拡げても69.9％である．

翌日から約4日の申込期間中に投資家からの正式な発注と申込証拠金の支払いがなされ，その後，発行企業への払込を経て公開日を迎える（図2-2）．

　所要日数にこれほどの差が出る背景には，日米の制度の違いや投資家層の違いがある．米国では，ブックビルディングへの参加を正式な発注ととらえているため，日本における申込期間が存在しない．しかも，参加者のほとんどが機関投資家であるため，公開価格決定日に売付約定を結ぶことが可能である．さらに，発行企業への払込期日は公開日以降に設定されている．

　これに対して，日本では，参加者の多くが個人投資家であり，しかもブックビルディングへの参加とは別に，投資家から正式な発注と申込証拠金を求める慣行がある．そのため，公開価格決定日にすべての売付約定を済ませるのは不可能であり，申込期間が別に設けられている．

　こうした背景があるにせよ，本書の主題にとってより重要なのは，この所要日数の違いがIPOの過小値付けに及ぼす影響である．日本の場合，公開日まで平均10日もあると，その間の価格変動リスクが問題となり，それを「理由」に公開価格をディスカントすることが正当化される．米国ではその「理由」は通用しない．もっとも，所要日数の違いだけでBB方式下における初期収益率の日米格差（平均で約50％）を説明することには無理がある．

　以上3つの違いを述べたが，とりわけ最初の2つは米国生まれの理論を日本に適用する際に注意する必要がある．

3-5. 抽選配分制度の導入（2006年8月～）

　BB方式が導入された結果，個人投資家から，配分の仕方が不透明であるとか特定の者を優遇して配分が行われているのではないかといった苦情や，他の金融商品との抱き合わせ販売が行われているといった指摘が寄せられるようになった．そこで，日本証券業協会は「新規公開株の顧客への配分のあり方等に関するワーキング・グループ」を2005年2月に設置し，この問題の検討に入った[27]．

27）以上の経緯については日本証券業協会（2005）参照．

その結果，2006年8月より抽選配分制度が導入されることになった．これは，「新規公開株の配分に当たっては，原則として，自社が個人投資家に配分を行う予定数量の少なくとも10％以上について，個人投資家を対象とした抽選により配分先を決定する」ことを日本証券業協会が協会員に義務づけるものである．この制度は第8章で重要な意味をもってくるので，少し詳しく紹介しておこう．

　まず，10％以上とした理由であるが，日本証券業協会（2005）は「一定の抽選の効果を発揮するためには少なくとも一定程度の数量が必要であること，逆に大量の数量を抽選に付すと4．(1)で検討したデメリットが表面化し[28]，キャンセルが多数発生した場合の措置が困難になり，また，公開後の株価の下落要因に繋がるなどの問題をはらんでいることから，当面10％程度が適当である」と述べている．そして，「最低限の数量については，今後，制度導入後の配分状況を見極めつつ適宜見直しを行っていく」としている．ただし，制度導入から12年余が経過した2018年10月現在，比率は10％のままである．

　ここで10％というのは，引受各社の販売予定数量のうち，個人投資家への配分予定数量に占める抽選配分の比率であることに注意が必要である．したがって，機関投資家に代表される法人投資家への配分や，抽選適用部分を除く個人投資家への配分は，抽選によらないという意味で，依然として裁量的になされることになる．

　また，10％の分母・分子とも予定数量ベースの話であることにも注意が必要である．たとえば，オーバーアロットメント（OA）による追加売出しは，比率の分母に含まれない．ここでOAとは，BB期間中に投資家の需要が強いと主幹事が判断した場合に，当初の発行予定株数の15％を上限に大株主から株式を借りて，申込期間中に公開価格で売り出すことである[29]．この追加売

---

[28] 「4．(1)で検討したデメリット」とは，同報告書によると，①抽選に当選することだけが取引の基準になってしまうと「適合性の原則」を貫徹できなくなる，②とりあえず抽選に申し込んでおいて，当たってから購入するかどうかを考えるという動機による申込が増え，その結果，キャンセルが多く出かねない，③当選確率だけの要素で機械的に配分したのでは，短期利得目的者にも一律配分されることとなり，いま以上に公開後の株価形成を不安定にさせるとともに，長期安定的に保有する株主層を形成することが期待できなくなるなどである．

出しはBB期間終了後になされるので抽選の対象とはならず，配分はもっぱら主幹事が行う．したがって，OAが実施された場合，実績値ベースでみると主幹事の同比率が10％を切ることもある．

さらに，抽選への申込件数が抽選配分の予定数量に満たない場合や，当選者からのキャンセルが出た場合も，実績値ベースでみると10％を切ることがある．ただし，抽選配分比率が結果的に10％を下回った場合，個別銘柄ごとに引受各社はその理由を日本証券業協会に提出することになっている．

抽選による配分数量と抽選によらない配分数量との格差をできるかぎり少なくするための方策も，同時に講じられることになった．具体的な方法は協会が一律に決めるのではなく，各社が社内規則でそれを定め，「配分の基本方針」として公表することになっている．

実際に公表されている基本方針をみると，ほとんどの証券会社が，抽選による配分については個人一人あたりの販売数量を1単元と定め，抽選によらない配分については個人一人あたりの平均販売数量を「10単元程度」と定めている．ただし，日本証券業協会がウェブサイトで公表している個別銘柄ごとの各社の配分状況をみると，大型案件では個人一人に対して50単元を超えることも珍しくなく，この数字は目処に過ぎないことがわかる[30]．

しかも，配分の基本方針でそうした目処が記されているのは個人投資家への配分についてであって，機関投資家への配分については，ほぼ各社とも「需要申告内容等を考慮のうえ適切に実施する」旨，うたっているに過ぎない．

図2-3は，抽選配分制度が導入された2006年8月以降におけるIPO株の配分方法を，筆者なりに整理したものである．図に記してあるように，同じ抽選配分にも，「規則に基づく抽選配分（C1）」と，協会員各社が部店レベルで

---

29) OAを実施する場合，主幹事は貸し手の大株主から引受価額（公開価格から引受手数料分のスプレッドを差し引いた価格）と同じ条件で株式を買い取る権利を付与される．これをグリーンシューオプションという．借り入れた株式を返還するために，主幹事はこの権利を行使するか，行使する代わりに当該銘柄を市場で買い付けて現物を返還する．後者をシンジケートカバー取引という．権利を行使するかどうかは，公開後の市場価格が行使価額（引受価額）を上回るかどうかで決まり，下回った場合はシンジケートカバー取引が行われる．この取引により公開後の株価の下支え効果が期待される．

30) http://www.jsda.or.jp/shiryoshitsu/toukei/shinkikoukai/index.html

図2-3　新規公開株の配分方法：抽選配分制度導入後（2006年8月〜）

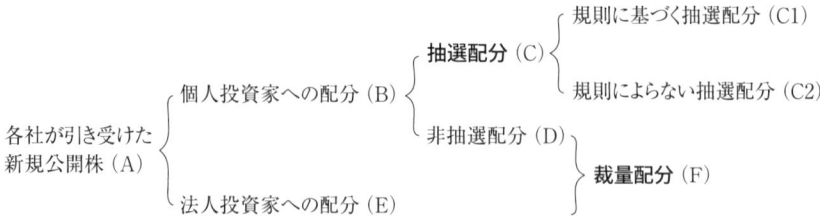

(注1) 規則に基づく抽選（C1）とは、「協会員の本店等において協会員各社が抽選の対象としたすべての個人顧客を各社が定める抽選の取扱いに従い、一括して行われるもの」である。規則によらない抽選（C2）とは、「配分先の顧客を指定されずに各部店に配分された分について当該部店において行われる抽選」（要するに部店レベルで行われる抽選）のことである。後者の実施は各社の任意である（日本証券業協会〔2005〕）。
(注2) 日本証券業協会が定めた「個人投資家向け配分予定数量の10%以上を抽選とする」ルールとは、図のBに対するC1の比率のことである。ただし、それは分母・分子とも予定数量ベースであって、実績値ベースではない。一方、同協会がウェブサイトで公表している協会員各社の配分状況は実績値である。そのため、OAが実施された場合は主幹事引受分のうちの非抽選配分Dが増え、抽選への申込件数が抽選配分予定数量に満たない場合と当選者からのキャンセルが出た場合はC1が減るので、実績値でみるとこの比率は10%を下回ることもある。
(注3) 抽選による配分については、ほとんどの証券会社が、個人一人あたりの販売数量を1単元と社内規則（配分の基本方針）で定めている。また、抽選によらない配分——本書でいう裁量配分——については、ほとんどの証券会社が、個人一人あたりの平均販売数量を10単元程度と定めている。ただし、それはDについてであって、機関投資家を中心とする法人投資家への配分（E）については、ほぼ各社とも「需要申告内容等を考慮のうえ適切に実施する」旨、うたっているに過ぎない。
(注4) ここでいう法人投資家への配分（E）には、個人投資家への配分（B）以外のものすべてが含まれる。そのため、従業員持ち株会等への配分も含まれるが、割合的にはごくわずかである（船岡〔2008〕）。
(出所) 各種資料をもとに筆者作成。

任意に行う「規則によらない抽選配分（C2）」がある。10%ルールというのは、「個人投資家への配分（B）」に対するC1の比率のことである。ただし、すでに強調したように、これは分母・分子とも予定数量ベースの話である。

　一方、協会がウェブサイトで公表しているのは実績値ベースである。それによると、この比率（C1/B）が10%を切ったケースは数多くみられる。抽選制度導入後、2017年12月末までに公開した766件について、各IPOの主幹事を務めた証券会社に限定して同比率を計算してみると、10%未満となったの

が243件（31.7％）ある[31]．そうなった理由を分類してみると，①OA実施によるもの151件，②抽選申込件数不足によるもの34件，③OA実施と抽選申込件数不足の両方によるもの28件，④当選者からのキャンセルによるもの21件，⑤その他9件となっている[32]．つまり，OAを実施したために10％を切ったケースが6割以上（③も含めると7割以上）を占める．

上記の理由のうち，抽選申込件数不足やキャンセルというのは，少なくとも直接的には投資家側の事情によるものである．これに対して，OAを実施するかどうかは主幹事の判断によるものである．同じ10％を切るケースでも，それが主幹事の判断によるものかどうかは，第8章の分析において重要な意味をもってくる．

なお，抽選によらない配分——具体的には，個人投資家への非抽選配分（D）と法人投資家への配分（E）の合計（F）——は，「配分の基本方針」の範囲で引受各社の裁量に委ねられているので，本書では裁量配分と呼ぶことにする．

3-6. 配分のあり方等に関するその後の見直し

その後，配分のあり方や価格決定のあり方について，日本証券業協会では何度か見直しの機会が設けられた．

たとえば，2006年6月，金融庁から「仮条件の価格帯の設定方法について明確な基準が設けられていないことや，昨今，重複申告や空積み等の問題により[33]，公開価格が需要動向を的確に反映したものであるとは必ずしも言い難い」との指摘を受けた（金融庁〔2006〕）．それを受けて，2006年9月，協会は公開価格の透明かつ公正な決定を担保するための方策について検討を行

---

[31] 分母の766件には，民営化した政府系企業4件は含まれていない．また，ディー・ブレイン証券（当時）が主幹事を務めた6件は，協会のウェブサイトに配分状況が記載されていないので，やはり含まれていない．それらを含めると，この期間中に公開したのは776件である．

[32] その他のうちの4件は，ホールセール特化型の営業形態のため抽選配分規則の適用外となった（旧）みずほ証券である．

[33] 空積みとは，引受各社が，投資家からの需要申告がないのに申告があったと主幹事に報告したり，投資家から申告された需要数量を水増しして主幹事に報告したりすることである．

うため,「会員におけるブックビルディングのあり方等に関するワーキング・グループ」を設置し,2007年11月に報告書をとりまとめた（日本証券業協会〔2007〕）.

そこでは,BB方式のもつ様々な問題点が指摘され,対応策が検討された.しかし,結果として示された対応策は,空積みについて（それまでの努力規定から）禁止規定に改めたこと以外,協会規則の改正というかたちをとるのではなく,「必要に応じて各社において対応」することであった.

たとえば,公開価格決定プロセスの明確化については,「各社において一定の適切な社内プロセスを構築するとともに,当該事項を社内規則等に定めること」を義務づけた.想定発行価格,仮条件および公開価格の適正な決定については,各社の「中立な部署又は会議体において,当該価格の妥当性について確認を行うこと」を義務づけた.

また,発行企業の株式を保有する投資家の意見が「価格決定に恣意的な影響を与えることがないよう留意する旨を社内規則等に定めること」を義務づけた.さらに,投資家の実需に基づかない重複申告を防ぐために,「各社の社内規則等において適宜その方策を定めること」を義務づけた.このように,社内規則を追加ないし強化することが2007年になされた見直しの中心であった.

2012年1月には,配分ルールのあり方を見直すために設置された「募集株券等の配分に係る規制のあり方に関する検討分科会」の報告書がとりまとめられた（日本証券業協会〔2012a〕）.これは,IPOにかぎらず,公募株式の配分に関する従来の規制（協会の引受規則）があまりに画一的であり,結果としての公平が過度に追求されていることや,規制の趣旨が個人投資家を中心に配分することを一律に求めているかのような解釈がなされていることが,「案件ごとの適切な配分」を難しくさせているという問題意識に基づくものであり,報告書では抜本的な見直しに向けて方向性が提示された.

これを受けて,同年7月,協会は顧客への配分に関する規則を一部改正するかたちで配分規制の見直しを行った（日本証券業協会〔2012b〕）.主な箇所を紹介すると,たとえば,それまで原則禁止であった親引けについて[34],証券会社が公正な配分規則の趣旨に反しないと判断した場合は,情報開示と

180日のロックアップを条件に，これを認めることになった[35]．

また，わが国では配分数量のかなりの部分が個人投資家に配分されているという現状を踏まえ，個人投資家への広く公平な配分を義務づけていた条項（引受規則第31条第1項）を削除した．さらに，海外市場での慣行にならい，配分先についての情報を発行者に開示することを義務づけた．上述の報告書によると，これは，配分の透明性を向上させることで「証券会社による不公正な配分を抑止する」効果を期待したものである．

なお，報告書の段階では，IPOの抽選制度を廃止する方向で見直しすることが適当という提案がなされていた．報告書によると，2006年に抽選制度が導入された背景には，「当時，IPO時の初値が高騰するケースが数多くみられ，個人投資家の一部に，IPOの際に配分を受ければ必ず大きな利益を上げることができるといった認識が形成されていた」という事情があったが，「現在では，規制導入当時とは市場環境や個人投資家のIPOに対する認識が大きく変化している」という判断によるものである．

しかし，結果的に，抽選制度を定めた条項（引受規則第3条）は残されることになった．報告書が提出されたのは2012年1月であるが，その後再び起こっているIPO人気の過熱ぶりをみると，廃止する方向で見直しを促した上述の判断が適当であったとは言い難い．

4. まとめ——入札方式とBB方式の差異を中心に

以上，値付け方法と配分方法を中心に，入札方式とBB方式を若干詳しく紹介した．最後に，主幹事の裁量の余地という観点から両方式の差異をまと

---

34) 親引けとは，発行企業の指定する販売先へ株式を売りつけることである．かつて，円滑な消化を促す目的でPO（既上場企業による株式発行）の公募価格が時価から大幅にディスカウントされていたため，親引けは発行企業の選んだ特定の投資家に利益を供与する不当な行為と受け止められ，1983年2月，原則禁止となった経緯がある．

35) ロックアップとは，新規公開企業の大株主（役員，創業者一族，ベンチャーキャピタルなど）が，公開後の一定期間（通常は6カ月），市場で持ち株を売却できないよう公開前に契約を交わす制度のことである．

めておこう．

　入札方式（第3期）では，値付け面でも配分面でも，主幹事（および他のシ団メンバー）に裁量の余地はほとんどない．あるとしたら，値付け面では，入札下限価格を決める際の類似会社の選定と，落札加重平均価格の割引くらいであるが，後者の割引率は第3期の平均で6.1％（中央値で5.2％）に過ぎない．

　配分面での裁量の余地は，非入札株（新規公開株数の50％以下）の配分先の決定くらいである．しかし，それとても1投資家あたりの配分数量は1単位（大半は1,000株）に限られており，年間4銘柄までという配分回数制約も課されている．また，内部情報を知りうる立場にある者は，入札に参加することも非入札株の配分を受けることもできない．厳しい配分数量制限や配分回数制限が課されているので，価格発見能力が高いとされる機関投資家にとって，参加の誘因はほとんどないと考えられる．

　これに対してBB方式では，値付け面でも配分面でも，入札方式と比べて主幹事の裁量の余地は格段に大きい．値付け面では，想定発行価格，仮条件，そして公開価格のいずれの決定においても，主幹事に裁量の余地がある．中でも，公開価格の上限・下限を画する仮条件の決定は，ロードショー後のヒアリングで聴取した機関投資家の意見を踏まえてはいるものの，最終的には主幹事の判断に委ねられている．

　事実，第6章でみるように，仮条件の中間値は主幹事主導で決定される想定発行価格とほぼ連動しており，大半のIPOは仮条件の上限で公開価格が決定されている．また，金融庁の指摘を受けてなされた2007年の制度見直しでも，公開価格に関しては各社の「中立な部署又は会議体において，当該価格の妥当性について確認を行うこと」を義務づけているに過ぎない．こうした点を踏まえると，主幹事が仮条件の設定を通して公開価格を事実上決定していると考えてよさそうである．

　配分面でも，BB方式導入後になされた制度見直しを経ても，主幹事（および他のシ団メンバー）の裁量の余地は依然として大きい．抽選配分（個人投資家向け予定配分数量の10％以上）を別とすれば，どの個人投資家にどれだけ配分するかは社内規則（配分の基本方針）の範囲で引受各社の判断に委

ねられている.機関投資家への配分については,ほぼ各社とも「需要申告内容等を考慮のうえ適切に実施する」旨,うたっているに過ぎない.

このように,値付け面でも配分面でも,引受証券会社の裁量の余地は入札方式よりBB方式の方が格段に大きい.

第3章

過小値付け現象に関する先行研究

　IPO研究者の間では「3つのパズル」が主要な関心事となっている[1]．本章では，その中の1つである過小値付け現象に焦点を絞り，なぜそれが起こるのかに関する先行研究を展望する[2]．IPOにおける主要な登場人物は，新規公開企業（発行企業），主幹事をはじめとする引受業者，投資家（機関投資家，個人投資家）の3者であるが，彼らの間の情報格差に着目した解釈がこれまでのところ主流となっている．最初にそれらを紹介したうえで，それ以外の主だった解釈も紹介する．さらに，過小値付けの原因とは直接関係ない

---

[1] IPO研究における3つのパズルとは，①本書で取り上げる過小値付け現象，②IPOの件数と平均初期収益率が循環的に変動し，しかも多くの場合，両者の間にプラスの相関がみられるという現象，③新規公開企業の長期株価パフォーマンスが既上場企業と比べて劣るという現象のことである．
　②の現象はもともとIbbotson and Jaffe（1975）らによって指摘されていたが，それを初めて本格的に分析したのがRitter（1984）である．ただし，1999〜2000年（ITバブル期）の過熱市場（hot issue market）とその後の冷却市場（cold issue market）を経験してから，なぜ件数や初期収益率が時間とともに大きく変化するのかをめぐって，意見が対立している．この議論は①のパズルとも密接に関わってくるので，本論でも部分的に登場する．日本のIPOについてこの現象を考察したものとして，最近では岡村（2018）がある．
　③を初めて本格的に分析したのがRitter（1991）である．ただし，長期パフォーマンスの測定方法次第で結果が異なってくることがその後の研究で明らかになり，そもそもこの現象が存在するのかどうかも，いまだに決着がついていない．日本のIPOの長期パフォーマンスを分析したものとして，Hwang and Jayaraman（1995），Cai and Wei（1997），忽那（2001），阿部（2005），岡村（2012），池田（2015）などがある．この中で，池田（2015）は複数の測定方法による結果を比較している．

[2] 過小値付け現象だけを取り上げているわけではないが，IPOに関する先行研究を展望・紹介したものとして，Jenkinson and Ljungqvist（2001），Ritter and Welch（2002），Ritter（2003），辰己（2006a, b），翟（2006a, b），Ljungqvist（2007），忽那（2008），岩井（2010），岡村（2013），Katti and Phani（2016），Jones and Yeoman（2018）などがある．本章における分類方法と視点は，Ljungqvist（2007）に大きく依拠している．

が，入札方式とBB方式の優劣に関する議論も紹介する．最後に，第1章で提起した2つの謎に対する「答え」となりうるのかという観点から，以上のレビューを総括する．

なお，日本で引受業務を営むのは証券会社（引受部門）であり，米国で引受業務を営むのは投資銀行である．本章で紹介する先行研究の多くは米国生まれであり，そこでは投資銀行（あるいは単に銀行）という言葉がよく用いられる．しかし，それをそのまま使って紹介すると誤解を招きかねないので，本章では，より一般的な名称である引受業者という言葉を使用する．

1. 情報の非対称性に着目した解釈

情報の非対称性とは，一方に正しい情報を有している経済主体（情報優位者）が存在し，他方にそうでない経済主体（情報劣位者）が存在するという，情報が偏在している状況を指す言葉である．以下では単に情報格差とも呼ぶ．その場合の情報とは，IPOの場合，発行企業の真の価値——企業の実力（ファンダメンタルズ）を反映した本来の株価水準と言い換えてもよい——に関する情報を指すことが多い[3]．

企業の価値というと，それを一番よく知っているのは企業自身（特に経営者）と思われがちであるが，必ずしもそうではない．なぜなら，企業の価値を決めるのは企業ではなく市場だからである．したがって，企業自身が正確には知り得ない情報——たとえば競合他社の情報とか所属業界の将来性など——や，客観的には把握できない情報——たとえば当該企業の経営能力の高さや経営戦略の優劣など——も，市場の評価に重要な影響を及ぼす．その意味で，企業は必ずしも情報優位者ではない．

登場人物のうちの誰と誰の間の情報格差に着目するかによって，先行研究で提示された仮説はいくつかに分類される．あらかじめそれらを整理して示したのが表3-1である．これらに共通している考え方は，情報格差によって

[3) ただし，本章では企業の価値に関する情報だけでなく，登場人物の行動（例：引受業者の販売努力）に関する情報も含め，より広義にこの言葉を使う．

表 3-1　情報の非対称性に着目した解釈：仮説の一覧

仮説名	非対称的な情報	情報優位者	情報劣位者
逆選択仮説	企業価値	一部の投資家	残りの投資家 引受業者，発行企業
情報獲得仮説	企業価値	常時参加の投資家	時折参加の投資家 引受業者，発行企業
シグナリング仮説	企業価値	発行企業	投資家
利害対立仮説	投資家の需要動向，投資家への販売努力・配分方法	引受業者	発行企業

（注）ここでいう引受業者とは，日本の場合は証券会社（引受部門），米国の場合は投資銀行のことである．
（出所）筆者作成．

もたらされる様々な「摩擦」が原因で過小値付けが起こっているという点である．

1-1. 逆選択仮説とその発展系

情報の非対称性に着目した解釈の中でもっとも有名なのが，アカロフの「レモンの原理」をIPOに適用したRock（1986）の逆選択仮説（別名，勝者の呪い仮説）である．

いま，公開を目指す企業には，真の企業価値が高いという意味で質の高い企業と，逆に質の劣る企業の2種類が「一定割合で」存在するとしよう．ただし，どの企業の質が高くどの企業の質が劣るかについて，公開前に正しい情報をもっているのは一部の投資家のみとする．残りの登場人物は情報劣位なので個別企業の質がわからず，どのIPOも平均的な質を想定した水準に公開価格が設定される．その結果，質の高い企業の株式は本来の価値より割安に値付けされ，質の劣る企業の株式（いわゆるレモン）は本来の価値より割高に値付けされる[4]．

そうした状況下では，情報優位の投資家は割安な銘柄に対してのみ需要を

表明する．公開後の株式市場が正しい情報を直ちに反映するという意味で効率的なら，株価は質に見合った水準で決まるので，彼らは必ず高いリターンを手にする．一方，情報劣位の投資家はどの銘柄が割安かを判断できないので，すべてのIPO株に対して需要を表明する．そのため，彼らに対しては，割安な銘柄は情報優位の投資家と分け合うかたちで一部しか配分されず，割高な銘柄はすべて配分される．その結果，彼らの受け取るリターンは平均でみるとマイナスになる[5]．そうした結果があらかじめ予想されるので，情報劣位の投資家はIPO株の購入に参加しようとしない．

いま，情報優位の投資家の需要だけではIPO株をすべて売りさばくことができないと仮定すると，引受業者（ここでは発行企業の忠実な代理人と想定）はこの状態を放置するわけにいかない．情報劣位の投資家にも継続的にIPOの取引に参加してもらう必要がある．そこで，彼らに参加誘因を与えるため，彼らの期待リターンが最低でもゼロとなるよう公開価格を全般的にディスカウントする．これが逆選択仮説による過小値付け発生のメカニズムである．

この場合，ディスカウントによって新たに発生したリターン部分は，情報劣位の投資家をレモン覚悟で取引に参加させるための報酬とみなすことができる．以下ではこれをレモン・プレミアムと呼ぶことにする．

Beatty and Ritter（1986）は，この仮説の妥当性を検証するため，企業価値に関する事前不確実性（ex ante uncertainty）という概念を新たに導入している．それによると，コストをかけて情報優位になろうとする投資家というのは，公開価格を権利行使価格とするコールオプションに「暗に」投資しているのと同じである．なぜなら，情報生産の結果として判明した真の企業価値が公開価格を上回っているときにのみ，彼らは権利を行使してIPO株を取得し，公開後に売却して利益を得るからである[6]．したがって，オプショ

---

4) もしこの状態を放っておくと，質の高い企業は過小評価を嫌ってIPO市場から退出し，質の劣る企業ばかりが残ることになる．これは，質のよいものが選ばれて生き残るという淘汰の原理とは逆の現象なので，逆選択（もしくは逆淘汰）と呼ばれる．
5) 情報劣位の投資家はIPO株を希望通り手に入れて「勝者」になったつもりでいても，結果的に損失を被ってしまう．これがIPOにおける勝者の呪い（winner's curse）である．
6) 本書では，情報を収集・分析・評価することを総称して「情報生産」と呼ぶ．

ン理論でいうところの原資産の価格に相当する企業価値の不確実性が大きい銘柄ほど，オプションの価値は高まるので，より多くの投資家がコストをかけて情報優位になろうとする．一方，情報生産のコストを負担するだけの富をもたない小口の投資家は，情報劣位のままでいる．その結果，彼らは（情報優位者が相対的に増えるぶん）割安な銘柄をより少ししか配分されなくなり，彼らの被る期待損失は拡大する．そういう彼らをIPO株の取引に参加させるには，より大きなディスカウントが必要となる．

　この「事前不確実性の大きい銘柄ほど過小値付けは大きくなる」という含意は，多くの実証研究で支持されている．その際，事前不確実性の指標として何を用いるかが問題となるが，よく使われるのは企業規模（例：売上高，発行総額）や企業年齢（創立から公開までの所要年数）などの企業特性に関する指標である．要するに，規模の小さい企業ほど，また年齢の若い企業ほど，情報劣位の投資家の感じる事前不確実性は大きいので，過小値付けは大きくなるというわけである．

　これに関する実証研究は枚挙にいとまがない．たとえば，Ritter (1984) は売上高と企業年齢，Beatty and Ritter (1986) は発行総額の逆数，James and Wier (1990), Megginson and Weiss (1991) は企業年齢を事前不確実性の指標として採用し，仮説と整合的な結果を得ている．日本でも，規模が小さく年齢の若い企業のIPOほど初期収益率が高いという事実は，多くの実証研究で指摘されている．たとえば，最近では池田・金子（2015）や鈴木（2017）がある．彼らは，逆選択仮説の検証を目的としているわけではないが，発行総額と企業年齢の自然対数値が初期収益率に対して有意に負の影響を及ぼすことを確認している[7]．

　ところで，この仮説に従うと，投資家間の情報格差が小さいIPOほど逆選択問題は起こりにくくなり，それだけ情報劣位者を参加させるのに必要な過小値付けは小さくなる．そこで，質の高い企業は過小値付けによる損失を減

---

[7] Habib and Ljungqvist (1998) が指摘するように，発行総額を事前不確実性の指標とすることには注意が必要である．なぜなら，発行株数の大きいIPOほど，一方では発行総額が大きくなり，他方では希薄化によって公開後の株価が押し下げられるので，たとえ事前不確実性に差がなくても，発行総額と初期収益率の間には負の関係が成立するからである．したがって，発行総額が初期収益率に及ぼす効果を測定する際には，希薄化の効果をコントロールするなどの工夫が必要である．

らすため，情報格差を減らす努力をする[8]．では，企業はどうやって情報格差を減らすのだろうか．先行研究ではいろいろな方法が仮説として提示されているが，それらに共通しているのは，自社の質の高さについて第三者からお墨付き（certification）をもらうという考え方である．以下ではこれらを総称して保証仮説と呼ぶ．これは独立した仮説というより，逆選択仮説の発展系とみなすことができよう．

たとえば，Carter and Manaster（1990）は（評判が高いという意味で）一流の引受業者のもつ保証効果に着目する[9]．彼らによると，一流引受業者は，割高な銘柄を販売して投資家に損失を被らせることによる評判の低下を嫌う．そこで，一流引受業者はコストをかけて発行企業ごとに事前不確実性（σ）の大きさを把握する．ここでσは，公開前には不確実にしかわからない市場価格の変動性（標準偏差）のことであり，σの小さな企業ほど質の高い企業とみなされる．そして，σの小さな企業に対して「（質の高さを反映した）小さな過小値付けと（コストを回収するための）高い引受手数料率」を要求する．一方，コストをかけずにIPO株を販売しようとする二流引受業者は，すべての企業に対して「大きな過小値付けと低い引受手数料率」を要求する．

引受業者からそうした要求がなされると，σの小さな企業のみが一流引受業者を主幹事に指名する．なぜなら，仮にσの大きな企業が一流引受業者を指名しても，質の低さが見破られて「大きな過小値付けと高い引受手数料率」を要求され，二重にコストが発生してしまうからである．こうした理屈により，σの小さな企業のみが一流引受業者からお墨付きをもらうことになる．

この仮説が正しければ，評判の高い引受業者が主幹事を務めるIPOほど初期収益率は低くなる．名声の高さをどう測るかの問題はあるが，米国では，Carter and Manaster（1990），Megginson and Weiss（1991），Carter, Dark, and Singh（1998）らによってこの効果の存在が確認されている[10]．

ところが，日本ではこの効果は否定されることが多い．たとえば，Kirkulak

---

8) Habib and Ljungqvist（2001）は，情報劣位者の参加を促すための費用をかけるほど過小値付けによる企業の損失が少なくなることを理論的・実証的に示している．
9) Booth and Smith（1986）も引受業者による保証仮説を展開している．

and Davis (2005) はシ団内の引受シェアに基づいて証券会社の評判ランキングを作成し，効果を測定しているが，評判の高い証券会社が主幹事を務めたIPOほど初期収益率は有意に高くなることを指摘している．また，Kaneko and Pettway (2003) は，2001年12月までのBB方式下のIPOについて，四大証券会社（当時）が主幹事を務めたときを1とするダミー変数が初期収益率を有意に高めていることを明らかにしている．同様に鈴木（2017）は，2015年6月までのBB方式下のIPOについて，三大証券会社が主幹事を務めたときを1とするダミー変数が初期収益率を有意に高めていることを明らかにしている．

同じBB方式下なのに，一流の引受業者が主幹事を務めたときの初期収益率に及ぼす効果が日米で対照的というのは，きわめて興味深い．他の条件を一定とすれば，米国では一流投資銀行が主幹事を務めたときほど公開価格は高めに設定される傾向があり，日本では一流証券会社が主幹事を務めたときほど公開価格は低めに設定される傾向がある．いろいろな解釈が可能であるが，この点は本書における謎2の解明と密接に関係してくる．

引受業者のほかにも，保証効果をもたらす可能性のある「第三者」は存在する．たとえば，Megginson and Weiss (1991) はベンチャーキャピタル（VC）による出資が保証効果をもつ可能性に注目し，米国のIPOを対象にそれを支持する結果を得ている[11]．

Hamao, Packer, and Ritter (2000) は，日本のIPOを対象にVCのもつ保証効果を調べている．彼らによると，VCが発行企業の十大株主に入っている場合を1とするダミー変数と，証券会社系VCが筆頭株主となっている場合を1とするダミー変数は，ともに初期収益率を有意に下げており，そのかぎりではVCの保証効果が観察される．しかし，同じ証券会社系VCでも，主

---

10) Carter and Manaster (1990) は墓石広告における引受各社の「位置」によって名声のランキングを作成している．Megginson and Weiss (1991) は引受シェアによって名声の程度を測っている．Carter, Dark, and Singh (1998) は名声の程度を測る3つの代表的な指標の妥当性を比較検討し，Carter and Manaster (1990) の指標を支持する結果を得ている．
11) このほかにも，監査法人のもつ保証効果が考えられる．Titman and Trueman (1986) は引受業者だけでなく監査法人にも保証効果があることを理論的に明らかにしている．Beatty (1989) は米国のIPOを対象にその効果の存在を確認している．筆者の知るかぎり，日本でこれを実証的に確認した研究例はない．

幹事がVCの親会社である場合を1とするダミー変数は，初期収益率を有意に下げていない．つまり，主幹事系VCによる出資が公開価格を高めるという効果は観察されない．彼らによると，これは利益相反（主幹事が投資家の利益を犠牲にして子会社VCの回収額を増やす可能性）を投資家が警戒していることの表れかもしれない[12]．

　日本の場合，メインバンクに代表されるように，取引先銀行との関係が保証効果をもつ可能性は多分にある．パッカー（1995）は，日本の店頭市場で公開されたIPOを対象に，銀行の持ち株比率が高い企業ほど公開時の過小値付けは少なく，しかもその関係は銀行が直接保有している場合でも，銀行系VCを通じて間接的に保有している場合でも，共通にあてはまることを示している．ただし，統計的有意性は高くない．

　Kutsuna, Smith, and Smith（2007）は，日本のメインバンク関係がIPOのコストに及ぼす影響を調べている．彼らによると，発行企業のメインバンクと主幹事のメインバンクが共通の場合（例：同一系列に属する場合），メインバンクが発行企業に及ぼす効果にはプラスとマイナスの両面がある．プラス面は，メインバンクが生産した発行企業についての情報を主幹事が「利用」できることでIPOのコストが軽減されたり，資本市場へのアクセスが容易になったりすることである．これはメインバンクのもつ保証効果といえる．一方，マイナス面は，情報優位のメインバンクと組んだ主幹事がその立場を利用して発行企業に損失を与えるような利益相反行動をとることである．ただし，発行企業には主幹事を指名する権限があるので，もしマイナスの効果が大きいと予想されれば，主幹事を非メインバンク系の証券会社に変更するはずである．その点を考慮に入れて，共通メインバンクのもつ効果を計測したところ，プラスの効果が強いとする解釈と整合的な結果を得ている[13]．

　メインバンク関係とともに日本の企業システムに固有の特徴として系列がある．一般に，系列企業は独立企業よりも業績の安定度が高いと考えられる

---

12) 船岡（2007）は，ロックアップの対象株式に占めるVCの保有割合が高いIPOほど初期収益率が有意に高いことを示している．つまり，VCの存在が情報格差の縮小を通して過小値付けを減少させるという意味での保証効果は，この場合，否定される．
13) ただし，彼らは利益相反の可能性を直接的に検証しているわけではない．

ので，系列は一種の保証効果をもつかもしれない．岡村（2013）はその点に着目して，財務体質の違いをコントロールしたうえで，系列か否かの違いが入札方式下のIPOの初期収益率に及ぼす影響を調べている．その結果，系列が初期収益率を有意に下げることを明らかにしている．

1-2. 情報獲得（情報顕示）仮説

　前節で紹介した逆選択仮説では，引受業者は過小値付けしたIPO株をどの投資家にも一律に配分することを（暗に）想定している．つまり，配分に関して引受業者は機械的な役割しか果たしていない．そのため，コストをかけて情報を獲得した投資家は，それを公開前に手放すようなことはしない．情報は伏せたままにして，割安に値付けされた銘柄に対してのみ需要を表明する．ここで，もし引受業者がIPO株を裁量的に配分できるとしたら，話はだいぶ違ってくる．裁量配分のメリットを生かして情報優位な投資家から企業価値に関する情報を引き出し，それを公開価格の決定に反映させるかもしれない．そうすることで，質の高い銘柄にはより高い公開価格を付けられるので，企業のみならず（スプレッドのかたちで手数料を受け取る）引受業者も利益を得ることになる．

　この点に着目して，引受業者の戦略的な値付け・配分行動を理論モデルで示したのがBenveniste and Spindt（1989）である．彼らによると，IPO株の取引に参加する投資家は2つのタイプに分類される．1つは機関投資家に代表される「常時参加の投資家」であり，もう1つは個人投資家に代表される「時折参加の投資家」である．そして，前者は企業価値に関して情報優位の立場にあると仮定される．つまり，質のよい銘柄と悪い銘柄の区別がつくものとする．

　公開価格を決定する前に，引受業者は常時参加の投資家を対象にヒアリングを実施し，「いくらで何株購入したいか」を聞く．その際，彼らがよい情報（を反映した強い需要）を正直に示してくれることへの報酬として，過小値付けを用意する．つまり，ヒアリングで得た需要情報をフルに反映した水準に公開価格を設定することはせず，ある程度低めに設定して配分し，公開

後に売却して利益が得られる余地を残しておく．

しかし，その方法には自ずと限界がある．なぜなら，非常によい情報をもっている投資家は，よほど大きな過小値付けが示されないと，それを正直に伝えようとしないからである．かといって，過小値付けだけで彼らから情報を引き出そうとしたら，発行総額が減ってしまい，それと連動するかたちで引受手数料も減ってしまう．そこで，引受業者は配分の仕方を工夫する．すなわち，常時参加の投資家に対して，もし正直に情報を伝えてくれたらIPO株を優先的に配分するが，伝えてくれなければ配分を減らすという「脅し」をかける．

このようにして，引受業者は過小値付けと配分の仕方をうまく組み合わせることで情報優位の投資家のもつ情報を引き出して，期待発行総額を最大にする．これがBenveniste and Spindt（1989）によって唱えられた情報獲得（情報顕示）仮説の基本的考え方である[14]．

もしこの解釈が正しければ，値付けと配分の両面で引受業者に裁量の余地があるBB方式は，そうでない入札方式よりも有効ということになる．Sherman（2000）は，彼らのモデルを多期間モデルに拡張し，情報生産コストを考慮することで，BB方式のもつ優位性をより明確に示している．彼女によると，過小値付けはコストをかけて情報優位になった投資家への報酬としての意味をもつ．ところが，情報優位者だけではIPO株を売りさばけないので，コストを負担しない情報劣位の投資家までその報酬を手にすることになる（フリーライダーの発生）．そこで引受業者は，情報劣位の投資家に対して，今後その不当な報酬を手にしたければ，不確実性の大きな（したがって本来なら大きく割り引かなければ売れない）銘柄であっても多少の損失覚悟で継続的に購入することを要求する．こうして，投資家と引受業者の間に長期継続的な取引関係が形成され，裁量性のない入札方式と比べて，より低い過小値付けが実現する．

---

[14] 彼らは契約理論における「顕示原理」に基づいたモデルを展開しているので，この仮説は情報顕示仮説と呼ばれることが多い．しかし，引受業者が機関投資家から情報を獲得するために過小値付けと裁量的配分をするという趣旨を踏まえると，情報獲得仮説の方がふさわしい表現であると筆者は考える．

また，Sherman（2005）は，同様の枠組みを用いてBB方式と入札方式をモデル化し，期待発行総額や公開後の価格変動（ボラティリティ）に及ぼす影響を比較している．それによると，BB方式は引受業者が情報優位の投資家から正しい情報を入手して公開価格に反映させることを可能にするので，期待発行総額は入札方式の場合より多くなり，公開後のボラティリティは入札方式の場合より小さくなる．そして，世界中でBB方式が普及しているのは，まさにこうした利点があるからだと主張する．

　以上は情報獲得仮説から導かれる理論的予想に過ぎない．では，この仮説の妥当性は実証的に支持されているのだろうか．結論を先にいうなら，米国においてはそれを支持する結果が多く得られている．たとえば，Hanley（1993）は部分調整モデルを用いてこの仮説の妥当性を検証している．日本と違って，米国のBB方式では，想定発行価格を開示する慣習がない．その代わり，仮目論見書に記載された仮条件（予想価格幅）の上限と下限の中間値を「予想」公開価格とみなす慣習がある．ただし，投資家が申告してきた需要が予想以上に強ければ，引受業者は「最終」公開価格をもっと高い水準に設定する．その場合，仮条件の上限に縛られることはなく，それを超えた水準に設定することもある．

　いま，最終公開価格が予想公開価格より高く設定されれば「プラスの修正」がなされたと呼ぶことにしよう．もしBenveniste and Spindt（1989）の仮説が正しければ，プラスの修正が必要なほど強い需要を示してくれた投資家に対して，引受業者は2通りの方法で報酬を与える．1つは，彼らの需要をフルに反映した水準まで公開価格を引き上げることはせず，部分調整にとどめることであり，もう1つはそうして過小値付けされたIPO株を優先的に配分することである．

　そこでHanley（1993）は，この仮説の妥当性を検証するため，プラスの修正の程度が大きいIPOほど初期収益率は大きく，同時に仮目論見書に記載された予定発行株数より多くの株式が発行されるという予想をたて，計測を行っている．その結果，仮説は強く指示されている[15]．米国のIPOを対象に

---

15) プラスの修正がなされたIPOほど高い初期収益率が実現しているという観察事実は，すでにIbbotson, Sindelar, and Ritter（1988）によって指摘されている．

情報獲得仮説の検証を行った他の実証研究でも,おおよそ肯定的な結果が得られている[16].

では,日本ではどうであろうか.次の2つの理由で,情報獲得仮説の妥当性が支持されているとは言い難い.まず,Sherman(2000, 2005)の予想とはまったく逆の実証結果が得られている.たとえば,入札方式とBB方式の違いが初期収益率に及ぼす影響を調べたKaneko and Pettway(2003)や池田・金子(2015)によると,考えられる他の要因をコントロールしても,BB方式は初期収益率を有意に高めている[17].また,Pettway, Thosar, and Walker(2008)によると,考えられる他の要因をコントロールしても,BB方式は公開後のボラティリティを有意に高めている.この点は,初値を公開後(1カ月後,3カ月後,6カ月後)の株価と相対比較し,BB方式の方が公開後の値崩れが激しいことを指摘した池田・金子(2015)の結果とも整合的である.

それ以上に重要なのは,情報獲得仮説を日本のBB方式下のIPOに適用することの無理である.問題点は2つある.1つは,仮条件の性質が米国のそれとあまりに異なることである(第2章3-4.参照).日本では,仮条件に事実上の拘束力があり,投資家の需要が強いからといって,上限を超えるところで公開価格を決定することはない.つまり,部分調整をするにしても上限までである.では,仮条件自体が投資家の需要を反映しうる領域で設定されているかというと,第6章で証拠を示すように,とてもそうとは思えない.明らかに仮条件は低めに設定されており,大半のIPOは仮条件の上限で公開価格が決定されている[18].つまり,日本のBB方式の場合,主幹事が仮条件を設定した時点で公開価格はほぼ決まっており,投資家の需要の強さに応じて(仮条件中間値からの修正というかたちで)公開価格を「調整」する余地はほとんどないのである[19].

もう1つは,投資家層の違いである.第2章で述べたように,米国ではIPO株を購入しているのは主として機関投資家であり,引受業者による需要

---

16) Jenkinson and Ljungqvist(2001)やLjungqvist(2007)によるサーベイを参照されたい.
17) 分析対象期間は短いが,阿部(2001)はいち早く同様の指摘を行っている.
18) BB方式導入後,2017年末までの期間でみると82%(2015年以降の直近3年間でみると95%)が仮条件の上限で公開価格が決定されている.

調査も彼らを対象に行われる．しかし，日本ではIPO株を購入しているのは主として個人投資家であり，需要調査の対象である機関投資家ではない．つまり，情報獲得仮説的に表現するなら，機関投資家が情報を提供してくれたことへの報酬（過小値付けによるリターン）を実際に受け取っているのは，主として個人投資家である．これはどう考えても不自然である．

　以上の理由により，日本のBB方式下のIPOに情報獲得仮説をあてはめることや，部分調整モデルによってその妥当性を検証することには，大きな無理があると考える．仮に日本で「部分調整」的な現象が観察されたとしても，筆者にいわせれば，それは上限制約が効いていて超過需要が発生していることの表れに過ぎず，情報獲得仮説の妥当性を示したことにはならない[20]．

1–3．シグナリング仮説

　以上紹介した2種類の仮説は，企業の真の価値（を反映した株価）について，一部の投資家のみが正しい情報をもっていることを想定している．株価を決定するのは企業ではなく市場であるから，市場の主要プレーヤーである機関投資家がその立場にあると考えるのはおかしなことではない．しかし，企業が生み出す将来キャッシュフローの期待値やリスクを一番よく知っているのは企業自身であると考えるのも，ごく自然である．その意味で，もし企業自身が情報優位者だとしたら，IPOに際して企業はどういう行動をとるであろうか．高い価値を有する企業は，そのことを何らかの信用できる方法で投資家に伝え，資金調達を有利に運ぼうとするかもしれない．

　この点に着目して，Allen and Faulhaber（1989），Grinblatt and Hwang（1989），Welch（1989）らはシグナリング仮説を提唱している．いま，企業には質の高い企業と質の劣る企業の2タイプがあるとする．そして，企業は

---

19) Kutsuna, Smith, and Smith（2009）は，主幹事による価格調整を，想定発行価格から仮条件（中間値）までの価格調整と，仮条件（中間値）から公開価格までの価格調整の2つに分けて，BB方式下のジャスダック市場を対象に，公開情報がそれらに及ぼす影響を考察している．米国には想定発行価格を開示する慣習がないので，とりわけ前者の価格調整は興味深い．しかし，上述の理由により，仮条件（中間値）から公開価格に向けて「調整」がなされるという考え方には疑問が残る．

20) 同様の指摘はKirkulak and Davis（2005）によってもなされている．

公開時と公開後 (近い将来) の2回に分けて株式による資金調達を行い，トータルの期待調達額を最大にするよう行動すると仮定する．

　ここで，公開価格の決定権は企業にあると考えると，過小値付けによる損失は次の理由により企業の質の高さを投資家に伝えるシグナルとなる．企業の質に関する情報は公開後の株価に反映されるので，質の高い企業は，たとえIPO時に損失を被っても公開後に高い株価で調達できる．つまり，損失を「取り戻す」ことができる．そのことを知っている企業は，自社の質が高いことを示すためにあえて過小値付けを選択する．なぜなら，質の劣る企業がその真似をして過小値付けをしても，公開後には低い価格でしか調達できないので，二重の損失を被ることになるからである．それよりは，公開時に少しでも高い価格で調達しておくことを考えるであろう．

　こうして，過小値付けは質の高さを投資家に伝える有効なシグナルとなり，その結果，質の高い企業と質の劣る企業は区別されて評価される．つまり，情報の経済学でいうところの分離均衡が成立する (逆に玉石混淆状態で評価されるのが一括均衡)．これが過小値付けに関するシグナリング仮説の基本的な考え方である．この仮説が正しければ，IPO時の過小値付けが大きい企業ほど，公開後に有利な条件で増資を行うことができる．

　これは理論としては面白い考え方であるが，1つ大きな難点がある．企業が質の高さを投資家に伝える手段は，なにも過小値付けだけではない．保証仮説のところで述べたように，少なくとも米国のIPOに関するかぎり，評判の高い引受業者や監査法人やVCを選択することで質の高さを示すことは可能である．したがって，それらより過小値付けの方が有効な手段であると考える根拠が示されないかぎり，この仮説は説得力に欠ける．

　この仮説は実証的にも否定されることが多い．たとえば，Jegadeesh, Weinstein, and Welch (1993) は，過小値付けが大きい企業群ほど公開後に増資がなされる確率が高く，発行額が大きいことを示しており，そのかぎりでは仮説と整合的な結果を得ている．しかし，たとえば過小値付けが一番小さい企業群でも公開後に増資が実施される確率は15.6%であり，逆に過小値付けが一番大きい企業群でも23.9%に過ぎないことなどを考えると，分離均衡より一括均衡が成立している可能性が高いと結論づけている．

また，Michaely and Shaw（1994）は，この仮説に従うかぎり，企業がどれだけ過小値付けをするかの決定と公開後に増資をするか否かの決定は互いに独立でなくなる点に着目し，同時方程式推定により仮説の妥当性を検証している．そして，仮説と整合的な結果が得られないことを示している．

1-4．利害対立仮説

　これまでに紹介した仮説では，引受業者は発行企業からの委託を受けて忠実に行動する代理人であり，両者の間に利害対立の可能性はないということが（暗に）想定されていた．しかし，実際には両者の利害が一致している保証はない．一般的にいって，投資家の需要動向をより正確に把握しているのは引受業者であり，また，引受業者による投資家への販売努力や配分方法を発行企業は正確に知りえない．これも一種の情報格差である．そうした立場上の優位を利用して，引受業者は不当な利益を追求する恐れがある．あるいは，そのことが予想されれば，発行企業は引受業者にそうした行動をとらせないための工夫を施す必要がある．依頼人（この場合は発行企業）と代理人（この場合は引受業者）の間の利害対立の可能性のことをエージェンシー問題というが，これに着目して過小値付けの発生理由を説明しようとする試みはいろいろある．本書では，それらを総称して利害対立仮説（英語ではagency conflict modelsあるいは単にagency models）と呼ぶ[21]．

　引受業者の報酬である引受手数料は，多くの場合，発行総額（＝公開価格×新規公開株数）にスプレッドと呼ばれる一定率をかけたかたちで算定される．そのため，他の条件に変わりがなければ，公開価格を低く設定するほど引受業者の収入は減る．その意味で，過小値付けには抑制効果が働く．しかし，時として，過小値付けのもたらす間接的利益が引受手数料の減少を上回ることもある．その場合，引受業者は発行企業の利益を犠牲にするような行

---

[21] のちほど紹介するが，利害対立の可能性によって生じる損失（エージェンシーコスト）を軽減する役割を過小値付けは果たしているという仮説もある．それと本節で紹介する仮説とは性質が異なる．引受業者は自らの販売努力や配分方法が観察可能でないことを利用して発行企業の利益を犠牲にする行動をとる可能性があり，その点に着目して過小値付け現象を説明するのが本節で紹介する仮説である．

動をとることが予想される.

　このことを実証的に明らかにしたのがLoughran and Ritter（2004）である. 彼らは，引受業者がBB方式のもつ裁量性を利用して利益相反行動をとる恐れがあることを指摘する. 同論文における彼らの問題意識は，初期収益率が時とともに大きく変化するのはなぜか，とりわけ1999年から2000年にかけてのITバブル（米国でいうdot-com bubble）時に初期収益率が異常に高くなったのはなぜかであるが[22]，それに対する解釈の1つとしてスピニング仮説を提唱している[23]. ここでいうスピニングとは，将来の主幹事獲得を目的として，上場予定企業の役員の個人勘定に過小値付けした他社のIPO株を割り当てることである. 役員達はこうした"dark"な慣習があることを知っているので，過小値付けをすることで有名な引受業者を主幹事の候補として検討する. そのため，引受業者はこぞって過小値付けをするというわけである. いうまでもなく，こうした行為は発行企業と（売出しに応じた）既存株主の利益を犠牲にし，役員個人と引受業者の利益を増やすことになる. 説明は省略するが，Loughran and Ritter（2004）はこの解釈と整合的な実証結果を得ている.

　なお，ITバブル崩壊後に初期収益率が大きく低下したのは，彼らによると，スピニングに対する規制が強化され，発行企業にとって，過小値付けで有名な引受業者を主幹事に指名する誘因が弱まったためである[24].

　発行企業・引受業者間の利害対立と過小値付けを結び付ける理論的試みは，情報の経済学の進展とともに，かなり古くから存在する. その代表格が

---

22) 第1章でみたように，米国における平均初期収益率は長期でみると10%台後半であるが，ITバブル時には65%を記録した（Loughran and Ritter〔2004〕）. ちなみに，同じBB方式を採用している日本では，長期でならしてみても60%台後半であり，ITバブル時には113%を記録した（図1-3）.
23) このほかにも彼らは，①ITバブル時にはリスクの高い企業によるIPOが増えてきたとする「リスク構造変化仮説」，②役員持ち株比率の低下，売出し比率の低下，株式所有構造の細分化，身内への配分の増加などが過小値付けに対する企業役員の抵抗感を減らしたとする「役員インセンティブ変化仮説」，③情報通信業のようにアナリストによる推奨が投資家の価値評価にとって重要な意味をもつ企業は，一流アナリストを抱える投資銀行を主幹事に指名することを強く希望し，その見返りとして過小値付けを積極的に受け入れるようになったとする「アナリスト渇望仮説」を提示している. そして，①と②の仮説を否定し，③の仮説とスピニング仮説を支持する実証結果を得ている.
24) 米国におけるこの時期の規制強化については野村（2003, 2005）と辰巳（2006c）が詳しい.

Baron and Holmström（1980）と Baron（1982）である．彼らによると，発行企業の代理人である引受業者は，自分達の販売努力が発行企業にとって観察不能であることを利用して，モラルハザード的行動をとる．たとえば，あるIPO銘柄に対する投資家の需要が強く，努力すれば高い公開価格で売りさばけることを知っていても，そのことは伏せておき，低い公開価格を設定することで販売努力を惜しもうとする．そうした行動を阻止して引受業者のもつ情報を引き出すために，発行企業は公開価格と引受手数料率（スプレッド）をいろいろ組み合わせた報酬体系のメニューを提示し，引受業者に選択させる．

たとえば，「公開価格を低く設定する代わりにスプレッドは大きくする」という選択肢と「公開価格を高く設定する代わりにスプレッドは小さくする」という選択肢を示したとしよう（両者の積である報酬額に変わりはない）．すると，引受業者は，投資家の需要が弱いIPOのときには前者を選択し，逆に需要が強いIPOのときには後者を選択する．なぜなら，そうすることで，受け取る報酬を犠牲にすることなく販売努力の水準を最適に保つことができるからである．

詳しい説明は省略するが，このとき，引受業者の販売努力が観察可能なら成立したであろう公開価格より低い水準の価格が「次善の解」として成立する．そのため，販売努力が観察不能な世界では，過小値付けが必然的に発生することになる．

この解釈が正しければ，発行企業と引受業者の利害が一致するような状況下では，過小値付けは起こらないはずである．たとえば，引受業者自身がIPOを行う場合（つまり発行企業イコール引受業者の場合）や，引受業者自身が発行企業の大株主である場合などは，その状況に相当する．前者のケースを取り上げて実証を行ったのが Muscarella and Vetsuypens（1989）である．彼らは，米国のIPOを対象に，引受業者自身が新規株式公開を行い自社の発行する株式を引き受けた事例（38件）を取り上げ，過小値付けが他の一般的事例と比べて小さいかどうかを調べている．その結果，理論の予想に反して，変わらないという結論を導いている．ただし，観測数が非常に少ないことは注意を要する．

一方，後者のケースを取り上げたのがLjungqvist and Wilhelm（2003）である．彼らは，引受業者が（子会社のVCを通して）間接的に発行企業の大株主になっている事例に着目する．米国では，2000年までの期間で，引受業者が公開前に株主となっている企業は全IPOの44％を占める．そこで，そういう企業を対象に，引受業者の持ち株比率が高いIPOほど過小値付けが少ないという予想を立てて検証したところ，予想通りの結果が得られた．これは利害対立仮説と整合的な結果である．

　Reuter（2006）はまったく異なった視点からこの仮説の妥当性を検証している．彼は，「引受業者はより多くの手数料収入が稼げそうな投資家により多くの過小値付け株を配分している」とするえこひいき（favoritism）仮説を提唱し，ユニークなデータセットを用いてその妥当性を検証している．具体的には，機関投資家の1つであるミューチュアルファンド（米国のオープンエンド型投資信託，以下MF）に着目し，MFが投資銀行に支払った委託手数料データと，MFに配分されたIPO株数のデータを突き合わせる作業を行っている．後者のデータは直接手に入らないので，毎期発表されるMFの保有株式状況をもとに，配分されたIPO株数を推定している．

　そして，他の要因をコントロールしたうえで，MFが支払った委託手数料と配分されたIPO株数の間にプラスの関係があることを明らかにしている．さらに，両者の正相関は初期収益率が20％以上のサブサンプルで一番高く，逆に，初期収益率がマイナスのサブサンプルでは相関がゼロとなることを示している．この結果は，取引関係がより密接なMFに対して，引受業者がより多くの過小値付け株を配分していることを意味し，えこひいき仮説の予想と整合的である．見方を変えれば，引受業者は過小値付けによって発行企業の利益を犠牲にし，得意先の機関投資家に利益を供与していることになる．上場予定企業の役員に私的利益を供与しているというLoughran and Ritter（2004）のスピニング仮説と同様，引受業者の利益相反行為を立証したものとして注目される．

2. 発行企業・引受業者間のリスク配分に着目した解釈

　IPO株の発行に際して，発行企業が引受業者との間でどのような契約を結ぶかは，一概に決まっているわけではない．代表的な契約形態としては，①引受業者が発行企業からすべてを買い取ったうえで投資家に販売する買取引受（firm commitment），②売れ残りが発生した場合にあらかじめ決められた条件のもとで発行企業から残部を買い取って投資家に販売する残額引受（stand-by），③発行企業から買い取ることはせず，販売可能な分だけ販売して，売れ残りが生じても引受業者は責任を負わないベストエフォート（best efforts basis）の3つがある．誰がリスクを負担するかという観点からこれら3つをみると，①は引受業者がリスクを負担し，③は発行企業がリスクを負担し，②は両者がリスクを分担する．日本のIPOはもっぱら①の形態をとるが，諸外国では必ずしもそうではない[25]．

　Mandelker and Raviv（1977）は，発行企業と引受業者の間の最適リスク負担という観点から，どの契約形態が選択されるかを理論的に解明している．彼らによると，発行企業が危険回避的で発行業者が危険中立的なときには「条件次第で」買取引受またはベストエフォートが選択され，両者とも危険回避的なときには残額引受が選択される．

　こうした考え方に沿って過小値付け現象を説明しようとする試みが，（発行企業・引受業者間の）リスク配分仮説である．厳密な理論モデルが提示されているわけではないが，Loughran and Ritter（2002）やKerins, Kutsuna, and Smith（2007）による説明を踏まえ，筆者なりにその趣旨を説明すると次のようになる．

　もし，公開価格がその時々の需要動向に応じてスポット的に決定されるなら，投資家の需要が強いときは高く付けられ，弱いときは低く付けられる．しかし，需要の強さは前もってわからないので，いくらで発行できるかはあ

---

25) Ritter（1984）によると，米国では，発行規模の大きいIPOほど買取引受の形態をとり，小さいIPOほどベストエフォートの形態をとる傾向がある．また，Mandelker and Raviv（1977）によると，少なくとも当時の英国では，残額引受が一般的であった．

らかじめ確定しない．危険回避的な発行企業としては，調達額が確定しないリスクは避けたいので，需要の強さに関係なく引受業者が一定の価格で買い取ってくれることを希望する．もしそれが可能なら，公開価格は高いほど調達額が多くなるので望ましい．一方，危険中立的な（あるいは発行企業より危険回避度の低い）引受業者としては，需要が弱いときに公開価格を高めに設定すると，売れ残り損失を被ってしまう．さらに，割高なIPO株を購入させられて損失を被る投資家からの評判が低下し，将来のビジネスを失う可能性も高まる．つまり，公開価格を高めに設定するとネットの期待収入が減少してしまう．

　そこで，両者は公開価格の決定に関して次のような「暗黙の契約」を結ぶ．投資家の需要が弱いときでも公開価格を低く設定せず，需要が強いときでも高く設定しない（つまり部分調整する）．そうすることで，発行企業は調達額が変動するリスクを回避できる．一方，引受業者は割安に値付けされたIPO株を割高な株で損失を被った投資家に配分できるので，評判の低下を免れることができる．この場合，どういう価格水準で契約がなされるかは，その時々の市場条件や発行企業の特性とともに，両者の力関係によって決まってくる．たとえば，発行企業の交渉力が相対的に弱ければ，より低い公開価格が「解」として選択される．

　このように考えると，過小値付けは発行企業が確定調達額を得るための「保険料」とみなすことができる．この考え方に従えば，情報の非対称性を仮定しなくても，部分調整による過小値付け現象は説明される．

　Kerins, Kutsuna, and Smith（2007）は，日本の入札方式下のIPOデータを用いて，リスク配分仮説の妥当性を検証している．第2章で説明したように，日本の入札方式（第3期）下では，まず入札部分の株式を複数価格方式の入札にかけ，主幹事が落札加重平均価格を割り引くかたちで公開価格を決定し，それを非入札部分の株式に適用して配分する．彼らは，主幹事が入札結果から得られる情報（投資家の需要）に対して部分的にしか反応せずに公開価格を決定していることに着目し，この現象が既存の理論で説明されるかどうかを検討している．これは，見方を変えれば，第1章で提起した謎1に答えを与える試みでもある．

彼らによると，情報格差に着目した諸理論は，想定している前提条件が日本の入札方式では満たされないので，この現象を説明することができない．たとえば，入札方式ではロードショーが実施されず，情報優位な投資家から情報を収集する機会がないので，情報提供者に報酬を与えるために部分調整するといった解釈は成立しない．逆に，情報格差に依拠しないリスク配分仮説は（のちほど紹介するプロスペクト理論とともに）入札方式下の部分調整現象と整合的な解釈を提供しているという．その理由を簡単にいうなら，入札方式下では，発行企業は最低落札価格から引受手数料を差し引いた金額以上の調達が（過小値付けという保険料を支払うことで）保証されているとみなせるからである．

3. 制度的要因に着目した解釈

これまでは，情報の非対称性や最適リスク配分といった理論色の強い解釈を紹介してきた．一方で，現実のIPOを取り巻く制度環境に着目して生まれてきた解釈も存在する．以下で紹介するのは，株主訴訟のリスクを軽減するための手段として過小値付けをとらえる解釈と，公開後の株価安定操作との関係で過小値付けをとらえる解釈の2つである．

3-1. 訴訟回避仮説

米国では，いわゆる「1933年証券法」が制定されて以来，投資家保護のもとに，証券の発行者に情報開示が厳しく求められるようになった．IPOにおいても同様で，公開後に株価が急落した企業などは，目論見書に重要な情報が記載されていなかったために損失を被ったということで，株主から訴訟を起こされることが珍しくなくなった[26]．訴訟に持ち込まれれば，裁判の費用等の直接的費用のみならず評判の低下による損失も発生するので，企業は多

---

26) Lowry and Shu (2002) によると，米国で1988年から1995年の間に公開した企業のうちの約6%が，IPOで投資家に損失を被らせたということで訴えられている．

大なコストを負担しなければならない．そのため，IPOに際して，企業は情報をフルに開示するだけでなく，訴訟のリスクを減らすための工夫を施すことが考えられる．

過小値付けが将来の訴訟リスク（したがって期待訴訟コスト）を減らす「保険」の役割を果たしているという考えは，Logue（1973）やIbbotson（1975）によって古くから唱えられている．それを理論的に示したのがHughes and Thakor（1992）である．彼らは，公開価格の増加関数である「現在の発行総額」と「将来の訴訟コスト」の間にはトレードオフの関係があり[27]，それがちょうどバランスするところで均衡公開価格が決定されるというモデルを提示し，過小値付けが訴訟保険の役割を果たすことを示している．

訴訟回避仮説の現実妥当性については，意見が大きく分かれている．Tiniç（1988）は1933年証券法の制定前より制定後の方が訴訟リスクは高まっていることに着目し，2つの期間におけるIPOを比較することで，仮説と整合的な結果を得ている．たとえば，より経験豊富な引受業者が手掛けたIPOほど過小値付けが小さいという関係が，制定後の期間においてのみ観察されることを示している．この結果は，デューデリジェンス（投資先企業の価値やリスクを調査すること）の能力が高い引受業者ほど，訴訟対策としての過小値付けの必要性が低いという訴訟回避仮説の予想と整合的である．

一方，Drake and Vetsuypens（1993）はまったく逆の結果を示している．彼らは，公開後に訴訟を起こされた企業93社のIPOと，訴訟を起こされなかった企業群の中から公開時の諸条件がもっとも近い93社のIPOをマッチングの手法により組み合わせ，両サンプルを比較している．そして，前者は後者と同程度に過小値付けされており，しかも，過小値付けされた企業の方が過大値付けされた企業より訴訟を起こされる確率がむしろ高いことを示している．これらの結果は訴訟回避仮説と矛盾するものである．

ところで，過小値付けの大きさと訴訟を起こされる確率の間には両方向の因果性があると考えられる．つまり，過小値付けが大きいので訴えられなくて済んだ（つまり過小値付けが原因）という面と，将来の訴訟リスクが高い

---

27) IPO株を購入した株主の被る損失は公開価格と公開後の株価の差に依存するので，期待訴訟コスト（訴訟コスト×訴訟確率）は公開価格の増加関数となる．

のでそれに備えて過小値付けを大きくする（つまり訴訟リスクが原因）という面がある．したがって，訴訟回避仮説の検証に際しては双方向の因果性がもたらす内生性バイアスを考慮する必要がある．Lowry and Shu（2002）は，従来の検証がこの点を無視して通常最小二乗法（OLS）により計測していたことを指摘し，それぞれの「原因」変数をしかるべき操作変数で回帰させて予測推定値を求め，それを説明変数とする2段階最小二乗法（2SLS）により検証を行った．その結果，企業は将来の訴訟を回避するために過小値付けを行っているとする（つまり訴訟リスクが原因であるとする）訴訟回避仮説と整合的な結果を得ている．

こうした実証研究はあるものの，IPO企業に対する株主訴訟がほとんど起こっていない国々においても高い初期収益率が観察されているという事実を考えると[28]，訴訟リスクが過小値付けの「主たる原因」であるとする解釈には，大きな無理があるといえよう．

3-2. 安定操作仮説

有価証券の相場を固定または安定させる目的をもって，市場で一連の売買取引を行ったり，その委託もしくは受託をしたりすることを安定操作という．これは投資家保護に反する相場操縦行為とみなされ，日本でも米国でも法律で禁止されている．ただし，有価証券の募集または売出しによって大量の証券がいっときに市場に放出される場合は，一定の要件のもとで，安定操作（いわゆる下支え）をすることが例外的に認められている．株式を大量に募集・売出しするIPOはその例外の1つである[29]．

以下で述べるように，IPOにおける安定操作と過小値付けとは密接不可分

---

[28] Ljungqvist（2007）によると，日本のほかに，英国，ドイツ，オーストラリア，スイス，スウェーデン，フィンランドなどがそれに該当する．

[29] 第2章で説明したシンジケートカバー取引——オーバーアロットメント（OA）を実施した銘柄について，公開後の株価が引受価額を下回った場合に，OAによる追加売出し株数を上限として，主幹事が当該株式を市場に買い付ける取引——も安定操作の一種とみなすことができる．ただし，ここでいう安定操作にそれは含まれない．安定操作の場合，OAによる追加売出し分だけでなく，引受業者の買取引受による売出し分も買い付けの対象となる．つまり，買い付けの規模が大きく異なる．

の関係にある．ただし，一般に，安定操作がどの銘柄を対象にどの程度の規模と期間で実施されたのかは，当事者と届出を受けた規制当局しか知りえず，公表されていない．そのため，両者の関係についての研究は間接的な証拠に基づいてなされている．

たとえば，Hanley, Kumar, and Seguin（1993）は安定操作がビッド・アスク・スプレッド（買値と売値の差）を縮小させることに着目し，1982年から87年にかけてNASDAQ市場で公開したIPOについて安定操作の可能性を調べている．そして，株価が公開価格付近を推移し，安定操作がなされている可能性が高いときほど，スプレッドが縮小していることや，安定操作が終了したと推測されるあとの期間で株価が有意に下落していることなどを明らかにしている．

Ellis, Michaely, and O'Hara（2000）は，マーケットメイク方式を採用しているNASDAQ市場では[30]，IPOの主幹事を務めた引受業者が引き続きマーケットメイカーを務めることに着目し，株式在庫の蓄積パターンを調べることで安定操作の実態を把握している．彼らによると，公開後20日間にわたって株価が公開価格を上回ることが一度もなかった"cold"な銘柄は，そうでない銘柄と比べて，株式在庫が著しく増加している．このことは，安定操作が一定期間にわたって継続的に実施されたという推測を裏付けている．

Ruud（1993）は，実際に観察される過小値付け現象というのは，もともと存在していた現象というより，安定操作がなされた結果に過ぎないという衝撃的な研究結果を報告している．彼女によると，本来，公開価格は予想市場価格付近で値付けされるので，初期収益率はプラスにもマイナスにもなりうる．しかし，公開後の株価が公開価格を下回りそうな銘柄に対しては下支えがなされるので，結果として初期収益率がマイナスというケースはほとんど実現しない．つまり，観察される初期収益率は，左側の裾（tail）が打ち切られた条件付き分布に従っている可能性が高い．そこで，統計的手法の1つであるトービットモデルを適用して，米国のIPOを対象に本来の（uncondition-

---

30) マーケットメイクとは株式市場における取引手法の1つで，銘柄ごとに取引所から指定されたマーケットメイカーが常に「売り気配」と「買い気配」を提示し，投資家との相対取引のかたちで売買を成立させる方法のことである．

alな）分布を推定したところ，初期収益率は平均がゼロで左右が対称の分布に従っていることがわかった．

この結果だけ聞くと，安定操作が原因で過小値付けが発生しているように思えるが，必ずしもそうではない．過小値付けをもたらす原因が他にあり，安定操作はその発現を押さえているに過ぎないという解釈も可能である．では，どちらの解釈が正しいのだろうか．

これに答えを与えたのがAsquith, Jones, and Kieschnick（1998）である．IPO株の安定操作に関するそれまでの実証研究は，初期収益率が1つの分布から発生していることを仮定しているが，彼らはこの点に異議を唱え，混合分布モデルの適用を主張する．彼らによると，実際に観察される初期収益率は，安定操作が実施されているIPO群の分布と，実施されていないIPO群の分布が重なってできた混合分布から発生していると考えることで，よりうまく説明される．そこで，混合正規分布を仮定して，2つの分布を切り離して推定したところ，興味深い結果が得られた．まず，1982～83年に行われた計560件のIPOのうち，安定操作が実施されたと推定される銘柄は，じつに49％にのぼる．さらに，Ruud（1993）の予想に反して，安定操作が実施されていない銘柄の平均初期収益率は17.8％であった[31]．この結果は，過小値付けが安定操作以外の原因によって引き起こされていることを示唆する．

過小値付けの原因はほかにあるとしても，一体なぜ引受業者は安定操作を行うのだろうか．この点は本章の主題からはそれるが，興味深い問題なので少し触れておきたい．そもそも，誰が安定操作によって恩恵を受けているのだろうか．恩恵を受ける者がいるから引受業者はそれを行っているはずである．それについての意見は2つに分かれている．

安定操作というのは，公開後の株価が公開価格を下回ったときに実施されるという意味で，一種のプットオプションとみなすことができる[32]．この点に着目してChowdhry and Nanda（1996）は，安定操作の主たる恩恵享受者は情報劣位の個人投資家であると主張する．なぜなら，安定操作は，公開価

---

31) 一方，安定操作が実施されている銘柄の平均初期収益率は1.4％であった．
32) その場合，オプションライター（権利の売り手）は引受業者であり，オプションホルダー（権利の買い手）はIPO株を購入した投資家ということになる．

格が割高に設定された銘柄（レモン）をつかんだ個人投資家が公開後に被る損失を少なくする「保険」と考えることができるからである．確かに，引受業者からしたら，配分を受けたすべての投資家に恩恵が及ぶ過小値付けよりも，安定操作の方が効率的な逆選択対策なのかもしれない．

これとは逆に，Benveniste, Busaba, and Wilhelm（1996）は，安定操作の主たる恩恵享受者はBB方式でヒアリングに応じる機関投資家だと主張する．彼らによると，引受業者には引受手数料を稼ぐために公開価格を少しでも高く設定したいという誘因が潜在的にあり，投資家からのヒアリングをもとに公開価格を決定するBB方式はそのことを可能にする．そのため，その可能性を知っている機関投資家はヒアリングに対して協力的な態度を示そうとしない．そこで，引受業者は公開後の安定操作を暗に約束することで，彼らから協力を取り付けるというわけである．

その後，Benveniste, Erdal, and Wilhelm（1998）はこの解釈と整合的な実証結果を報告している．彼らによると，安定操作がなされたと推測される銘柄に対して，公開日に積極的な売り注文を出しているのは，もっぱら大口の投資家である．

4. 発行企業の所有・支配構造に着目した解釈

1-4．では，発行企業・引受業者間の利害対立の可能性に着目する解釈を紹介した．これは公開時の話であって，いわば短期的な利害対立の問題である．しかし，もっと長期的な視点でみると，IPOは別のかたちのエージェンシー問題を引き起こす．企業が株式を公開すれば，不特定多数の投資家が株主になるので，所有と経営の分離が進む．その結果，株主と経営者は依頼人と代理人の関係となり，両者の間に利害対立の可能性が生じる[33]．たとえば，経営者はその立場を利用して私的便益（いわゆる役得消費）を追求したり，自らの社会的地位を高めるために必要以上に企業規模を拡大したりしか

33）ただし，オーナー経営者の場合，その可能性はほとんどない．

ねない．いずれも株主の利益を犠牲にし，企業価値を損ねる行動である．

　一般に，依頼人・代理人間の利害対立の可能性によって生じる損失のことをエージェンシーコストと呼ぶ．株主と経営者の関係に限定してこれを説明するなら，株主はその可能性を減らすために，経営者の行動を監視したり，経営者に誘因（例：株式報酬）を与えたりする．しかし，それには費用がかかる．また，いくら費用をかけても利害対立の可能性を完全に消すことはできないので，いわゆる残余損失が発生する[34]．そうした費用や損失がこの場合のエージェンシーコストである．

　以下で紹介するように，IPOの過小値付けは，利用方法次第でエージェンシーコストを高めるように作用することもあれば，減らすように作用することもある．つまり，理論上はまったく逆方向の効果が考えられる．

4-1. 支配権維持仮説

　株式公開によって外部株主が誕生すると，経営者は彼らからの監視を受けることになる．もしトップの座を利用して私的便益を享受している経営者がいたら，外部株主からの厳しい監視はできるだけ避けたいと考える．

　Brennan and Franks（1997）によると，過小値付けは戦略的な配分を通してそのことを可能にする．

　株主が経営者の行動を監視するにはコストがかかる．しかし，それは固定費的な性格が強いので，規模の経済が働く．つまり，よほどの大株主でないと，監視することのメリットはコストを上回らない．しかも，監視によって経営者の行動を規律づけることができたとしても，その恩恵はすべての株主に行き渡る．そのため，小株主は自分で監視するより大株主による監視に便乗した方が得策と考える．いわゆるフリーライダー問題である．

　また，監視と同様，敵対的買収の脅威は経営者に効率的経営を仕向ける効果がある．なぜなら，企業価値を最大にしているかぎり，買収されて経営者の座を追われる可能性は低いからである．しかし，小株主ばかりでは買収は

---

[34] 残余損失の大きさは，利害対立の可能性がなければ実現したであろう企業価値と実際の企業価値の差として測られる．

容易に成立しない．脅威が発揮されるためには大株主の存在が必要である[35]．その意味でも，小株主はフリーライダーとなりやすい．

　こう考えると，大株主さえいなければ，経営者は厳しい監視を受けることもなく，敵対的買収の脅威にさらされることもない．そこで，経営者は公開時に（引受業者を通して）意図的に過小値付けをして，IPO株に対する超過需要状態をつくりだす．そして，戦略的に割り当てることで株主の分散化を図り，大株主の形成を防ぐ．このように，経営者が支配権を維持するために過小値付けをしているというのがBrennan and Franks（1997）の主張である．彼らは1986～89年に英国で実施されたIPOを対象に仮説の妥当性を検証し，それと整合的な結果を得ている．

　しかし，彼らの主張にはいくつかの問題点がある．まず，経営者が株主の分散を図るのはなにも私的便益を守るためだけではない．たとえば，自社の株式が公開後に活発に取引されて流動性が高まれば市場の評価は高まるので，そのことを意識して分散化を図るのかもしれない．また，実態調査をみるかぎり，新規公開企業の経営者は上場後に支配権を手放すことに必ずしも抵抗を示しているわけではない．たとえば，1980～83年の間に米国で公開した企業について調べたMikkelson, Partch, and Shah（1997）によると，経営者（CEO）が支配権を手放している企業の割合は，公開後の最初の5年間で39％（次の5年間で38％）にのぼる．そして，役員の平均持ち株比率をみてみると，公開直前に66％だったのが，公開直後には44％，公開5年後には29％，公開10年後には18％まで低下している．これらの事実は，新規公開企業の経営者が支配権の維持に固執しているという考えと相容れない．

　さらに，経営者が私的便益を守る方法は株主分散政策だけではない．たとえば，買収防衛策の導入や無議決権株の発行によってもそれは可能である．Field and Karpoff（2002）によると，1988～92年の間に米国で公開した企業のうち，公開直前に買収防衛策を導入した企業は53％にのぼる．そして，新規公開企業が買収防衛策を導入する確率は，経営者の報酬が多い企業ほど高く，内部監査機能が弱いと考えられる企業ほど高い．

---

35) ただし，ここでいう大株主は投資目的で株式を保有していることが前提である．いわゆるモノいわぬ大株主では脅威となりえない．

また，Smart and Zutter（2003）は，1990～98年の間に米国で公開した企業を，公開時に無議決権株を発行した企業群と議決権株を発行した企業群に分けて比較している．そして，前者の方がIPO株の過小値付けは小さく，大株主である機関投資家の保有割合が高いことを発見している．このことは，無議決権株の発行が（私的便益を守るための）株主分散政策の代わりとなることを示唆している．

　以上の事実を踏まえると，経営者が株主の分散化によって私的便益を守るために過小値付けをしていると考えることには，かなりの無理があるといえる．

4-2. エージェンシーコスト削減仮説

　前項で紹介したBrennan and Franks（1997）の主張が正しければ，経営者の行動は株主の利益を犠牲にし，エージェンシーコストを増加させる．それを最終的に負担するのは株主である．なぜなら，エージェンシー問題を懸念した投資家はその企業の株式を低く評価するので，公開時の発行総額や公開後の株主価値が減少してしまうからである．そして，もし経営者が同時に大株主であれば，経営者自身にそのツケが回ってくる．また，たとえ支配的な大株主がいなくても，経営者が私的便益を追求する行動をとり続ければ，いずれ株主の結束による反乱を招き，その座を追われることになろう．

　そう考えると，経営者はむしろ大株主による監視を積極的に受け入れて，エージェンシーコストの削減に努めた方が賢明かもしれない．Stoughton and Zechner（1998）は，IPO時の過小値付けにはそれを促進する効果があることを理論的に示している．

　すでに述べたように，経営者の監視は多大なコストを伴うだけでなく，フリーライダーを招くので採算が合いにくく，よほどの大株主でなければ監視役を引き受けようとはしない．その点を踏まえ，彼らは次のような理論モデルを提示する．まず，発行企業（からの委託を受けた引受業者）は監視役の候補者である大口投資家から需要を聞き出し，監視の誘因をもつのに十分なほど大量の株式を購入してもらうためには公開価格をどこまで低くすればよ

いかを探る．そうして過小値付けした株式を大口投資家に優先的に割り当てて，残りの株式を小口投資家に割り当てる．こうしたことが可能なのは，BB方式だからである．

　この仮説が正しければ，監視役を担う大株主の形成が容易な企業や国ほど，それに必要な過小値付けは少なくて済む．Banerjee, Dai, and Shrestha (2011) は，投資家が国際分散投資をせずに自国中心の資産運用をするというホームカントリーバイアスに着目し，36カ国のIPOデータを用いてこの仮説の妥当性を検証している．具体的には，同バイアスの強さを表す指標を作成し，それが強い国ほど国内での大株主の形成が容易になるので過小値付けは小さいという予測を立て，それがあてはまることを示している．もっとも，これだけでは間接的な証拠を示したに過ぎない．

5. 行動ファイナンスに基づく解釈

　1999年から2000年にかけてのITバブル期に異常に高い初期収益率を経験してから，IPO研究者の間では，従来の解釈では過小値付け現象をうまく説明できないのではという疑問が生まれ，新しい解釈への取り組みが始まった．その代表格が，行動経済学の一分野である行動ファイナンスの研究成果に着目したアプローチである．以下で3つの代表的解釈を紹介するが，それらに共通しているのは，IPOの主要登場人物のうちの誰かが，正統的ファイナンス理論ではありえない非合理的判断をしてしまうと考える点である．

5-1. 情報カスケード仮説

　収集した情報をもとに投資家が意思決定して需要を表明するタイミングは，必ずしも同じではない．早々と需要を表明する投資家もいれば，遅れて表明する投資家もいる．IPOのように，一定の応募期間が設けられ，しかるのちに一斉に取引が開始される場合はなおさらである．Welch (1992) によれば，需要表明の時間的ずれがIPOに情報カスケード現象をもたらしてい

る．すなわち，後から参加した投資家は，自分がどのような情報をもっていようと，先に参加した投資家の行動に大きく左右される．たとえば，IPO株の販売が好調なときは，「先に応募した投資家がよい情報をもっているに違いない」と考え，たとえ自分が悪い情報をもっていても，積極的に応募してしまう．逆に，販売が不調なときは，逆の判断をして，たとえ自分がよい情報をもっていても，応募しようとはしない．その結果，IPO株に対する需要は，雪だるま式に膨らむか，逆にしぼんでしまうかのいずれかである．

このように，先に参加する投資家は，後からくる投資家を同じ方向に導くという意味で，IPO株の売れ行きに多大な影響を及ぼす．そこで，そのことに対する報酬として，彼らは引受業者に過小値付けを要求するというわけである．

面白い考え方ではあるが，BB方式下ではこの現象は起こりえない．なぜなら，日米を問わず，BB期間中に引受業者が投資家の需要動向を公表することはないからである．Welch（1992）の仮説が正しければ，他の投資家の応募状況を知ることができないBB方式では，初期収益率は相対的に低くなるはずであるが，実際にはそうなっていない．

Amihud, Hauser, and Kirsh（2003）は，単一価格方式の入札が支配的なイスラエルのIPOを対象に，この仮説の妥当性を検証している．そして，投資家の需要は極端な応募超過となるか，応募不足で入札不成立となることが多く，中間のケースがほとんどないという情報カスケード仮説の予想と一致する結果を示している．ただし，これは落札者への配分が入札株数に比例するかたちで決まる単一価格方式のもとでの話である．日本のように，配分株数が1単位に限定されている複数価格方式のもとでも同様の現象が起こるかというと，実際にはそうなっていない．つまり，入札の最多価格帯がどちらか一方に振れることはほとんどない．

5-2. プロスペクト理論

新規公開企業や既存株主は，過小値付けによって多大な損失を被っても，引受業者に抗議することはなぜかほとんどない．むしろ，初値が公開価格を

大きく上回ったことを歓迎する風潮すらある．Loughran and Ritter（2002）は，行動経済学の中のプロスペクト理論に基づいて，この疑問に1つの答えを与えている．プロスペクト理論というのは，人々の意思決定上の様々な「癖」を説明する理論の集合体であるが，その中の1つに，人は富の絶対額よりも変化額――正確にいうと，判断の基準となる参照点（reference point）と比較して富がどれだけ増減したか――に重きをおいて意思決定をするという考え方がある．

　すでに述べたように，米国のIPOでは，目論見書に想定発行価格を記載する慣習がなく，代わりに，仮条件の中間値を予想公開価格とみなす慣習がある．彼らはこの中間値を参照点とみなし，発行企業はこれと比較して富がどれだけ増減したかを重視していると考える．

　話を簡単にするため，発行企業の意思決定者と既存株主は同一人物であり，それ以外の既存株主は存在しないものとしよう[36]．既存株主が公開前から保有している株式は，公開時に売出しに応じる部分と，公開後も継続して保有する部分に分けられる．一方，企業が公開時に発行する株式は，売出し株式と新規に発行する募集株式の合計である．いま，公開価格をOP，公開後の市場価格（初値）をMPで表すと，発行企業（既存株主）が過小値付けによって被る機会損失――Loughran and Ritter（2002）のいう「テーブルに残されたお金」――は次のCで表される．

$$C = (MP - OP) \times (売出し株数 + 募集株数)$$

　機会損失といえども損失であることに変わりはないので，もしこの値が非常に大きければ，合理的な発行企業（既存株主）は引受業者に抗議するはずである．しかし，実際にはそういうことはほとんど起こっていない．これはなぜか．1つには，キャッシュの流出を伴わない損失なので，損失として認識されにくいということがあげられる[37]．

　しかし，それだけでは説得力に欠ける．Loughran and Ritter（2002）によ

---

[36] Loughran and Ritter（2002）は既存株主でもある意思決定者とその他の既存株主とを分けているが，本書のように仮定しても議論の本質に変わりはない．

ると，発行企業は，売出し株が予想した価格（参照点）より高く発行されたり，継続保有株が予想した価格（参照点）より市場で高く評価されたりすると，富が増加したと考え，プラスに評価する．いま，参照点（仮条件中間値）をRPで表すと，発行企業の意思決定者にとっての関心事は次の2種類の富増加額となる．

$$A = (OP - RP) \times 売出し株数$$
$$B = (MP - RP) \times 継続保有株数$$

ここで，AはRPで発行されると思っていた売出株がOPで発行されたことによる富の増加額（マイナスならば減少額）である．一方，Bは公開後も継続して保有する株式を事前にRPで評価していたところ，公開日にMPで評価されたことによる富の増加額（マイナスならば減少額）である．彼らによれば，AとBの合計がCを上回れば発行企業（既存株主）は満足するので，引受業者に抗議することはない[38]．

このように考えると，なぜ過小値付けが起こるのかも（厳密にではないが）説明される．すなわち，すでにRPが決定されている状態からスタートすると，もし引受業者が公開後の市場価格（MP）を正確に予想するなら，（A＋B）＞Cを満たすような公開価格（OP）の範囲を知ることができる．一般に，投資家は過小値付けされたIPO株を優先的に割り当ててくれる引受業者に対して喜んで「見返り」（quid pro quo）的な取引をするので，引受業者は上の不等号が成立する範囲で可能なかぎり低い公開価格を発行企業に提示する．こうして，情報格差を持ち込まなくても過小値付け現象が説明される．

この考え方に従うと，不等号が満たされているかぎり，過小値付けによる機会損失（C）と発行企業にとっての富の増加額（A＋B）は共変動することになる．つまり，IPO市場が過熱気味のときには過小値付けは大きくなり，

---

[37] これは行動経済学で心理勘定（心の会計）と呼ばれるものである．それによると，同じ1万円の収入や支出でも，それがどのように発生したかによって人は重要度を分けて考え，扱い方を変えるという．

[38] Loughran and Ritter（2002）のp. 423に記されている不等式の左辺を整理すると，（A＋B）＞Cとなる．

逆に冷え込んでいるときには過小値付けは小さくなる．Loughran and Ritter（2002）によると，こうした過小値付けの状態依存的（state-contingent）変動は，裁量的なBB方式が採用されているかぎり発生する．

　Ljungqvist and Wilhelm（2005）は，この仮説の妥当性を検証するため，企業が新規公開後に実施する最初の増資において，どの引受業者を主幹事に指名しているかを調べている．というのも，IPO時に引受業者のとった行動に満足していない場合，その後の増資で主幹事に指名しない可能性が高いからである．そこで，主幹事の選択確率を被説明変数とし，上記不等号が満たされている場合を1とするダミー変数と$\{(A+B)-C\}$の金額指標の2つを主要説明変数（択一的に採用）として，回帰分析を行った．その結果，IPOの結果に満足している企業は主幹事をほとんど変更していないことが判明した．これはプロスペクト理論の予想と一致する結果である．

5-3. 投資家センチメント仮説

　情報カスケード仮説が投資家の非合理性を想定し，プロスペクト理論が発行企業の非合理性を想定しているのに対して，投資家には合理的判断をする者もいれば非合理的判断をする者もいて，その併存が過小値付けを生み出していると考えるアプローチもある．新規公開企業というのは，一般に若くて規模が小さく，投資家に情報が十分伝わっていないことが多いので，企業評価が難しい．そのため，株価はその時々の投資家のセンチメント（心理，感情）の影響を受けやすい．とりわけ，個人投資家はセンチメント的な判断をしがちである．そのことに着目して過小値付け現象を説明しようとするのが投資家センチメント仮説である．もともとこの考えは実務の世界で古くからあったが，それを初めて理論的に証明したのがLjungqvist, Nanda, and Singh（2006）である．これは行動ファイナンス的解釈の中では一番取り上げられる頻度が高いので，少し詳しく紹介しておこう．

　彼らは2つのタイプの投資家を仮定する．1つは，企業のファンダメンタルズを反映した真の株価水準について，バイアスのない予想ができる「合理的投資家」である．具体的には，IPO取引に常時参加している機関投資家を

想定している．もしこのタイプの投資家しか存在しなければ，企業は真の株価水準で株式を発行するしかない．

もう1つは，真の株価水準を客観的に予想できず，楽観的または悲観的に予想してしまう「センチメント的投資家」である．簡単化のため，モデルでは楽観的な投資家のみが登場するホットなIPO市場を想定する．そのため，公開後の株価は高めの水準でスタートするが，いずれ株価は真の水準に落ち着く[39]．

一方，IPO企業はできるだけ真の株価水準を上回る価格で株式を発行し，「余剰」を手に入れたいと考える．そこで，センチメント的投資家の存在を利用して，合理的投資家に次のような話をもちかける．すなわち，IPO株を集中的に配分するので，公開後に（一度に売却して値崩れを起こすことのないよう）時期をずらしながら高い株価で売り抜けてはどうかと提案する．もちろん，買い手の候補はセンチメント的投資家である．ただし，ホットな市場がいつ終わるかわからないので，合理的投資家がその提案を受け入れることにはリスクが伴う．そこで，そのリスク負担に対する報酬として，発行企業は「余剰」を確保できる範囲で公開価格を低めに設定する．

こうして，公開価格は真の株価水準と公開後の株価水準の中間領域で決定される．このことは，たとえ情報格差による摩擦がなくても，過小値付けが発生することを意味する．また，過小値付けと公開後の長期株価パフォーマンスの悪さという一見すると矛盾してみえる2つの現象を，この理論は同時に説明している．

詳しい説明は省略するが，この仮説からは次のような実証的含意が導かれる．まず，センチメント的投資家の需要（楽観度）が強いときには，発行株数は増加し，公開後の高い株価を反映して初期収益率は高くなる．同時に，長期株価パフォーマンスは低下する．また，ホットな市場が終わってしまう確率が高いときには，発行株数は減少し，長期株価パフォーマンスは低下す

39）この考え方はMiller（1977）に通じるものである．彼によると，IPO株には空売り制約がかかるので，投資家間で意見のバラツキがあっても，悲観的な意見は株価に反映されにくい．そのため，公開直後の株価は楽観的な意見を反映して高めに推移する．しかし，いずれ空売り制約は解消されるので，株価は平均的意見を反映した水準に収斂する．彼はこうして公開後の株価パフォーマンスの悪さを説明している．

る．同時に，合理的投資家のリスク負担が増えるので，公開価格は低めに設定され，初期収益率は高くなる．要するに，センチメント的投資家の楽観的予想が支配的だが長続きしそうもないときには，初期収益率は急上昇する．この帰結は，少なくとも直感的には，ITバブル期の様相をうまく説明しているように思える．

Ofek and Richardson（2003）は，1998年1月から2000年2月の間に米国で上場したインターネット関連企業のIPOデータを用いて，Ljungqvist, Nanda, and Singh（2006）の予想と一致する結果を（同論文の刊行より前に）発表している．彼らによると，大口投資家が公開日に小口投資家相手にIPO株を売却しているときほど高い初期収益率が観察され，しかもそれはITバブルが終焉した2000年末にかけて急速に低下している．

Cornelli, Goldreich, and Ljungqvist（2006）は，1995〜2002年の間に欧州のグレーマーケットで取引された企業について，そこでの取引価格と公開後の株価パフォーマンスとの関係を調べている[40]．彼らは，グレーマーケットでの取引価格の高低が，株式公開に向けての投資家のセンチメント（楽観的vs. 悲観的）の代理変数となることに着目し，これが高い銘柄ほど初期収益率が高く，長期株価パフォーマンスが悪いことを明らかにしている．

Neupane, Paudyal, and Thapa（2014）は，やはり公開前のグレーマーケットでの取引価格に着目してセンチメント仮説の妥当性を検証している．彼らは，2007〜11年の間にインドの2つの証券取引所に上場したIPOを対象に，グレーマーケット・プレミアム（仮条件の中間値からの乖離率）を市場センチメントの指標として採用し，これと企業の質に関する指標の2つがIPO株への応募超過状況に及ぼす影響を調べている．そして，機関投資家は企業の質を重視して応募を決める傾向があるのに対して，小口投資家は市場センチメントの影響を受けて応募を決める傾向があることを明らかにしている．

Dorn（2009）は，ドイツのIPOにはBB期間中に投資家間で取引が可能な発行日前取引市場（when-issued market）があることに着目している．そして，大手証券会社の顧客のネット取引データを用いて，投資家ごとに同市場

---

[40] グレーマーケットについては第1章の脚注6参照．

での購入額と公開日における購入額の合計を求め，それをセンチメントの指標として採用している．その結果，個人投資家のセンチメントが高く，彼らが機関投資家から積極的に購入していると考えられる銘柄ほど，初期収益率は高く，しかも公開後の株価パフォーマンスが悪いことを明らかにしている．これはLjungqvist, Nanda, and Singh（2006）の予想と一致する結果である．

日本でもセンチメントに着目した実証研究がいくつか行われている．たとえば船岡・増田（2010）は，1998～2008年の間にジャスダックで公開したIPOを対象に，初期収益率と公開後株価パフォーマンスを合計した値を求め，直近3カ月の平均値をIPOセンチメント指数として採用している．そして，センチメントの高さは初期収益率にプラスの影響を及ぼしていることや，IPO市場が過熱気味のときにはその影響の仕方が顕著であることなどを明らかにしている．

また，高橋・山田（2011）は，入札方式下（第3期）に店頭市場で公開したIPOを対象に，入札時の応募倍率と価格乖離率（落札加重平均価格の最低落札価格からの乖離率）を投資家センチメントの指標として採用している．そして，これらの指標が初期収益率にプラスの影響を及ぼしていることを明らかにしている．

このように，投資家センチメントに関する実証結果は総じて仮説の予想と一致している．ただし，それらの多くは，投資家の楽観的なセンチメントが公開後の市場価格を押し上げる（ゆえに初期収益率が上昇する）効果だけに着目している．Ljungqvist, Nanda, and Singh（2006）の理論仮説のもつもう1つの重要な含意，すなわちセンチメント的投資家の存在を「利用」して発行企業が公開価格を低めに設定する（ゆえに初期収益率が上昇する）という効果を検証しているわけではない．

6. 価格決定方式の優劣に関する議論

以上，なぜ過小値付け現象が起こるのかに関する先行研究を分類し，紹介

してきた.ここで,すでに言及済みのものも含め,BB方式と入札方式の優劣に関する議論を整理しておこう.議論の焦点は,BB方式にあって入札方式にない「裁量性」——値付けと配分の両面における引受業者の裁量性——をどう評価するかである.

その前に,なぜ入札方式が急速に廃れてきたのかを考察しておこう.1990年代に入ってから,世界中の国々で,それまで主流だった入札方式が実質的に廃止され,代わりにBB方式が採用されるようになった[41].日本も例外ではない.IPOに入札方式を適用することは,当初,大いに期待されていた.なぜなら,入札は価格発見機能に優れているので価格履歴のないIPO株の値付けには最適であり,しかも,裁量性がないので利益相反の発生を未然に防ぐことができると考えられていたからである.ところが期待に反して衰退してしまった.

これはどう説明すればよいのだろうか[42].Jagannathan, Jirnyi, and Sherman (2010) は,この疑問に対して,投資家にとっての「困難性」が他の方式より大きいという解釈を提示している.彼らによると,入札方式の場合,投資家がコストをかけて企業価値を判断し,いくらで入札するかを決めても,そうした行動をとらない非合理的な投資家の参加によって落札結果が左右されてしまい,情報生産に対する正当な報酬を受け取れないなど,合理的投資家の参加を躊躇させる要因が多く存在する.そのため,適切な値付けがなされにくく,それは発行企業にとっても望ましいことではない.彼らは仮説の妥当性を検証しているわけではないが,これは十分に肯ける解釈である.

もちろん,これだけではBB方式の優位性を示したことにはならない.BB方式を積極的に支持する研究者達は,裁量性のもつプラス面を強調する.とりわけ,価格発見能力に優れた機関投資家の意見を公開価格に反映させやすいという情報獲得仮説に依拠した主張が多い.

たとえば,Ljungqvist and Wilhelm (2002) は,情報優位な機関投資家への裁量配分を認めることで,彼らのもつよい情報が(仮条件中間値からの上

---

[41] Jagannathan and Sherman (2006) のTable 1に各国の制度変遷状況が載っている.
[42] 辰己 (2011) は,なぜ世界中で入札方式に代わってBB方式が優勢となったのかについて,主として情報の経済学の視点から論点を整理・検討している.

方修正を通して）公開価格に反映されやすくなるので，発行企業の被る損失が少なくなるという見込みをたてて，実証を行っている．そして，欧米諸国におけるIPO株の配分データを用いた検証により，裁量性が価格発見を促進する役割を果たしていることを明らかにしている．

　すでに説明したSherman（2000）の理論的予想によると，この裁量性が投資家と引受業者の間の長期取引関係を形成させるので，裁量性のない入札方式よりも低い過小値付けが実現する．また，同じくSherman（2005）の理論的予想によると，この裁量性があるおかげで，情報優位の投資家から正しい情報を入手して公開価格に反映させることが可能となるので，公開後のボラティリティは入札方式よりも小さくなる．

　ところが，日本のIPOをみるかぎり，Sherman（2000, 2005）の予想とは逆の実証結果が得られている．すでに紹介したように，過小値付けにしても公開後のボラティリティにしても，入札方式の方が有意に小さい．この事実だけみると，少なくとも発行企業にとっては，入札方式の方が魅力的なはずである．

　にもかかわらず，日本では，1997年9月にBB方式が選択的に導入されて以降，最初の1カ月余は別として，入札方式は一度も採用されていない．これはなぜだろうか．Kutsuna and Smith（2004）はこの疑問に対して1つの答えを与えている．

　彼らによると，BB方式では，価格発見能力が高いとされる機関投資家が価格決定に関与するので，企業価値が公開価格に正しく反映される（分離均衡の成立）．これに対して，入札方式では，情報劣位の個人投資家が入札に参加してくるので，企業価値が公開価格に正しく反映されない（一括均衡の成立）．そのため，入札方式では逆選択が起こる．つまり，質のよい企業はそれに見合うだけの高い価格でIPO株を発行できないため，場合によっては公開を諦めてしまう．逆にいうと，入札方式で公開してくる企業というのは，質の劣る企業である可能性が高く，投資家もそのことを知っている．そのため，諦めずに公開した質のよい企業まで価値が低く評価されてしまう．一種の過小投資問題である．

　ここでもしBB方式が選択可能であれば，過小投資による損失は防げたは

ずである．そこでKutsuna and Smith（2004）は，そうした損失を「機会損失」とみなしてIPOのコストに含めて考えるべきだと主張する[43]．彼らはこの考えに基づいてトータルコストを推定し，比較している．その結果，個々のIPOの発行総額で加重平均したトータルコストでみると，両方式間でほとんど差がないことが明らかにされる．

　では，トータルコストに差がないのであれば，BB方式ばかりが採用されるという現実をどう説明すればよいのか．これに対して彼らは，BB方式にはコスト面だけでなく公開価格がより的確に値付けされるというメリットがあると主張し，BB方式の優位性を結論づけている．ただし，値付けの的確性を検証しているわけではない．また，なぜBB方式下で異常に高い初期収益率が発生するのかという疑問（本書の謎2）には答えを与えていない．

　一方，裁量性のデメリットを指摘する研究も，米国を中心に多くみられる．その1つが，引受業者が裁量性を利用して利益相反行動をとることを指摘した研究である．たとえば，Loughran and Ritter（2004）は，将来の主幹事獲得を目的に，公開予定企業の役員の個人勘定に過小値付けした他社のIPO株を割り当てるというスピニングがなされており，それがITバブル期の異常に高い初期収益率をもたらした原因の1つであると主張する．また，Reuter（2006）は，引受業者はより多くの手数料収入が稼げそうな機関投資家により多くの過小値付け株を配分しているとする仮説を提示し，説得力のある証拠を示している．これらはいずれも，BB方式のもつ裁量性が主幹事の利益相反行為を引き起こしていることを示唆するものである．

　BB方式はIPO市場の変動を激化させる性質を備えていることを指摘する研究もある．たとえば，プロスペクト理論に依拠したLoughran and Ritter（2002）は，BB方式のもつ裁量性が，過小値付けの状態依存的変動を必然的にもたらすことを主張する．すなわち，発行企業は過小値付けによる機会損失よりも富の増加額が大きければ満足するので，その性質を利用して，引受業者は市場が過熱気味のときは極端な過小値付けをする傾向があるという．

---

[43] 機会損失というのは，本来，選択肢が複数ある場合に発生するコスト概念である．したがって，入札方式しか選べない状況下で，「仮に別の方式を採用していたら防げたであろう損失」を考えることは適当でないと筆者は考える．しかし，ここでは彼らの考えを受け入れて議論を紹介する．

これは，投資家の需要の強さが公開価格にそのまま反映される入札方式では，通常，起こりえない現象である．

また，Derrien and Womack（2003）は，フランスで3つの方式（固定価格，入札，BB）がいずれも利用可能であった時期に着目し，公開前の市場動向が過小値付けの水準と変動に及ぼす効果を比較している．そして，入札方式よりもBB方式の方が公開前の市場の影響を受けやすく，過小値付けの水準と変動が大きくなることを明らかにしている．

最後に，Degeorge, Derrien, and Womack（2010）の興味深い分析結果を紹介しておこう．彼らは，米国でWR Hambrecht社が導入したOpenIPOと呼ばれる入札方式によるIPOに注目し，同方式にはBB方式より優れた特徴があることを明らかにしている．

それを紹介する前に，OpenIPOと日本の入札方式の違いを述べておく必要がある．忽那（2008）によると，これはW. Hambrecht氏が，米国で個人投資家にもIPOへの投資が可能となるよう，そして公正な価格形成と配分が行われるよう，1999年に同社を設立して導入した方式である．投資家はネットを通して購入希望価格（ビッド）と購入希望株数（最低単位100株）を入札し，高いビッドを提示した投資家から順に落札していく．発行予定株数をすべて売り尽くす清算価格が決まると，通常は，それを若干割り引いた水準で公開価格が決定される．そして，落札者全員にこの価格が適用される．いわゆるダッチ方式の入札であり，日本の複数価格方式とは異なる．清算価格を若干割り引くので超過需要状態となるが，落札者への割当株数は，一定のルールに基づき入札株数にほぼ比例する形で決められるので，大口の機関投資家にも参加誘因が与えられる[44]．

Degeorge, Derrien, and Womack（2010）は，OpenIPOで公開したIPOを対象に，投資家タイプ別（ブローカー別）・入札価格別の需要表と公開後の売却記録に関するデータを用いて，投資家行動と価格形成のメカニズムを調べている．その結果，①小口投資家の中には意図的に高い値を付けて落札しようとするフリーライダーも観察されるが，彼らが価格決定に及ぼす影響は

---

[44] 詳しくは忽那（2008）第4章を参照されたい．

限定的であること，②機関投資家の需要は価格弾力的（右下がり）であり，企業価値について自らのもつ情報をもとにビッドを決めていることがうかがえること，③短期利得目的の投資家（いわゆるフリッパー〔flipper〕）はBB方式のときと同様に存在するが，過熱時により多くの株式を手放すという行動パターンは観察されないこと[45]，④大口の機関投資家はより多くの株式が割り当てられることで情報提供に対する報酬を受け取っていると考えられることなどが明らかになった．

これらの観察事実は，裁量性のない入札方式でも，設計方法次第で機関投資家のもつ情報を公開価格に反映させることができることを示唆している．もっとも，OpenIPOはその後ほとんど普及していない[46]．これがなぜなのかは，残念ながら不明である．

以上みてきたように，裁量性の是非をめぐる議論は意見が大きく分かれており，筆者の知るかぎり，決着は付いていない．裁量性のプラス面を重視する人達はBB方式の優位性（入札方式の劣位性）を主張し，マイナス面を重視する人達はBB方式の劣位性（入札方式の優位性）を主張している．

今日，BB方式がグローバル・スタンダードとして定着しており，日本でもいまさら入札方式に戻すことはできないという現実的判断をするのであれば，重要なのは，マイナス面が極力オモテに出ないような制度設計にすることである．はたして，いまの日本のBB方式はそうなっているだろうか．日本が導入する際に手本とした米国のBB方式では，ITバブル時は別として，平均10％台の初期収益率しか発生していない．この点は第6章であらためて確認する．

---

45) 考えられる理由として，引受業者によるフリッパーへの優先配分がなされていないことを彼らはあげている．
46) 同社のウェブサイトによると，実施件数はいまだ30程度である．https://wrhambrecht.com/

7. まとめ——2つの謎に対する説明力を中心に

最後に，これまでに紹介した先行研究を，第1章で提起した2つの謎に対する「答え」となりうるかという観点から，簡単にまとめておこう．

まず，過小値付けの発生理由に関する諸仮説の中で実証的支持が比較的多いものを，日本のケースに限定することなく，あげておこう．大別すると，情報格差のもたらす摩擦に着目した解釈と，投資家または発行企業の非合理性に着目した解釈（行動ファイナンス的解釈）の2グループがあげられる．前者の中では，逆選択仮説，情報獲得仮説，利害対立仮説の3つが，米国を中心に比較的多くの支持を得ている．後者の中では，特に投資家センチメント仮説が多くの支持を得ている．また，プロスペクト理論も，それを積極的に否定する証拠は筆者の知るかぎり示されていない．

はたしてこの中で，謎1——入札方式下でも（平均10％台の）高い初期収益率が発生しているという謎——の答えとなりうるものはあるだろうか．第2章で述べたように，日本の入札方式では，内部情報を知りうる立場の投資家は参加できず，また，厳しい配分制限が課されているので機関投資家の参加誘因はほとんどない．仮にあったとしても，ロードショーが開かれないので機関投資家から情報を収集する場はない．したがって，投資家間の情報格差が原因で過小値付けが発生する余地はほとんどない．つまり，逆選択仮説や情報獲得仮説は説得力をもたない．

また，入札方式下では，値付け面のみならず配分面でも引受業者に裁量の余地がないので，利害対立仮説の成立する余地もないと考えられる．

では，投資家センチメント仮説はどうだろうか．少なくとも理論上は，この仮説も成立する余地がない．なぜなら，センチメント的投資家の存在を利用して，合理的投資家に過小値付けしたIPO株を多めに配分するという裁量ができないからである．また，この仮説に従えば，初期収益率は大きな変動を示すはずであるが，入札方式下のそれはかなり安定的に推移している（図1-3）．

そう考えると，Kerins, Kutsuna, and Smith（2007）が結論づけているよう

に，謎1を説明しうるのはプロスペクト理論とリスク配分仮説の2つだけかもしれない．しかし，この2つにもじつは問題がある．すでに述べたように，両方とも引受業者が公開価格を意図的に低く設定するという帰結を導いている．ところが，第4章で証拠を示すように，日本の入札方式下では，公開価格は公開前の推定均衡価格と一致するところで決定されている．つまり，過小値付けではなく適正値付けがなされている．この観察事実が正しければ，引受業者が意図的に過小値付けをしているという視点からは謎1を説明することができない．新しい視点に立った解釈が必要と思われる．

一方，謎2——BB方式に実質移行してから異常に高い初期収益率が追加的に発生しているという謎——については，答えとなりうる仮説はあるだろうか．入札方式からBB方式に移行したことで，情報劣位者の感じる事前不確実性が一気に高まったとか，投資家間の情報格差が一気に拡大したと考える根拠は特に見当たらない．したがって，逆選択仮説や情報獲得仮説で謎2を説明するのは無理と思われる．

値付けと配分の両面で裁量の余地があることを利用して，引受業者が発行企業の利益を犠牲にして自社の利益に繋がる顧客を優遇しているとするReuter（2006）らの解釈——利害対立仮説の中でも特に利益相反行為に着目した仮説——は，検討に値する．なぜなら，日本では，入札方式からBB方式に移行した途端にこの現象が起きているので，裁量性のもつマイナス面がこの謎を解く鍵となりそうだからである．ただし，米国と違って，日本ではIPO株の主たる購入者は機関投資家ではなく個人投資家である．適用する場合はその点を考慮する必要があろう．

では，行動ファイナンス的解釈はどうだろうか．発行企業や投資家の非合理性を認めるかぎり，引受業者の裁量性を前提としたプロスペクト理論や投資家センチメント仮説があてはまる可能性はある．ただし，本書では，可能なかぎり経済合理性に基づく解釈を試みるというスタンスをとっているので，ひとまずこれらの解釈は保留とする．

第4章

入札方式下の主幹事の「適正値付け」行動

　日本の入札方式下のIPOは，公開価格が投資家の意見を反映するかたちで決定されているにもかかわらず，また投資家間の情報格差が問題となりえない仕組みであるにもかかわらず，平均10％台もの高い初期収益率を生み出している．本章では，この謎1を解明するための準備的考察を行う．具体的には，入札結果のデータを用いて「公開前の」需要曲線を銘柄ごとに推定し，公開価格が需給均衡水準で決定されている可能性――すなわち過小値付けではなく適正値付けがなされている可能性――を検証する．その結果，可能性は強く支持され，既存の理論ではこの現象をうまく説明できないことが判明する[1]．

1. 主幹事による過小値付けの誘因：理論的整理

　第2章で説明したように，日本の入札方式（第3期）では，主幹事が落札加重平均価格を割り引くかたちで公開価格を決定し，その価格で非入札株式を投資家に配分している．通常，落札加重平均価格は最低落札価格（すなわち入札株式の需給均衡価格）より高いので，それを割り引いているからといって過小値付けをしているとはかぎらない．では，主幹事はどういうとき

---

[1] 本章のもとになっているのは金子（2007）である．ただし，本章を執筆するにあたり，データを補充し，説明方法と計算方法を大幅に改善するなど，全面的な書き直しを行っている．計算に際しては，池田直史氏（東京工業大学）の助力を得た．記して謝意を表したい．

に過小値付けをするのだろうか．逆にいうと，主幹事が過小値付けをしないのはどういう条件が満たされているときだろうか．

第3章で紹介した先行研究を踏まえると，次の3つの条件がすべて満たされているなら，主幹事が過小値付けをすることはないと考えてよい[2]．

- 条件1：投資家の需要を公開価格決定前に正しく把握している．
- 条件2：情報の非対称性からくる問題が無視しうるほど小さい．
- 条件3：発行企業から投資家への所得移転が証券会社にとって有利に作用しない．

まず，条件1が満たされているなら，いくらで発行できるかがわかるので，公開価格をミスプライスする恐れはない．したがって，引受証券会社が公開価格を割高に設定してしまい，売れ残りを抱えたり，投資家の評判を損ねたりすることはない．また，発行企業の方も，公開価格の決定前に調達可能額が正確にわかるので，確定調達額を得るための「保険料」を過小値付けというかたちで引受証券会社に支払う必要はない．

次に，条件2が満たされているなら，情報格差が原因で生じる諸問題を解決するために過小値付けをする必要はない．たとえば，情報劣位の投資家にIPO取引への参加を促すために過小値付けをする必要もなければ，情報優位の投資家から情報を引き出すために過小値付けをする必要もない．

条件3については若干の説明が必要であろう．図4-1は新規公開株の需要（D）と供給（S）が等しくなるところで公開日の株価（初値）P^*が決定される様子を描いたものである．簡単化のため，需要曲線は線型を仮定している．一般に，P^*より低い水準（たとえば図のP_0）で公開価格が決定されることを過小値付けと呼び，P^*より高い水準（たとえば図のP_1）で公開価格が決定されることを過大値付けと呼ぶ．

---

2) 日本の場合，発行企業の発言力が強い大型案件は別として，公開価格の決定は主幹事主導でなされていると考えて差し支えない．そのため，発行企業主導でなされていることを前提とした解釈（シグナリング仮説，訴訟回避仮説，支配権維持仮説，エージェンシーコスト削減仮説など）は，過小値付けの発生理由としてメインの候補とはなりえないと筆者は考える．

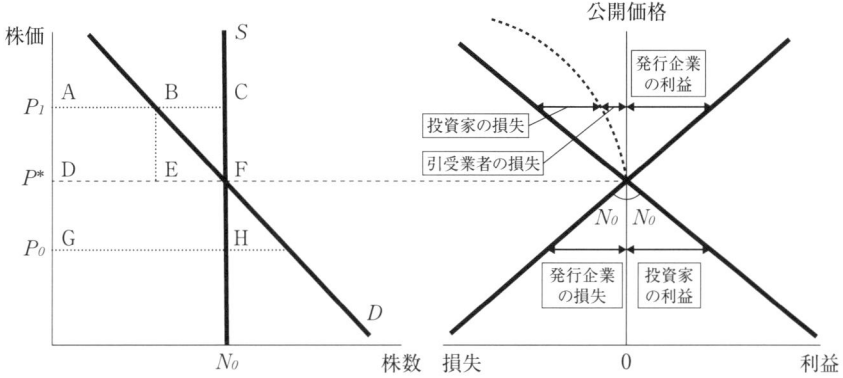

図4-1 新規公開株の需給と公開価格　　図4-2 公開価格の高低がもたらす当事者間の所得移転

D：需要曲線，S：供給曲線
N_0：新規公開株数，P^*：需給均衡価格（初値）
P_0：公開価格（過小値付けのケース）
P_1：公開価格（過大値付けのケース）

　過小値付けのケースから考えよう．P_0の価格で新規公開株数N_0を発行したこの企業は（初値で評価して）面積DFHGに相当する額の機会損失を被ることになる．これは，もし市場価格で発行していたら得られたであろう金額より少ない金額しか得られなかったことによる損失である[3]．逆に，過小値付けされた新規公開株の割り当てを受けた投資家は（初値で評価して）同額の利益を得ることになる．これは，もし市場価格で購入していたら得られなかったという意味で，余分な利益である[4]．この面積DFHGは価格差（P^*-P_0）に正比例することに注意して，両者の損益の大きさを水平距離で示したのが右側の図4-2（交点より下の部分）である．

　次に，過大値付けのケースを考えよう．公開価格がP_1に設定されることで，発行企業は（初値で評価して）面積ACFDに相当する利益を得ている．

---

3) 市場価格で新規公開株を発行できるという保証は何もないので，これを「機会」損失と呼ぶことには抵抗があるかもしれない．しかし，IPO研究の慣例に従って，本書でもこういう表現をする．
4) ただし，これがIPO株固有のリスクを負担することに対する正当な報酬である可能性は残る．もしそうであれば，これは「余分な利益」とはいえない．この問題は次章以降で考察する．

これは，もし市場価格で発行していたら得られなかったという意味で，余分な利益である．それは同時に，投資家と引受業者が被る損失の合計でもある．なぜなら，線分ABだけの配分を受けた投資家は（初値で評価して）面積ABEDに相当する額の損失を被り，線分BCだけの売れ残りを抱えた引受業者は（初値で評価して）面積BCFEに相当する額の損失を被るからである[5]．線型の需要曲線を仮定しているので，後者2つの面積はいずれも価格差（$P_I - P^*$）に関する2次曲線となることに注意して，3者の損益の大きさを水平距離で示したのが右側の図4-2（交点より上の部分）である．

こうして完成された図4-2をみればわかるように，引受業者が過小値付けをしようと過大値付けをしようと，当事者間で所得が移転するだけであり，いわゆるゼロサム・ゲームに過ぎない．したがって，売れ残り損失を被りたくない引受業者がP^*で値付けをすることはあっても，それより低い水準で値付けをする誘因はこれだけでは生まれてこない．

しかし，もしこの所得移転が引受証券会社の将来キャッシュフローを高めるように作用するとしたら，話は違ってくる．たとえば，発行企業の利益を犠牲にして彼らからの評判を低下させるマイナスの効果（例：将来の引受手数料の減少）より，投資家に利益を供与して彼らからの評判を高めるプラスの効果（例：将来の委託手数料や信託報酬の増加）の方が大きければ，主幹事は意図的に過小値付けをするであろう．条件3が満たされているというのは，そうした作用が働かないことを意味する．

2. 入札方式下における適正値付けの可能性

日本の入札方式（第3期）のもとでは，条件1～3はいずれも満たされている可能性が大である．その理由は以下の通りである．

第1に，主幹事が公開価格を決定する前に詳細な入札結果が発表されるので，当該銘柄に対する投資家の需要はかなり正確に予測できる．入札結果そ

---

[5] ここでは買取引受（firm commitment）を想定している．

れ自体は入札に参加した投資家の需要情報でしかないが，それをもとに非入札株式に対する投資家の需要を推測することは，その情報がない状況と比べれば，はるかに容易である（次節で再考）．したがって，条件1はほぼ満たされていると考えてよいであろう．

第2に，入札方式下では投資家は1単位（その大半は1,000株）しか株式を取得できない．そのため，個人投資家と比べて情報優位と考えられる機関投資家にとって，IPO取引に参加する誘因はほとんどない．なぜなら，コストをかけて企業価値に関する情報を生産しても，わずか1単位では回収できる余地がほとんどなく，投資妙味に欠けるからである．この点は，引受証券会社による裁量的配分が可能なBB方式と大きく異なる点である．また，入札方式下では，内部情報を知りうる立場にある関係者はIPO取引に参加できない．以上のことから，条件2も満たされていると考えてよいであろう．

第3に，入札方式（第3期）の場合，引受証券会社が裁量的に配分できるのは非入札株式にかぎられており，それは新規公開株式のせいぜい50%である．しかも，配分できる株数は1投資家1単位（通常1,000株）にかぎられており，年間4銘柄までという制約もある．そのため，見返りが期待できそうな顧客にIPO株を重点的に配分するということは，できそうにない．たとえできたとしても，供与できる利益はわずかである．したがって，過小値付けによる投資家への所得移転が証券会社に有利に働くとは考えにくい．条件3も満たされていると考えてよいであろう．

以上の理由により，日本の入札方式（第3期）では，主幹事に意図的な過小値付けをする誘因はないと考えられる．

では，この場合，主幹事はどのように公開価格を決定しているのだろうか．過小値付けの誘因がないのだから，常識的には，引受業務から直接的に生じる収入と費用に着目して公開価格を決定していると考えられる[6]．ここで，直接的な収入とは引受手数料収入であり，直接的な費用とは引受業務にかかる経費と売れ残りが生じた場合に被る損失である．引受業務にかかる経費は，公開価格の増加関数である可能性が高い．なぜなら，同じ株数をより

---

6) 条件3が満たされているので，引受業務が他業務の収益に及ぼす影響は考慮する必要がない．

高い価格で投資家に売りさばくには，より多くの営業努力が必要とされるからである．しかし，ひとまず単純化のため，経費は公開価格の水準に依存しないと仮定する．

いま，非入札部分の新規公開株数（N_0）とスプレッド方式による引受手数料率（s）を所与とすると，引受業務によって直接的に生じる収入と費用は図4-3のように描かれる．横軸の公開価格を需給均衡価格（P^*）より高く設定することで発生する売れ残り損失が図のようになるのは，図4-1と図4-2で説明した通りである．一方，引受手数料収入は$s \cdot N_0$に公開価格を乗じるかたちで求められるので，図のように右上がりの直線となる．

図から明らかなように，引受業務からの利潤（収入－費用）を最大にする最適な公開価格水準は，需給均衡価格（P^*）以上の領域にある[7]．つまり，少なくとも過小値付けにはならない．さらに，先ほど述べたように，引受業

図4-3　引受業務によって直接的に生じる収入と費用

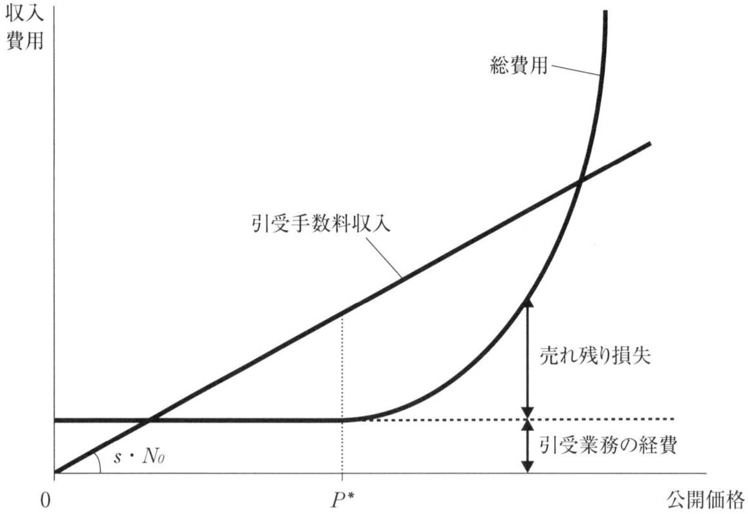

P^*：需給均衡価格，s：引受手数料率，N_0：新規公開株数（非入札部分）
（注1）引受業務のもたらす間接的な収入・費用は無視．
（注2）単純化のため，引受業務にかかる経費は公開価格の水準に依存しないと仮定．
（注3）過大値付けによる売れ残り損失は図4-1の（たとえば）面積BCFEに相当．

務にかかる経費が公開価格の増加関数であることをもし認めると，最適公開価格が需給均衡水準付近で決まることは図から読み取れる．

3. 「公開前」需要曲線と均衡価格の推定方法

3-1. 推定を可能にするための前提条件

　そこで，主幹事は公開価格を需給均衡水準で決定しているという仮説をたてて，その妥当性を検証してみよう．ただし，ここでいう需給均衡水準というのは，あくまで公開前（公開価格決定時点）の話であって，公開日以降の話ではないことを強調しておきたい．この仮説は，言い換えるなら，主幹事は過小値付けではなく適正値付け（just-pricing）をしているというのに等しい．

　この仮説を検証するためには，公開前の需給均衡価格を求める必要がある．あらかじめ推定方法の概要を述べておこう．まず，個別IPOごとに公表された入札結果（総入札株式数，最低・最高入札価格，入札加重平均価格，総落札株式数，最低・最高落札価格，落札加重平均価格）のデータを用いて，「入札株式に対する投資家の需要曲線」を推定する．そして，これを「非入札株式に対する投資家の需要曲線」とみなして，非入札株式を過不足なく売り尽くすための価格水準（需給均衡価格）を求める．

　ここで問題となるのは，なぜ「入札株式に対する投資家の需要曲線」を「非入札株式に対する投資家の需要曲線」とみなすことができるのかという点である．これが正当化されないかぎり，以下の分析は説得力を失う．

　投資家は一人1単位という制約があるので，落札に成功した投資家が非入札株式を購入することはできない．したがって，「投資家は皆2単位以上の取得を希望しているので非入札株式に対しても同じ購入希望価格を提示する」という説明は許されない．

---

7) 金子（2013）は，条件3が満たされているときと満たされていないときに分けて，主幹事の値付け行動を簡単な理論モデルで考察している．

投資家には，複数価格方式の入札で株式を取得することを希望するタイプと，確定した公開価格で株式を取得することを希望するタイプが存在し，両者の需要構造は同じであると考えるのが，理論的には無難かもしれない[8]．しかし，現実性という点ではかなり無理のある仮定である．

　そこで，本章では発想を変えて次のように考える．需給均衡水準での公開価格決定を目指す主幹事にとって，入札結果を利用する以外に同水準を探る適当な方法はない．なぜなら，BB方式のように，ロードショーを実施して機関投資家から妥当な株価水準をヒアリングするとか，一般投資家の需要を積み上げるといったプロセスが，入札方式にはないからである．主幹事は，入札結果という唯一入手可能な需要情報をもとに，最適な価格決定をしている．そう考えることはきわめて自然なように思われる．しかも，入札株式に対する需要曲線と非入札株式に対する需要曲線が「結果的に」一致していなくても，事前の最適化行動という観点からは特に問題ないはずである．

3-2. 投資家のビッド分布と集計需要関数の関係

　いま，投資家は個々の株式について「価格がいくら以下なら購入したい」という購入希望価格（ビッド）を1つの値で頭に描いているとしよう．ただし，投資家は一人1株しか購入できないものとする．このビッドは投資家が考える「本来の株価水準」に依存して決まり，その水準は人によって異なる．なぜ異なるのかはここでは問わない．

　いま，ビッドbと，その価格のときに初めて購入希望を表明してくる投資家の数nの関係を表したものをビッド分布と呼び，$n = f(b)$という関数形で表す．一人1株と仮定しているので，nはその価格のときに投資家から初め

---

[8] 公開価格による非入札株式の販売を単一価格方式の入札とみなすことができるならば，オークション理論における利得等価定理（payoff equivalence theorem）を適用することが考えられる．同定理によれば，入札者間の配分が同じなら，どのような設計デザインで入札を実施しても（この場合，複数価格方式で実施しても単一価格方式で実施しても）売り手の受け取る平均価格は等しくなる（Milgrom〔2004〕）．これを根拠に需要構造の同一性を仮定することも，できなくはない．しかし，実際には，同一銘柄に対して2種類の入札が続けて実施され，初回の落札者は2回目の入札（公開価格での配分）に参加できない仕組みになっているので，そのまま適用することには大きな無理がある．

て提示される購入希望株数といってもよい．現実的対応でいうと，このビッド分布は，入札日に明らかにされる「価格とその価格のもとでの入札株数」の関係を表したものということができる．したがって，これを用いて入札株式に対する投資家全体の集計需要関数を表すと次のようになる．

$$N = D(P) = \int_P^\infty f(b)\,db \tag{4.1}$$

ここで，P は任意の価格であり，N は価格が P のときに投資家から提示される購入希望株数の累積値である．価格の取りうる上限は，理論上は ∞ であるが，実際上は入札に参加してくる投資家の示す最高入札価格である．

ビッド分布は上方に凸の任意の曲線（正の領域）で描かれると仮定して，入札に参加してくる投資家のビッド分布と集計需要関数の関係を視覚的に示したのが図4-4である．価格軸と数量（株数）軸が通常とは逆になっていることに注意されたい．ここで，縦軸の N_T は総入札株数（投資家が入札してきた株数の合計），N_A は入札予定株数（入札が成功する状況（$N_T > N_A$）を想定しているのでイコール落札株数），横軸の P_F は所与の入札下限価格（実際上は常に最低入札価格と一致），P_L は最低落札価格，P_H は最高落札価格（イコール最高入札価格），P_{WAB} は入札加重平均価格（P_F から P_H までの加重平均値），P_{WASB} は落札加重平均価格（P_L から P_H までの加重平均値）である．これらの値は，所与と記したもの以外，すべて入札実施日に入札結果として公表される．

3-3. 需給均衡価格の推定方法

入札結果の発表により，入札加重平均価格と落札加重平均価格という2種類の平均値情報が利用可能となることに着目し，2つのパラメター（平均，分散）で規定される分布を想定し，モーメント法によりパラメターを推定する．分布としては，株価がマイナスの値をとりえないことを考慮して，対数正規分布を想定する．

いま，投資家のビッドが平均 μ，分散 σ^2 の対数正規分布に従うものと仮定

図4-4 新規公開株（入札部分）に対するビッド分布と集計需要関数

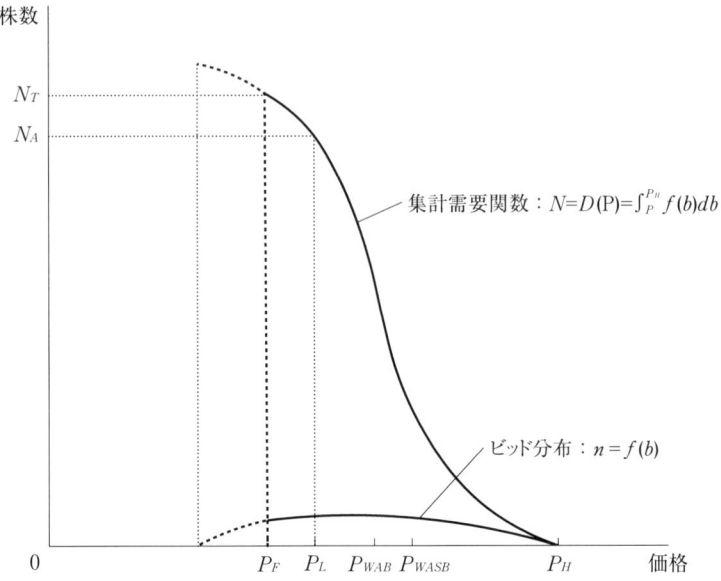

b：投資家の提示する購入希望価格（ビッド）
n：価格がbのときに投資家から初めて提示される購入希望株数
N_T：総入札株数（投資家が入札してきた株数の合計）
N_A：入札予定株数＝落札株数（注：$N_T>N_A$を想定）
P_F：入札下限価格＝最低入札価格（実際上，両者は常に一致）
P_L：最低落札価格
P_H：最高落札価格＝最高入札価格
P_{WAB}：入札加重平均価格（P_FからP_Hまでの加重平均値）
P_{WASB}：落札加重平均価格（P_LからP_Hまでの加重平均値）
（注）価格軸と数量（株数）軸が通常とは逆になっている．

しよう．ただし，この場合の分布は全需要量（全価格領域の積分値）が1となるように基準化されたものである[9]．P_Fより下方が切断されている対数正規分布の期待値は次式で表される．

---

9) ここで全需要量とは，もし入札下限価格という制約がなければ入札に参加したであろう投資家の需要量も含めたトータルの需要量のことである．

$$E[b\,|\,b>P_F] = \exp\left(\mu+\frac{1}{2}\sigma^2\right) \cdot \frac{1-\Phi\left(\dfrac{\log P_F-\mu-\sigma^2}{\sigma}\right)}{1-\Phi\left(\dfrac{\log P_F-\mu}{\sigma}\right)} \qquad (4.2)$$

ここで，expは指数関数，Φ(・)は標準正規分布の分布関数である．同様に，P_Lより下方が切断されている対数正規分布の期待値は次式で表される．

$$E[b\,|\,b>P_L] = \exp\left(\mu+\frac{1}{2}\sigma^2\right) \cdot \frac{1-\Phi\left(\dfrac{\log P_L-\mu-\sigma^2}{\sigma}\right)}{1-\Phi\left(\dfrac{\log P_L-\mu}{\sigma}\right)} \qquad (4.3)$$

入札結果として公表される入札加重平均価格P_{WAB}は$E[b\,|\,b>P_F]$の標本対応とみなすことができる．同様に，落札加重平均価格P_{WASB}は$E[b\,|\,b>P_L]$の標本対応とみなすことができる．したがって，次の2つの式が成立する．

$$P_{WAB} = \exp\left(\mu+\frac{1}{2}\sigma^2\right) \cdot \frac{1-\Phi\left(\dfrac{\log P_F-\mu-\sigma^2}{\sigma}\right)}{1-\Phi\left(\dfrac{\log P_F-\mu}{\sigma}\right)} \qquad (4.4)$$

$$P_{WASB} = \exp\left(\mu+\frac{1}{2}\sigma^2\right) \cdot \frac{1-\Phi\left(\dfrac{\log P_L-\mu-\sigma^2}{\sigma}\right)}{1-\Phi\left(\dfrac{\log P_L-\mu}{\sigma}\right)} \qquad (4.5)$$

数値計算の手法を使えば，これら2つの式を同時に満たすμとσを求めることができる．こうして求められた推定値を$\hat{\mu}$と$\hat{\sigma}$で表す．ただし，P_FとP_Lが一致するケースと数値計算が収束しないケースは，推定値を求めることができない．その場合はサンプルから除外する．

推定されたビッド分布（ならびにそれをもとに導出される集計需要関数）は全需要量が1となるように基準化されたものである．これをもとに，非入札株式を売り尽くす需給均衡価格を求める作業を次に行う．

いま，真の分位数で成立する関係が順序統計量でも成立すると仮定して，まず，次の方法で全需要量N_{ALL}を推定する．最低落札価格P_Lと落札株数N_A

の関係に着目すると，次式が成立する．ここで，$f(\cdot)$ は対数正規分布型のビッド分布（密度関数）である．

$$1 - \int_{-\infty}^{P_L} f(b;\mu,\sigma)db = \frac{N_A}{N_{ALL}+1} \tag{4.6}$$

この式に先ほど推定した $\hat{\mu}$ と $\hat{\sigma}$ を代入して，数値計算により N_{ALL} を推定する．そして，この推定値（$\widehat{N_{ALL}}$）と非入札株数 N_{UA} の値を次式に代入し，分布関数の逆関数を解くかたちで価格 P を求めれば，それが需給均衡価格の推定値である．

$$1 - \int_{-\infty}^{P} f(b;\hat{\mu},\hat{\sigma})db = \frac{N_{UA}}{\widehat{N_{ALL}}+1} \tag{4.7}$$

4. 公開価格と推定均衡価格の関係

　本節では，公開前の需給均衡価格が公開価格と一致しているという適正値付け仮説の妥当性を検証する．対象とするIPOは，入札方式（第3期）の期間中に店頭市場（現ジャスダック証券取引所）で公開した全481銘柄である[10]．店頭市場にサンプルを限定したのは，市場の違いによる影響を極力排除するためである．比較静学的な効果を調べるのが目的の回帰分析であれば，市場の違いによる影響はダミー変数でコントロールできるが，推定均衡価格と公開価格が一致しているか否かを調べるのが目的なので，できるだけ余計な説明変数は持ち込まず，単回帰分析で検証したいと考えている．

　需給均衡価格の推定に使用したデータの出所は，第1章末に記した「データの出所一覧」のとおりである[11]．

　前節で述べた方法に従って推定均衡価格を求める関係で，データの抽出作業を行う必要がある．全481件のうち，入札下限価格（P_F）と最低落札価格

---

[10] 入札方式下で最後に公開したのは，1997年10月7日の北陸ミサワホームである．すでに同年9月からBB方式が選択的に導入されていたので，移行過程最後の銘柄ということになる．
[11] 入札結果については，商事法務研究会の『増資白書』各号を基本に収集し，足りない部分はアイ・エヌ情報センター社提供の「INDBファイナンス情報サービス（エクイティ）」で補った．

（P_L）が一致して，（4.4）式と（4.5）式の連立方程式が解けない銘柄が46件存在した．また，数値計算が収束しない銘柄が79件存在した．そうした事情で排除される銘柄とは別に，公開価格が異常に高く，外れ値とみなすべき銘柄が3件存在した（うち1件は数値計算が収束しない場合と重複）[12]．その結果，全部で127件がサンプルから除外され，354件が分析対象として残った．

こうして求められた推定均衡価格と公開価格の関係を散布図に描いたのが，図4-5である．これをみると明らかなように，原点を通る45度線上にほ

図 4-5 公開価格と推定均衡価格の関係：散布図

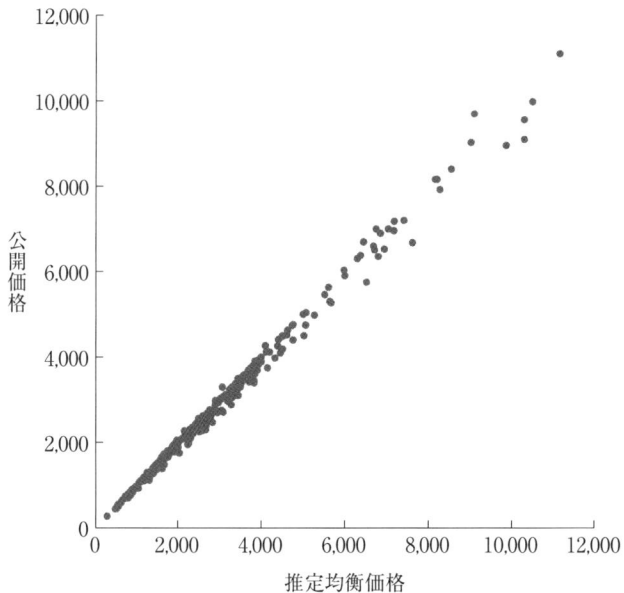

横軸の推定均衡価格は，投資家のビッドが対数正規分布に従うと仮定して「公開前」需要曲線を計測し，得られた結果に非入札株数を代入して算出．

---

12) 具体的には，ネットワンシステムズ（1996年10月14日，公開価格1,183万円），沖縄セルラー電話（1997年4月15日，公開価格133万円），三洋信販（1993年9月21日，公開価格16,000円）の3社である．最後の三洋信販は前の2社と比べると異常に高いわけではないが，散布図を描くと一社だけ大きく離れた位置にくるので，それによる錯覚を避けるために除外した．それを含めても単回帰分析の結果に変わりはない．

とんどの観測値がプロットされており，両者がほぼ一致していることが視覚的に確認される．

次に，両者の一致度をより厳密に確認するため，公開価格を被説明変数，推定均衡価格を説明変数とする単回帰式を通常最小二乗法（OLS）により計測する．ただし，銘柄間で価格水準のバラツキが大きいので，両変数とも自然対数値を使用する．計測された回帰式の決定係数（説明力）が1に近く，係数が1で切片がゼロであれば，両者の一致度が裏付けられたことになる．

回帰分析の結果を載せたのが表4-1である．自由度修正済み決定係数は0.9957ときわめて高い．また，推定値とその標準誤差をみれば，「係数＝1」と「切片＝0」という2つの帰無仮説がともに棄却されないことは明らかである．さらに，係数の95％信頼区間をみてみると（0.9933, 1.0071）となっている．「係数＝1」といってほぼ差し支えない．

以上より，入札方式（第3期）下のIPOは，過小値付けではなく適正値付けされていると結論づけることができる．

ここで，なぜこれほどまでによい結果が得られたのか，「種明かし」をしておこう．第2章で説明したように，入札方式（第3期）下では，新規公開

表4-1　公開価格と推定均衡価格の関係：回帰式の計測結果

被説明変数：公開価格（自然対数値）	
推定均衡価格（自然対数値）	1.0002***
	(0.0036)
切片	−0.0318
	(0.0280)
自由度修正済み決定係数	0.9957
観測数	354

説明変数の推定均衡価格は，投資家のビッドが対数正規分布に従うと仮定して「公開前」需要曲線を計測し，得られた結果に非入札株数を代入して算出．推定方法は通常最小二乗法（OLS）であり，上段数値は係数と切片の推定値．下段括弧内は不均一分散にロバストな標準誤差である．***は1％水準で統計的に有意であることを示す．

株数の50％以上を入札にかけることが義務づけられている．実際の入札株式比率をみてみると，全481件のうち，じつに72.6％のIPOが同比率を下限の50％ちょうどに設定している．そして，48.0％のIPOが公開価格を最低落札価格と同じ水準に設定している．このことは重要な意味をもつ．なぜなら，最低落札価格というのは入札株式を過不足なく売り尽くす価格水準であり，入札株式比率を50％にしておけば，それは同時に非入札株式を過不足なく売り尽くす価格水準でもあるからである．

このことは決して検証結果の意義を損なうものではない．なぜなら，非入札株式の価格（すなわち公開価格）を需給均衡水準で決定しようとする主幹事にとって，入札株式比率を50％に設定しておくというのは，同水準についての正確な情報を得るうえでもっとも効率的な方法だからである．

5. 結び

入札方式（第3期）下のIPOは，過小値付けではなく適正値付けされていることが判明した．では，なぜ平均で10％台もの高い初期収益率が観察されるのだろうか．これに対する筆者の答えは次章で展開するが，あらかじめ次のことを強調しておきたい．

入札方式（第3期）下で落札加重平均価格を割り引くかたちで公開価格を決定しているのは，直接的には主幹事である．しかし，公開前の入札でビッドを提示しているのは投資家である．そして，公開日に需要を表明しているのも投資家である．つまり，適正値付けと高い初期収益率という2つの現象は，いずれも投資家の行動によってもたらされている．この場合，主幹事は投資家の提示した需要情報に基づいて需給均衡となるよう公開価格を決定しているに過ぎない．

こう考えると，入札方式下の高い初期収益率を主幹事の意図的な過小値付けによって説明する試みは，説得力をもたなくなる．たとえば，Kerins, Kutsuna, and Smith（2007）は，主幹事が入札結果から得られる投資家の需要情報に対して意図的に部分調整するかたちで公開価格を決定していると考

え，議論を展開している．しかし，上述の論理でいけば，こうしたとらえ方をするかぎり，謎1はうまく説明できない．

第5章

不正確性プレミアム仮説
―― 謎1の解明

　前章で示したように，日本の入札方式下のIPOは，公開価格が公開前の需給均衡水準で決定されているという意味で，適正値付けがなされている．にもかかわらず，平均10％台の初期収益率が観察されている．これを説明するためには，投資家の需要曲線が公開前に何らかの理由で低めに位置しており，それが公開とともに上方にシフトすると考えるしかない．本章では，その理由として不正確性プレミアム仮説を提示し，妥当性を検証する．その結果，妥当性は強く支持され，入札方式下の過小値付けは投資家が新規公開株に対して要求する正当なプレミアムであることが判明する[1]．

1.「公開前」需要曲線と「公開後」需要曲線

　主幹事が公開価格を需給均衡水準に決定しているのに平均10％台もの高い初期収益率が観察されるという現象は，図5-1のように「公開前」需要曲線と「公開後」需要曲線が異なると考えるしか説明がつかない．すなわち，何らかの理由で公開前に低めに位置していた需要曲線が，公開日に上方にシフトすると考えればよい．そうすれば，適正値付けされていたIPO株がプラスの初期収益率を生むことになる．
　では，なぜ公開前の需要曲線が低めに位置しているのだろうか．ここで重

---

[1] 本章のもとになっているのは金子（2009, 2010）である．ただし，本章を執筆するにあたり，データを補充し，説明方法と計算方法を大幅に改善するなど，全面的な書き直しを行っている．

図 5-1 「公開前」需要曲線と「公開後」需要曲線

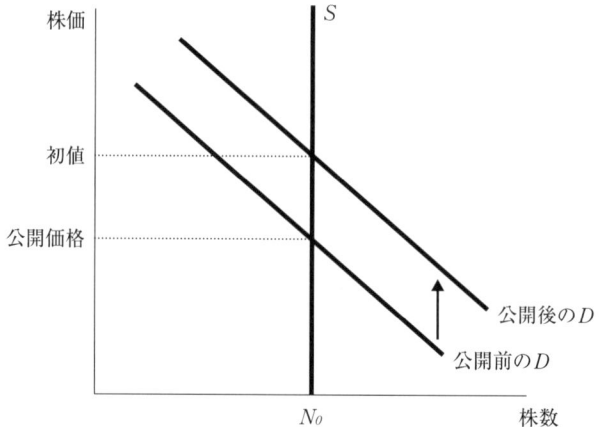

D：需要曲線，S：供給曲線，N_0：新規公開株数
初期収益率＝（初値－公開価格）／公開価格＞0

要なのは，どちらの需要曲線も（当然のことながら）投資家によって提示されているという点である．そう考えると，すぐに思い浮かぶのは逆選択仮説である．質の劣る銘柄（レモン）をつかむのを恐れた情報劣位の投資家をIPO取引に参加させるために，主幹事は公開価格をディスカウントする．これは，見方を変えれば，情報劣位の投資家がレモン・プレミアムを要求するために需要曲線を低めに提示するというのと同じである．

しかし，前章でみたように，日本の入札方式では情報優位の投資家が参加する余地や誘因はほとんどない．したがって，この解釈は説得力をもたない．

筆者はこの謎に対して不正確性プレミアム仮説という新しい解釈を提示する．この仮説は，次に述べる2つの前提条件の上に成り立っている．

2. 仮説の前提条件

2-1. 前提条件1——対称的情報下における意見の相違

　情報の完全性と投資家の合理性を仮定したオーソドックスなファイナンス理論によれば，投資家は企業のファンダメンタルズを反映した「真の株価」について同じ意見をもつ[2]．逆にいうと，合理性を前提とするかぎり，投資家の意見が異なるのは彼らの保有する情報が異なるからである．情報の非対称性を想定して過小値付け現象を説明しようとする試みは，基本的にこの流れに属する．

　しかし，本書では，たとえすべての投資家が同じ情報を保有していても，つまり，たとえ情報が対称的であっても，投資家は異なる意見をもつと考える（前提条件1）．ただし，これは必ずしも投資家の合理性を否定するものではない．

　この主張を正当化するものとして，情報選択における合理的不注意（rational inattention）の理論がある．それによると，人間の情報処理能力には限界があるので，利用可能なすべての情報を処理したうえで意見を形成することは不可能である．そのため，一部の情報を無視するというのは合理的な行動である．しかも，意見を形成する際にどの情報を重視するかは人によって異なるので，無視する情報も人によって異なってくる．そのため，同じ情報集合が与えられても，人によって意見は異なってくると考える．

　この考え方は，もともとSims（2003, 2006）によって提唱されたマクロ経済モデルにおける概念であり，合理的期待を仮定すると否定されてしまう財政・金融政策の有効性を裏付けるものとして導入された．その後，投資家の合理性を前提とした従来のアプローチと，非合理性を前提とした行動経済学的アプローチの間のギャップを埋めるものとして注目され，ファイナンス分野への適用がいろいろと試みられている[3]．

---

[2] ここでいう意見には予想も含まれる．

本書では，この考え方に基づいて上述の前提条件1をおく．なお，以下で展開する仮説は情報が非対称的な世界でも成立するが，それに頼らずに謎1を説明するため，あえて情報が対称的な世界に限定して話を進める．

2−2．前提条件2──平均的意見を反映した株価形成

　市場で成立する株価は投資家の平均的意見を反映して決まるというのが2つめの前提条件である．これはケインズが唱えたことで有名であるが，本書では以下のように考える．

　いま，投資家は企業の株価について「いくらが妥当な水準である」という意見を確定値で頭に描いていると仮定しよう．その水準が妥当かどうかは投資家が主観的に判断することであって，客観的にみて妥当かどうかは重要でない．また，その水準がどのように決まるのかも，ここでは不問とする．前提条件1を置いているので，投資家全体でみると株価に関する意見分布が形成されることになる．

　さらに，議論の単純化のため，次の2つの仮定を置く．まず，株式の売買に伴う取引費用は無視できるものとする．また，信用取引に対する制約がなく，投資家は手持ちの株式（または資金）がなくても自由に売り（または買い）注文を出せるものとする．

　以上の仮定を置くと，投資家は「妥当な水準」についての自分の意見より少しでも低い気配値が提示されれば買い注文を出し，逆に，少しでも高い気配値が提示されれば売り注文を出す．すべての投資家がそういう行動をとる結果，株価は彼らの平均的意見──より正確には注文株数で加重平均された意見──を反映した水準で決定される．この帰結は，投資家の意見分布がどのような形状であろうと成立する[4]．

　ここでは，公開日に市場で成立する株価（初値）についてもこのメカニズムがあてはまると考える．もちろん，現実にはそれを妨げるような要因が存在する．特にIPO株は，信用買い（空買い）は可能であっても信用売り（空

3）情報選択における合理的不注意の理論をファイナンス分野に適用する試みを紹介したものとして，Veldkamp（2011）がある．

売り）に対して制約が課されることが多い．その場合，提示された気配値よりも低い水準を妥当と考える投資家（悲観的投資家）の意見は株価に反映されにくく，逆に高い水準を妥当と考える投資家（楽観的投資家）の意見は株価に反映されやすい．その結果，Miller（1977）が指摘するように，初値は投資家の平均的意見を反映した水準より高いところで決定される．したがって，それだけで高い初期収益率が実現することになる．

筆者はこの可能性を否定しないが，この可能性を認めるかどうかは以下の議論にとって重要でない．なぜなら，これから展開する仮説によれば，高い初期収益率が実現するのは初値の形成に原因があるからではなく，公開価格の決定に原因があるからである．仮に上述の可能性を認めたとしても，それは初値を押し上げる効果を通して初期収益率をより高めるだけである．

以上の理由により，初値も含めて，市場で成立する株価はそのときどきの投資家の平均的意見を反映して決まると考える．

3. 不正確性プレミアム仮説

3-1. 仮説の基本的考え方

いま，ある企業によってN日後に発行され，ただちに市場で取引される株式について，現在の購入希望価格（ビッド）はいくらかという質問を投資家が受けたとしよう．ただし，単純化のため，投資家はN日後に売却することを想定してビッドを決めるものとする．Nは時間価値を無視できるほど短い期間であるとする．投資家にビッドを偽って提示する誘因はないものとし

4）簡単なモデルでそれを示してみよう．単純化のため，投資家は一人1株しか取引しないとする．価格がbで与えられたとき，それを「妥当な水準」と考える投資家の数をnとすると，投資家の意見分布は$n=f(b)$で表される．投資家はbを少しでも上回る気配値が提示されれば売り注文を出し，少しでも下回る気配値が提示されれば買い注文を出す．いま，投資家の総数（取引される総株数）が1となるように基準化された分布を考えると，任意の価格Pにおける全投資家の需要量は$1-F(P)$で表され，供給量は$F(P)$で表される（Fはfの分布関数）．したがって，分布の形状に関係なく，需給均衡価格は積分値が1/2となるところ（すなわち意見分布の平均値）で決定される．

て，このとき投資家は何を考えて回答するだろうか．

　PO（既上場企業による株式発行）の場合，話は簡単である．一物一価を前提とするかぎり，すでに流通している当該企業の株式とN日後に発行される株式は同質であるから，価格も同じである．つまり，N日後に発行される株式についても，「現在の株価」は正確にわかっている．

　したがって，株価に関する投資家の関心は，現在の株価がN日後にいくらになっているかという点だけである．このとき，投資家はN日後の株価を予想して意思決定をするが，彼の予想が合っているという保証は何もない．予想が外れる可能性のことをリスクと呼ぶが，後述するリスクと区別するため，以下ではこれを（N日後の株価の予想に関する）不確実性と呼ぶ[5]．投資家はこの不確実性に対するプレミアムが提供されなければ株式を購入しようとしない．したがって，POに対して投資家が提示するビッドは次式で与えられる．

　　POに対するビッド＝N日後の株価の予想値－不確実性プレミアム　　(5.1)

　実際に，POの発行価格が直近の株価より割り引かれた水準で決定されるのは，主としてこのためである．

　これに対して，IPOの場合，「現在の株価」は存在するものの，それを正確に知ることは不可能に近い．というのも，個々の投資家は妥当な株価水準についてそれぞれに自分の意見をもっているが，無数の投資家から意見を聴取し，平均値を探ろうとしたら莫大なコストがかかるからである．そのため，平均的意見で決まる現在の株価は，実際にはN日後（公開日）まで正確には観察できない．ただし，公開日以降はコストなしでそれを観察できる．

　このとき，投資家は現在の株価についても「予想」したうえで意思決定をする．しかし，彼の予想が合っているという保証は何もない．予想が外れる可能性のことをリスクと呼ぶが，前述のリスクと区別するため，以下ではこれを（現在の株価の予想に関する）不正確性と呼ぶ．投資家はこの不正確性

---

5) 経済学では，確率分布が既知か未知かでリスクと不確実性を使い分けることが多いが，ここではそうした使い分けは行っていない．

表 5-1　投資家からみた PO と IPO の違い

	既知	未知	投資家の要求するプレミアム
PO	現在の株価	N日後の株価	不確実性プレミアム
IPO	—	現在の株価(注)	不正確性プレミアム(注)
		N日後の株価	不確実性プレミアム

(注) PO（既上場企業の株式発行）・IPO（新規公開企業の株式発行）ともにN日後に株式が発行されて市場で流通すると想定．投資家の平均的意見で決まる現在の株価は，POの場合は事実上「既知」だが，IPOの場合，平均的意見を調べるのに禁止的に高いコストがかかるので「未知」．そのため，投資家は（N日後の株価が不確実にしかわからないことのリスクのみならず）平均的意見が不正確にしかわからないことのリスクに対してもプレミアムを要求．

に対するプレミアムが提供されなければ株式を購入しようとしない．投資家の感じる不正確性には個人差があるので，不正確性プレミアムの大きさも投資家によって異なると考えられる．

　ここで注意すべきなのは，IPOにはN日後の株価の予想が外れるリスク（不確実性）も同時に存在するという点である．したがって，不確実性に対するプレミアムも同時に考慮しなければならない．以上の関係を整理したのが表5-1である．

　これより，IPOに対して個々の投資家が提示するビッドは次式で与えられる．ただし，単純化のため，現在の株価の予想値とN日後の株価の予想値は等しいものと仮定する．

$$\text{IPOに対するビッド} = \text{現在の株価の予想値} - \text{不正確性プレミアム} - \text{不確実性プレミアム} \tag{5.2}$$

　すべての投資家が同様のプレミアム要求行動をとれば，ビッドを集計して描かれる公開前の集計需要曲線は，不正確性のない場合（つまり (5.1) 式）と比べて下方に位置する．いま，そのときの需給均衡水準で公開価格が決定されたとしよう．つまり，IPOは適正に値付けされたとする．一方，公開日（N日後）には市場が成立し，平均的意見はコストなしで観察可能となるの

で，投資家の感じる不確実性は解消される．このことは，投資家の集計需要曲線が上方にシフトすることを意味する．その結果，公開価格より高い水準で初値が決定される（図5-1）．こうして，公開前に適正値付けされたIPOがプラスの初期収益率を生むことになる．

以上が不確実性プレミアム仮説の基本的考え方である[6]．このように，公開前には誰も平均的意見（で決まるそのときの株価）を正確に知ることができず，投資家はその不確実性を嫌うということを認めただけで，プラスの初期収益率を説明することが可能となる．この場合，意見が異なることの理由として，前提条件1（対称的情報下における意見の相違）を置く代わりに情報の非対称性を持ち込んでもよい．しかし，それは謎1を解明するための必要条件ではない．この点は強調しておきたい．

ここで，本章のもとになっている金子（2009, 2010）と着眼点は同じだが，オーソドックスなファイナンス理論の枠組みを用いて厳密なモデルを展開している池田（2013, 2015）を紹介しておこう．池田論文は，投資家にとって利用可能な情報集合を，公開前と公開後で明確に区別する．公開前には個々の投資家は「私的情報」をもとにファンダメンタル価値を推測し，需要を形成する．しかし，公開後には市場価格の観察を通して全投資家の「集計情報」を得ることができるので，それをもとに投資家は需要を再形成する．そう考えると，投資家は公開前に誤った情報に基づいて誤った需要を形成するリスクを負っている．そこで，彼らはビッドを低めに提示することでプレミアムを要求する．その結果，高い初期収益率が実現する[7]．

このように，公開前の株価が観察されないことからくるリスクに着目して初期収益率の発生を説明するという点で，本仮説と池田論文は基本的に同じである．大きく異なるのは，市場価格が投資家の平均的意見で決まると考えるか，情報をフルに反映したファンダメンタル価値で決まると考えるかの違

---

[6] 不確実性という言葉は不確実性と混同されやすいので，これを意見分散プレミアム仮説と呼んでもよいが，不確実性という概念を使った方が説明しやすいので，あえてこちらの表現を用いている．

[7] 市場価格を観察することで集計情報を得ることができるなら，各投資家は私的情報に基づいた取引を行わなくなる．その結果，市場価格に情報が反映されなくなり，それを観察しても集計情報を得ることができなくなる．これをGrossmanパラドックスというが，池田（2013, 2015）はこの問題を回避するために，集計情報にノイズを加えたモデルを補論で展開している．

いだけである．しかも，両仮説から導かれる実証的含意は実質的に同じである．ただ，池田論文の方は，効率的市場仮説を中心としたオーソドックスなファイナンス理論の流儀に従って結論を導出しており，同理論の支持者からは，はるかに高く評価されよう．一方，本仮説は，現実的な前提条件のもとに極力シンプルな発想と論理で結論を導いており，厳密さは欠くものの直感に訴える力はあるかもしれない．評価は読者の判断をまつしかない．

3-2. 不正確性プレミアムの決定要因

（5.2）式右辺の不正確性プレミアムの大きさを規定している要因は何であろうか．直感的には明らかであるが，実証に入る前に，それを理論的に確認しておこう．

以下では，投資家は不確実性を嫌うのとまったく同じ理由で不正確性というリスクを嫌うと考え，期待効用最大化の原理に基づいて不正確性プレミアムの要求行動を定式化する．ただし，不正確性の問題に専念するため，不確実性の問題は無視して考える．つまり，（5.2）式の右辺第3項はゼロとみなして議論を進める．

IPOの場合，投資家がビッドを提示する時点では，誰も現在の株価を正確に知ることはできない．そこで，投資家は現在の株価を一種の確率変数とみなし，主観的な確率分布を付与して意思決定を行う．現在の株価を$\tilde{P}$で表そう．この期待値$E(\tilde{P})$は（5.2）式の右辺第1項に相当する．いま，この期待値は「妥当な株価水準」に関する各投資家の意見P^e（所与）に等しいと仮定しよう．株価は投資家の平均的意見を反映して決まるから，このことは，投資家は皆「自分はノーマルな意見の持ち主である」と考えているのに等しい．この仮定により，現在の株価$\tilde{P}$は投資家の意見P^eの周りをランダムに変動する変数としてとらえられる．そこで，以下では現在の株価を$\tilde{P} = P^e + \tilde{\varepsilon}$で表す．ここで，$\tilde{\varepsilon}$は期待値ゼロ，分散$\sigma^2$の確率変数である．この場合，$\sigma$は平均的意見が自分の意見と一致しない可能性，すなわち投資家の感じる不正確性の程度を表すパラメターとみなすことができる．

図5-2は，モデルにおける不正確性のイメージを視覚的に示したものであ

図5-2 現在の株価についての主観的確率分布と不正確性のイメージ

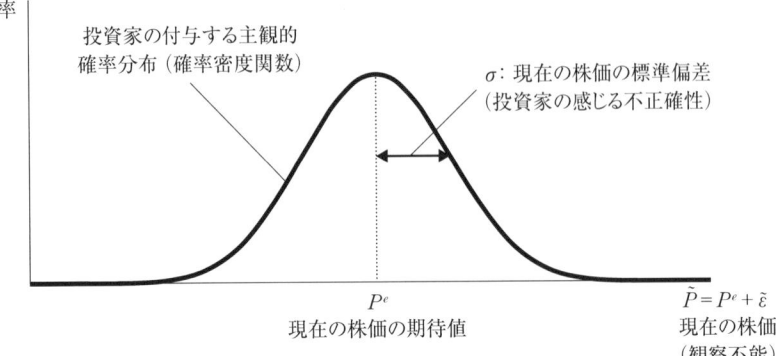

投資家の平均的意見で決まる現在の株価は,公開前の段階でも「存在」はするが正確には観察できないので,個々の投資家はそれに対して主観的確率分布を付与して意思決定を行うと想定（P^eは妥当な株価水準に関するこの投資家の意見（所与））.投資家間の意見のバラツキが大きい銘柄ほど,現在の株価について投資家の感じる不正確性は大きくなる.

る.横軸が将来の株価ではなく現在の株価である点が,不確実性の概念との決定的違いである.

現在の株価が $P^e+\tilde{\varepsilon}$ という不正確な値でしかとらえることのできないIPO株に投資するとしたら,投資家は自分の意見 P^e が平均的意見と一致しない可能性（すなわち不正確性）を受け入れることに対してプレミアムを要求する.それを Π で表すと,彼の提示するビッドは $P^e-\Pi$ で表される.いま,投資家の保有する初期の富を W,投資家の効用関数を $U(\cdot)$ で表すと,この Π は次式を満たすかたちで求められる.ただし,U は狭義準凹の増加関数で,2回連続微分可能であると仮定する.

$$E[U(W+(P^e+\tilde{\varepsilon})-(P^e-\Pi))]=U(W)$$
$$\therefore\ E[U(W+\Pi+\tilde{\varepsilon})]=U(W) \tag{5.3}$$

ここで左辺はIPO株に投資した場合の期待効用であり,右辺は投資しない

場合の効用である．このΠはファイナンス理論で補償リスクプレミアムと呼ばれているものである．

$E(\tilde{\varepsilon}) = 0$であることに注意して，(5.3) 式の左辺を$W+\Pi$の近傍でテーラー展開すると，次式を得る．

$$E[U(W+\Pi+\tilde{\varepsilon})] = E\left[U(W+\Pi) + U'(W+\Pi)\tilde{\varepsilon} + U''(W+\Pi)\frac{\tilde{\varepsilon}^2}{2}\cdots\right]$$

$$= U(W+\Pi) + U''(W+\Pi)\frac{\sigma^2}{2} + \cdots \quad (5.4)$$

(5.4) 式右辺の$U(W+\Pi)$と$U''(W+\Pi)$をさらにWの近傍でテーラー展開して，3次以上の微分の項は無視できるほど小さいと仮定すると，近似的に次式を得る．

$$E[U(W+\Pi+\tilde{\varepsilon})] \cong U(W) + U'(W)\Pi + U''(W)\frac{\sigma^2}{2} \quad (5.5)$$

(5.5) 式を (5.3) 式に戻してΠについて求めると，次式を得る．

$$\Pi \cong -\frac{U''(W)}{U'(W)} \cdot \frac{\sigma^2}{2} = ARA \cdot \frac{\sigma^2}{2} \quad ただし，ARA \equiv -\frac{U''(W)}{U'(W)} \quad (5.6)$$

ここでARAは絶対的危険回避度である．こうして，投資家の要求する不正確性プレミアムΠは，彼の感じる不正確性の程度σと絶対的危険回避度ARAの増加関数として表されることがわかる．以上は一投資家についての話であるが，投資家間で主観的確率分布の違いや危険回避の違いを認めても，すべての投資家が同様のプレミアム要求行動をとると考えることができる．

3-3. 実証的含意

(5.6) 式より，不正確性プレミアムの大きさを決定している要因は2つに集約される．1つは，現在の株価$\tilde{P}$についての主観的確率分布の標準偏差σで表される「投資家の感じる不正確性」である．これが大きい銘柄ほど，投資家はより多くの不正確性プレミアムを要求するので，他の条件に変わりが

なければ，公開価格はより低く設定され，より高い初期収益率が実現する．

もう1つは，投資家の絶対的危険回避度 ARA である．いうまでもなく，これが高い投資家ほど，より多くの不正確性プレミアムを要求する．ただし，銘柄によって投資家の危険回避度が異なるということは考えにくいので，ほぼ同じ時期に実施されるIPOであれば，投資家の危険回避度に差はないと考えてよいであろう．

以上より，仮説の妥当性の検証に際しては，他の要因をコントロールしたうえで，投資家の感じる不正確性が初期収益率に及ぼす効果を調べることが鍵となる．

4. 実証計画

本節では，入札方式（第3期）下のIPOデータを用いて仮説の妥当性を検証するための準備作業を行う．

あらかじめ次のことを注意しておきたい．不正確性プレミアム仮説は，公開価格が投資家の集計需要を反映して決定される仕組みになっていれば，具体的な決定方式がどのようなものであっても成立する．本章では入札方式下のIPOデータを仮説の検証に用いるが，それは検証に必要なデータ（投資家の詳細な需要情報）が銘柄ごとに入手可能だからであって，入札方式でしか仮説が成立しないからではない．

4-1. 不正確性の指標としての意見分散度

前節で登場した投資家の感じる不正確性というのは，あくまで主観的な概念である．どうしたらこれを客観的に把握することができるだろうか．

株価が投資家の平均的意見を反映して決まるということを受け入れるかぎり，「現在の株価についての予想が外れる可能性が大きい」ということと，「投資家間の意見のバラツキが大きい」ということは，実質的に同じと考えてよい．極端な話，投資家間で意見のバラツキがまったくなければ，自分の

意見は投資家全員の意見でもあるから，公開前でも現在の株価は正確に予想することができる．つまり，そこに不正確性は存在しない．逆に，投資家の意見が全員異なれば，自分の予想が外れる可能性はきわめて高い．

　もちろん，どの程度意見のバラツキがあるかは誰も正確にはわからない．しかし，投資家は，たとえば知名度の低い企業や先端分野に進出している企業のIPOは意見のバラツキが大きいというふうに，企業特性等によってバラツキの程度が異なることを経験的に知っているものと思われる．以下ではこのことを認めて議論を進める．

　投資家間の意見のバラツキが大きい銘柄というのは，一定量の供給を吸収するのに必要な価格の下落幅がそれだけ大きい．つまり，需要曲線の傾きが急である．換言するなら，需要の価格弾力性が小さい．したがって，需要の価格弾力性を測ることができるなら，それを投資家間の意見のバラツキ度合いの「逆」指標とすることができる．

　また，投資家の意見分布を直接的に推定することができるなら，分布の変動係数（標準偏差／平均値）を投資家間の意見のバラツキ度合いの指標とすることも可能である．

　前章で考察したように，入札方式下のIPOは，投資家のビッド分布のパラメーターを銘柄ごとに推定することができる．そこで，以下ではその結果を用いて意見のバラツキ度合いに関する2種類の指標（意見分散度指標）を作成し，それにより仮説の妥当性を検証する．

4-2. 検証方法

　初期収益率（IR）を被説明変数，意見分散度指標を主要説明変数とする回帰分析を行う．採用する説明変数と予想される符号条件は以下の通りである．参考までに，企業価値に関する事前不確実性の大きな銘柄ほど初期収益率は高くなるという逆選択仮説についても，代表的な主要説明変数を用いて検証を行い，2つの仮説の妥当性を比較する．

(1) 主要説明変数

不正確性プレミアム仮説の主要説明変数としては，次の2種類の意見分散度指標を択一的に採用する．1つは需要の価格弾力性（PED）である．4-1.の議論が正しければ，これが小さい銘柄ほど投資家間の意見のバラツキは大きいので，初期収益率は高くなる．したがって，予想される符号はマイナスである．

ビッドbの分布（密度関数）として対数正規分布$f(b;\hat{\mu},\hat{\sigma})$を仮定しているので，公開前の需要関数は$1-F(P;\hat{\mu},\hat{\sigma})$で表される（ここで$F$は分布関数）．したがって，$\log(b)$の平均値$\exp(\hat{\mu})$における需要の価格弾力性は$2\cdot\exp(\hat{\mu})\cdot f(\exp(\hat{\mu});\hat{\mu},\hat{\sigma})$で求められる．

もう1つの意見分散度指標はビッド分布の変動係数（CV）である．4-1.の議論が正しければ，これが大きい銘柄ほど投資家間の意見のバラツキは大きいので，初期収益率は高くなる．したがって，予想される符号はプラスである．なお，同じ意見分散度指標でも，PEDよりCVの方が投資家間の意見のバラツキ度合いを直接的にとらえているので，不正確性の指標としてはよりふさわしいかもしれない．

ビッドbの分布（密度関数）として対数正規分布$f(b;\hat{\mu},\hat{\sigma})$を仮定しているので，$\log(b)$の平均値$\exp(\hat{\mu})$における変動係数は$\hat{\sigma}/\exp(\hat{\mu})$で求められる．

逆選択仮説の主要説明変数としては，多くの実証研究例にならい，事前不確実性の指標として企業規模と企業年齢の2つを採用する．一般に，企業規模が小さく企業年齢が若い企業ほど知名度は低いので，投資家間の情報格差からくる事前不確実性は大きくなり，情報劣位の投資家の要求する初期収益率は高くなる．したがって，予想される符号はともにマイナスである．

企業規模の具体的指標としては，売上高の自然対数値（LN（SALES））を用いる．発行総額（公開価格×新規公開株数）の自然対数値も有力な候補であるが，過小値付け説の立場に立つと公開価格（したがって発行総額）が少なくとも理論上は内生変数となるので，ここでは採用しない．企業年齢の具体的指標としては，創立から公開までの所要年数の自然対数値（LN（AGE））を用いる．

ここで，意見分散度と知名度の関係について触れておこう．一般に，知名

度の低い銘柄ほど投資家間の意見のバラツキは大きいと考えられる．したがって，不正確性プレミアム仮説の検証にも知名度指標（企業規模，企業年齢）を説明変数として採用すべきと思われるかもしれない．不正確性プレミアム仮説は情報が非対称的であっても成立し，その意味で逆選択仮説を排除しないので，なおさらかもしれない．しかし，仮説が正しければ，投資家の感じる不正確性に影響を及ぼす要因は，すべてその影響が意見分散度に反映されているはずである．したがって，両方の指標を同時に採用することは，かえって問題を生むことになる．

(2) コントロール変数

仮に不正確性プレミアム仮説（または逆選択仮説）が正しいとしても，意見分散度（または事前不確実性）だけで初期収益率の高さが決まるわけではない．初期収益率に影響を及ぼすと考えられるその他の要因は，回帰分析でその影響をコントロールする必要がある．以下，考えられる要因を順に考察する．

① フロー供給比率（SUPPLY）：公開日時点での発行済み株式総数に占める新規公開株数の比率が高いIPOは，それだけ募集・売出しというフローの形で市場に供給される株式の割合が大きいので，他の条件に変わりがなければ，市場価格に下落圧力がかかる[8]．もっとも，図5-1の考え方に従えば，S曲線が右方にシフトすると公開価格にも下落圧力がかかるので，初期収益率に及ぼすトータルの効果は，この場合，不明である．しかし，一般論として考えると，価格に及ぼす供給量の効果は無視できない．そこで，この比率をフロー供給比率（SUPPLY）と呼び，コントロール変数として念のため採用する（予想される符号は不明）．これは既上場企業の発行済み株式における浮動株比率と似た概念であるが，発行によって新たに生まれる浮動株なので，ここでは区別する．

② 未充足需要（USB：unsatisfied bids）：入札方式によるIPOの場合，制度的制約により，入札時に満たされざる需要（未充足需要）が発生する

---

[8] 売出しがなく募集だけの発行であれば，いわゆる希薄化効果と考えてよい．

可能性は大である．同方式では，入札株式にせよ非入札株式にせよ，投資家は1単位しか購入できない．そのため，投資家の需要は公開前には十分に満たされず，未充足需要が公開日に表面化して初値を押し上げ，初期収益率を高くする可能性がある．そこで，総入札株数に占める落札不成功株数の比率――前章の記号でいうと $(N_T - N_A)/N_T$ ――を未充足需要（USB）の指標と呼び，コントロール変数として採用する．予想される符号はプラスである．

③　直近市場収益率（MR20）：公開予定先の市場が公開前に上昇局面にあるときは初期収益率が高くなることが，先行実証研究で例外なく報告されている．そこで，公開前20営業日間の累積市場収益率（MR20）をコントロール変数として採用する．予想される符号はプラスである．本稿では店頭市場（現ジャスダック証券取引所）で公開したIPOを取り上げるので，具体的にはジャスダック指数の配当込み日次収益率データを用いてMR20を算出する．

④　ベータ係数（BETA）：分散化されたポートフォリオにIPO銘柄を組み込んでいる投資家を想定するかぎり，市場収益率が初期収益率に及ぼす効果は一様でない．当該銘柄と市場との共変動性（システマティック・リスク）次第で，その効果は異なってくる．ところが，IPOの場合，公開日までは株価データが存在しないので，公開前におけるシステマティック・リスク（いわゆるベータ係数）を測ることができない．そこで本稿では，公開の前後で当該銘柄のリスク構造に変化はないと仮定して，公開後の配当込み株式投資収益率データを用いて計測したベータ係数（BETA）を公開前のシステマティック・リスクの近似指標として採用する．予想される符号はプラスである．BETAの計測期間は，公開直後の株価不安定期を除く意味で，公開後21営業日から80営業日までの60日間とする．ただし，既上場企業を対象とした株価の分析ならともかく，IPOの計測で事後ベータ使うことには抵抗があるかもしれない．そこで，BETAを説明変数から除いた回帰式もあわせて計測してみる．

⑤　年次ダミー（YEAR）：公開時期の違いが初期収益率に及ぼす影響を考慮するため，年次ダミーをコントロール変数として採用する．本章で対

象とする期間は1993年から1997年までの5年間なので，97年に公開したIPO（計74件）をレファレンス・カテゴリーとして，残りの各年を1とするダミー変数4個を採用する．

(3) データと計測方法

　第4章で推定したビッド分布のパラメーターを使って意見分散度指標を作成する関係で，入札方式（第3期）の1993年1月から1997年9月までに店頭市場で公開した計481件のIPOを対象とする．ただし，対数正規分布を想定した場合，排除件数が計127件あるので，実際に使用するサンプルの観測数は354件である（排除の内訳については第4章参照）．

　逆選択仮説を検証する場合，ビッド分布のパラメーターを使う必要がないので計測に使える観測数はもっと多くなるが，検証結果の比較をフェアに行うため，上と同じデータセットを用いて計測する．

　計測に使用するデータの出所は第1章の付表に記したとおりである[9]．年次ダミーを除く各変数の記述統計量を示したのが表5-2である．

　計測方法については，まず，意見分散度指標として需要の価格弾力性（PED）を主要説明変数とする線形回帰式を通常最小二乗法（OLS）で計測する．続いて，変動係数（CV）を主要説明変数とする線形回帰式をOLSで計測する．最後に，逆選択仮説を参考までに検証するため，事前不確実性指標（LN (SALES), LN (AGE)）を主要説明変数とする線形回帰式をOLSで計測する．

5. 検証結果

　仮説の検証結果は表5-3に示されている．Model 1は需要の価格弾力性（PED）を主要説明変数として，ベータ係数（BETA）を外したときの結果であり，Model 2は逆に加えたときの結果である．いずれの場合も，PEDの係

---

9) 配当込みの日次収益率データは，市場指数・個別銘柄ともに，金融データソリューションズ社提供の「NPM関連データサービス（日本上場株式日次リターン）」より取得した．

表 5-2　回帰式で使用する変数の記述統計量

	観測数	平均値	標準偏差	最小値	中央値	最大値
IR	354	13.438	15.934	−27.711	8.875	103.390
PED	354	8.021	3.274	2.566	7.527	28.954
CV	354	0.015	0.007	0.004	0.014	0.046
LN（SALES）	354	9.516	0.888	7.611	9.485	13.197
LN（AGE）	354	3.266	0.506	1.635	3.322	4.333
SUPPLY	354	0.163	0.029	0.044	0.159	0.338
USB	354	0.775	0.097	0.420	0.790	0.952
MR20	354	−0.432	6.347	−15.119	−1.465	27.552
BETA	354	0.810	0.649	−1.059	0.784	3.395

IR は初期収益率（単位：％），PED は投資家のビッドが対数正規分布に従うと仮定したときの需要の価格弾力性，CV は同じく対数正規分布に従うと仮定したときの変動係数，LN（SALES）は売上高（単位：百万円）の自然対数値，LN（AGE）は創立から公開までの所要年数の自然対数値，SUPPLY は公開日時点での発行済み株式総数に占める新規公開株数の比率，USB は未充足需要指標（総入札株数に占める落札不成功株数の比率），MR20 はジャスダック指数の配当込み日次収益率で算出した公開前 20 営業日間の累積市場収益率（単位：％），BETA は公開日の 21 営業日後から 80 営業日後までの配当込み日次収益率を用いて推定した事後ベータである．年次ダミー変数の記述統計量は省略してある．

数は 1％水準で有意であり，符号は予想通りマイナスである．つまり，仮説と整合的な結果が得られている．Model 3 はビッド分布の変動係数（CV）を主要説明変数として，BETA を外したときの結果であり，Model 4 は逆に加えたときの結果である．いずれの場合も，CV の係数は 1％水準で有意であり，符号は予想通りプラスである．こちらも仮説と整合的な結果が得られている．

　Model 2 と Model 4 で係数の有意性を比較してみると，PED より CV の方が若干高くなっている．仮説が正しいという前提に立つと，CV の方が投資家間の意見のバラツキ度合いを直接とらえているという点で，不正確性の指標としてよりふさわしいのかもしれない．

　コントロール変数については，Model 1〜Model 4 ともに，SUPPLY の係数が有意ではなく，入札方式下の IPO に関してはフローの供給効果が働いて

表 5-3　不正確性プレミアム仮説の検証結果

	予想符号	被説明変数：初期収益率 (IR)				
		不正確性プレミアム仮説				逆選択仮説
		Model 1	Model 2	Model 3	Model 4	Model 5
PED	−	−0.707 *** (−2.930)	−0.694 *** (−3.027)			
CV	＋			374.726 *** (3.082)	401.644 *** (3.416)	
LN (SALES)	−					0.100 (0.098)
LN (AGE)	−					−0.971 (−0.598)
SUPPLY	？	34.254 (1.161)	37.934 (1.379)	31.771 (1.076)	35.634 (1.303)	35.614 (1.105)
USB	＋	28.945 *** (3.562)	27.767 *** (3.579)	31.004 *** (3.727)	30.199 *** (3.805)	24.298 *** (3.301)
MR20	＋	0.494 *** (3.336)	0.567 *** (3.873)	0.499 *** (3.370)	0.573 *** (3.929)	0.599 *** (3.962)
BETA	＋		5.431 *** (4.071)		5.653 *** (4.217)	5.356 *** (3.983)
Constant		−12.591 * (−1.704)	−15.296 ** (−2.223)	−26.332 *** (−3.311)	−29.658 *** (−3.931)	−18.025 (−1.150)
YEAR		YES	YES	YES	YES	YES
自由度修正済み決定係数		0.1285	0.1742	0.1330	0.1827	0.1554
F値		6.678 ***	8.253 ***	6.973 ***	8.689 ***	7.096 ***
観測数		354	354	354	354	354

被説明変数は初期収益率，説明変数の PED は投資家のビッドが対数正規分布に従うと仮定したときの需要の価格弾力性，CV は同じく対数正規分布に従うと仮定したときの変動係数，LN (SALES) は売上高の自然対数値，LN (AGE) は創立から公開までの所要年数の自然対数値，SUPPLY は公開日時点での発行済み株式総数に占める新規公開株数の比率，USB は未充足需要指標（総入札株数に占める落札不成功株数の比率），MR20 はジャスダック指数の配当込み日次収益率で算出した公開前 20 営業日間の累積市場収益率，BETA は公開日の 21 営業日後から 80 営業日後までの配当込み日次収益率を用いて推定した事後ベータである．YEAR の YES は年次ダミー変数を説明変数として加えた計測であることを意味する（結果の記載は省略）．推定方法は通常最小二乗法（OLS）であり，上段数値は係数の推定値，下段括弧内は不均一分散にロバストな標準誤差を用いて算出した t 値である．***，**，* はそれぞれ 1%，5%，10% 水準で統計的に有意であることを示す．

いないことがうかがえる[10]．ちなみに，SUPPLYを外したバージョンや，SUPPLYの代わりに希薄化率を採用したバージョンも計測してみたが，結果には影響を及ぼしていない．

その他のコントロール変数（USB, MR20, BETA）の係数は，いずれも有意で予想通りの符号となっている．BETAを加えるかどうかの違いは，決定係数に若干影響しているものの，主要説明変数の効果には影響を及ぼしていない．

以上より，不正確性プレミアム仮説の妥当性は実証的に支持されたということができよう．

Model 5は，参考までに検証した逆選択仮説の結果である．事前不確実性の指標であるLN(SALES)の係数は予想とは逆にプラスであり，LN(AGE)の係数は予想通りマイナスであるが，いずれもまったく有意でないので，効果を議論しても意味がない．コントロール変数については，符号・有意性ともにModel 1～Model 4と同様の結果となっている．事前不確実性指標の妥当性については議論の余地があるかもしれないが，これをみるかぎり，逆選択仮説の妥当性は入札方式下では支持されないことがわかる．

6. 結び

日本の入札方式（第3期）下では，一方で公開前の需給均衡水準で公開価格が決定されており，他方で平均10％台もの高い初期収益率が観察されている（後者が本書でいう謎1）．一見すると矛盾してみえるこの現象を解明するため，投資家の需要行動に着目した不正確性プレミアム仮説を提唱した．すなわち，投資家の平均的意見（で決まる株価）を公開前に観察することは不可能に近く，「現在の株価」が不正確にしかわからないことのリスク——IPO株に固有のリスク——を投資家は嫌う．そこで，リスク負担に対するプレミアムを要求するため，妥当な水準についての自分の意見より低いビッドを提

---

[10] 先取りしていうなら，第8章で示すように，BB方式下のIPOの場合，SUPPLYは初期収益率に対して有意にマイナスの影響を及ぼしている．

示する．一方，公開日には株価が観察されるので，この不確実性は解消される．つまり，集計需要曲線は個々の投資家の意見を反映した本来の水準にシフトする．こうして，公開前に適正値付けされたIPO株がプラスの初期収益率を生むことになる．

　この仮説が正しければ，投資家間で意見のバラツキが大きい銘柄ほど投資家の感じる不確実性は増すので，高い初期収益率が実現することになる．そこで，不確実性の程度を表す2種類の意見分散度指標（需要の価格弾力性，ビッド分布の変動係数）を作成し，それを主要説明変数とする回帰分析を行ったところ，仮説を支持する結果が得られた．一方，情報劣位の投資家の感じる事前不確実性の指標を主要説明変数とする逆選択仮説は，同じデータセットを用いた検証でも，それを支持する結果が得られなかった．

　以上より，適正値付けでも観察される謎1に対する「答え」として，不確実性プレミアム仮説が実証的に裏付けられたといえる．

　本仮説によれば，仮に引受証券会社がまったく関与せず，投資家の集計需要のみを反映して公開価格が決定される仕組みになっていたとしても，IPO株は公開後の市場価格と比べて「過小」に値付けされる．この過小値付けは，もしそれがなければ投資家はリスクを嫌ってIPO株を購入しないわけだから，投資家が要求する正当な報酬である．逆にいうと，発行企業や既存株主にとって不可避の損失である．その意味で，入札方式（第3期）下の過小値付けは「正当化されるもの」ということができよう．

　残された問題は，BB方式で追加的に発生している過小値付け——図1-4の仮設数値例でいうと右図の斜線部分の面積——が「正当化される」ものかどうかである．本書の主題ともいえる問題に，次章以降で答えていく．

第6章

現行方式の特異性に関する観察事実

　本章では現行BB方式のもつ特異性を3つの角度から指摘する．まず，初期収益率について，同じ方式を採用する米国との比較，入札方式との比較，発行規模別の比較を通して，それが異常に高いことを再確認する．次に，米国と違って仮条件の制約に縛られている日本では，その上限で大半のIPOの公開価格が決定され，直接的にはそれが原因で高い初期収益率が実現していること，機関投資家の意見を踏まえて決定されるはずの仮条件の中間値が，主幹事の決める想定発行価格とほぼ連動していることなどが示される．最後に，公開してから一定期間後の株価を基準とした「相対」公開価格と「相対」初値を求め，入札方式よりBB方式の方が値付けに関する的確性が劣ることを指摘する．

1. 初期収益率に関する観察事実：再確認

　第1章で，他の先進諸国との比較や入札方式との比較を通して，日本のBB方式下の初期収益率が異常に高いことをグラフで確認したが，ここで少し掘り下げてみておこう．

　表6-1は，日本でBB方式が導入された1997年以降の期間について，同じBB方式を採用する米国と比較するかたちで，IPOの件数と平均初期収益率を年別に示したものである[1]．平均値の計算方法としては，件数で除した算術平均と，発行総額（公開価格×新規公開株数）でウエイト付けした加重平均

133

表6-1 BB方式下の初期収益率:日米比較

(件,%)

年	日本			米国		
	件数	初期収益率		件数	初期収益率	
		算術平均	加重平均		算術平均	加重平均
1997	42	8.5	-9.6	474	14.0	14.4
1998	85	20.9	19.2	281	21.9	15.6
1999	106	112.7	129.0	476	71.2	57.4
2000	203	17.9	9.3	380	56.4	46.0
2001	169	45.8	13.1	79	14.2	8.7
2002	124	32.5	13.5	66	9.1	5.1
2003	121	54.4	37.1	63	11.7	10.4
2004	175	102.7	32.7	173	12.3	12.4
2005	158	137.9	44.9	159	10.3	9.3
2006	188	76.2	13.3	157	12.1	13.0
2007	121	50.5	11.3	159	14.0	13.9
2008	49	17.8	14.6	21	5.7	24.8
2009	19	38.2	24.8	41	9.8	11.1
2010	22	18.1	11.1	91	9.4	6.2
2011	36	22.6	0.6	81	13.3	13.0
2012	46	51.0	4.3	93	17.8	8.9
2013	54	120.7	25.1	157	21.1	20.5
2014	77	96.3	4.0	206	15.5	12.8
2015	89	86.5	17.4	115	18.7	18.7
2016	82	68.9	15.8	74	14.6	14.4
2017	90	113.9	23.0	108	12.9	15.0
全期間	2,056	67.6	22.0	3,454	27.1	20.8
2001年以降	1,620	74.8	18.6	1,843	13.9	12.9

(注1) 日本のデータは,1997年9月導入のBB方式で公開したすべてのIPO(ただし民営化した政府系企業とTOKYO PRO Marketに上場した企業は除く)を対象.
(注2) 米国のデータには固定価格方式と入札方式によるIPOも若干数含まれるが,データベース作成者(Jay Ritter)に確認したところ,その割合は2%未満である.
(注3) 初期収益率=(初値-公開価格)/公開価格　初値には初約定日の終値を採用.
(注4) 加重平均のウエイトは発行総額(公開価格×新規公開株数).
(注5) 最下段で2001年以降をみているのはITバブル期の影響を排除するため.
(データ出所〔日本〕)第1章末「データの出所一覧」.
(データ出所〔米国〕)本章の脚注1に記したJay Ritterのウェブサイト(Table 1a).

の2通りを採用している．

　これより興味深いことがわかる．米国の場合，算術平均と加重平均を比較してみると，ITバブル期（1999〜2000年）を別とすれば，両者の間に大きな開きはなく，2001年以降の期間でみると両者の差はわずか1％である．これに対して日本では，ITバブル期の1999年は別として，常に算術平均が加重平均を上回り，その傾向は2001年以降において顕著である（両者の差は56％）．しかも，加重平均の方は米国のそれと大差なく，2001年以降でみると，ともに10％台である．米国の個別IPOデータを入手できないので平均値の差の検定を行うことはできないが，日本の算術平均だけ突出して高いことは確かである．

　このことは何を意味するのだろうか．一般に，発行規模の小さいIPOほど初期収益率が高いことはよく知られているが，日本の場合，規模間の格差が極端なのである．

　そのことを発行規模別データで確認する前に，対象を日本に限定して，今度は入札方式（第3期）と比較するかたちで初期収益率の記述統計量をみておこう．表6-2のA欄がそれである．対象とするIPOは，2017年12月までの期間中に各方式で公開したすべてのIPOである．ただし，民営化した政府系企業と，特定投資家向けのTOKYO PRO Marketに上場した企業は除いてある（以下同様）．第1章の図1-3で視覚的に示された両方式間の違いが，ここでは統計的根拠をもって明確に示されている．表中にあるように，平均値の差の検定とWilcoxonの順位和検定のいずれの方法で比較しても，BB方式下の初期収益率は入札方式下のそれを1％水準で有意に上回っている[2]．

　初期収益率がいくら高くても発行株数が少なければ，金額ベースでみた過小値付けは少なく，したがって発行企業の機会損失額も少ない．過小値付けの程度を金額ベースでとらえるには，発行株数の影響を考慮した指標をみる必要がある[3]．

　そこで，Loughran and Ritter（2002）の手法にならって，新規公開時に発

---

1) 米国のデータはJay Ritterのウェブサイトより入手した．https://site.warrington.ufl.edu/ritter/ipo-data/
2) 池田・金子（2015）は，対象を新興市場で公開したIPOに限定して，同様の結果を得ている．

表 6-2　初期収益率と発行企業の機会損失額：入札方式 vs. BB 方式

(件，%，百万円)

	件数	平均値	標準偏差	最小値	中央値	最大値
A：初期収益率						
入札方式（第3期）	683	11.6	16.8	−33.8	7.3	125.0
BB方式	2,056	67.6	105.0	−64.3	29.4	863.6
平均値の差の検定（t値）		−23.292 ***				
Wilcoxonの順位和検定（z値）		−13.162 ***				
B：発行企業の機会損失額						
入札方式（第3期）	683	428	1,916	−14,241	75	23,750
BB方式	2,056	1,460	7,277	−61,488	362	168,000
平均値の差の検定（t値）		−5.850 ***				
Wilcoxonの順位和検定（z値）		−10.504 ***				

（注1）入札方式（第3期）下のIPO：1993年1月から1997年10月までの間に入札方式で公開したすべてのIPO（ただし民営化した政府系企業は除く）．
（注2）BB方式下のIPO：1997年9月から2017年12月までの間にBB方式で公開したすべてのIPO（ただし民営化した政府系企業とTOKYO PRO Marketに上場した企業は除く）．
（注3）初期収益率＝（初値−公開価格）／公開価格　　ただし初値には初約定日の終値を採用．
（注4）発行企業の機会損失額（MLT）＝（初値×新規公開株数）−発行総額
（注5）入札方式下の発行総額＝（落札加重平均価格×入札株数）＋（公開価格×非入札株数）
（注6）BB方式下の発行総額＝公開価格×新規公開株数
（注7）***は1％水準で統計的に有意であることを示す．
（データ出所）第1章末「データの出所一覧」．

生する"money left on the table"（テーブルに残されたお金，以下MLTと略称）を計算し，入札方式と比較するかたちで記述統計量を載せたのが，表6-2のB欄である．これは，公開価格が市場価格より低く設定されたことで発行企業（売出しに応じた既存株主を含む）が被った機会損失額である．具体的には，初値（正確には初約定日の終値）に新規公開株数を乗じた金額から，実際の発行総額を差し引くかたちで求める[4]．もちろん，初値で発行できるという保証はないが，これ以外に発行企業の機会損失を金額ベースで測る方

---

[3] 過小値付けによる発行企業の損失は，初期収益率よりも発行株数を考慮した富の減少額でみる必要があることは，Habib and Ljungqvist（2001）によっても指摘されている．

法はないので，以下ではこのMLTを機会損失額の指標として採用する[5]．

　表中にあるように，平均値の差の検定とWilcoxonの順位和検定のいずれの方法で比較しても，BB方式の機会損失額は入札方式のそれを1%水準で有意に上回っている．他の要因をコントロールせずに比較することは危険であるが，それを承知のうえでも，BB方式で公開した企業の機会損失額が入札方式で公開した企業のそれを平均で約10億円も上回っているというのは，無視できない事実である[6]．ちなみに，この差額は，第1章の図1-4で示した仮設数値例でいうと，右図の斜線部分の面積に相当する．

　次に，発行規模別の初期収益率を2つの方式間で比較してみよう．表6-3は，それぞれのIPOを発行総額の昇順に並べ替えて5等分し，分位ごとに初期収益率の記述統計量を記したものである．参考までに，初期収益率がマイナスとなったIPOの占める割合と，発行総額が100億円以上の大型IPOに限定した場合の統計量も載せている．初期収益率がマイナスということは，端的にいうなら，発行企業が得をして投資家が損をしたケースである．

　これをみると，入札方式下では平均値でみても中央値でみても発行規模間で大差はないことがわかる．むしろ，発行規模が大きくなるにつれて初期収益率は若干上昇気味であるが，これは外れ値ともいうべき2銘柄が平均値を引き上げている面がある[7]．初期収益率がマイナスとなったIPOの占める割合は，発行規模が大きくなるにつれてやや高くなる傾向にあるが，100億円以上の大型IPOでも15.2%に過ぎない．

　これに対して，BB方式下では発行規模による違いが顕著である．平均初期収益率でみると，最小規模の第1五分位では90.1%と非常に高く，規模が大きくなるにつれてそれは低くなり，最大規模の第5五分位では35.9%まで低下する．さらに，発行総額100億円以上の大型IPOにかぎると，平均初期

---

4) 入札方式の場合，落札者の入札価格が適用される入札株式部分と，公開価格が一律に適用される非入札株式部分とで，発行額の求め方が異なることに注意が必要である（表6-2の注5参照）．
5) BB方式の場合，定義上，MLTを発行総額で除したものが初期収益率である．したがって，初期収益率は機会損失の大きさを発行総額で基準化したものとみなすことができる．
6) BB方式下のMLTが極端に大きいことを問題視し，是正策を論じたものに，中野（2013）がある．
7) 具体的にはファーストリテイリング（125.0%）とニッポン放送（123.5%）であるが，この2つを除くと第5五分位の平均値は12.2%（中央値は8.9%）となる．

表 6-3　発行規模別の初期収益率：入札方式 vs. BB 方式

(件，百万円，%)

	件数	平均発行総額	初期収益率					
			平均値	標準偏差	最小値	中央値	最大値	負の割合
入札方式（第3期）								
第1五分位	137	894	11.3	15.6	−33.8	6.8	67.7	5.1
第2五分位	137	1,589	11.3	17.6	−27.6	7.4	103.4	6.6
第3五分位	137	2,463	10.2	15.0	−29.9	6.0	80.5	8.0
第4五分位	136	3,815	11.3	14.0	−27.7	8.5	61.0	13.2
第5五分位	136	15,266	13.9	20.8	−24.2	9.3	125.0	11.8
全体	683	4,792	11.6	16.7	−33.8	7.3	125.0	8.9
(参考) 100億円以上	46	32,087	14.6	23.9	−24.2	11.1	125.0	15.2
BB方式								
第1五分位	412	353	90.1	127.2	−43.1	42.1	863.6	10.4
第2五分位	411	695	82.3	111.6	−50.1	38.5	594.3	17.0
第3五分位	411	1,194	75.3	94.1	−54.5	43.5	515.4	16.5
第4五分位	411	2,354	56.7	98.6	−64.3	25.0	809.1	21.2
第5五分位	411	28,532	35.9	80.2	−54.3	13.0	714.0	31.1
全体	2,056	6,623	67.6	105.0	−64.3	29.4	863.6	19.3
(参考) 100億円以上	181	57,358	18.7	49.8	−42.5	4.8	366.7	37.6

(注1) 対象とするIPOは表6-2と同じ．
(注2) 各方式下のIPOを発行総額の昇順に並び替えて5等分し，分位ごとに初期収益率の記述統計量を記載．
(注3) (参考) は発行総額が100億円以上の大型IPOに限定した場合．
(注4) 最右列は初期収益率がマイナスとなったIPOの占める割合．
(データ出所) 第1章末「データの出所一覧」．

収益率は18.7%まで低下する．しかも，そのときの中央値（4.8%）は入札方式における同規模の中央値（11.1%）より低い．つまり，BB方式だからといって，すべての規模において入札方式より高いわけではない．

しかも，初期収益率がマイナスとなったIPOの占める割合は，発行規模が大きくなるにつれて高くなっており，その傾向は入札方式のときより顕著である．第1五分位（最小規模）のときの割合が10.4%であるのに対して，100

億円以上の大型IPOでは37.6％もある．

　参考までに，平均発行総額を両方式間で比較してみると，興味深いことがわかる．全体の平均はBB方式の方が大きいにもかかわらず，分位ごとにみると，第4五分位まではBB方式の方が小さい．しかも，第4五分位から第5五分位（最大規模）にかけての規模格差をみてみると，入札方式では約4倍なのに対して，BB方式では約12倍もある．このことは，一部の大規模IPOと大半の小規模IPOという「規模に関する二重構造」が，BB方式下においてより明白にみられることを意味している．

　以上より，日本のBB方式では，一部の大型IPOと大半の小規模IPOとの間で，初期収益率に関する様相がだいぶ異なることがわかる．前者（特に発行総額100億円以上）については，入札方式のときと大差はない．しかし，後者については，入札方式の初期収益率を平均値や中央値で大きく上回るだけでなく，発行規模が小さくなるほど高くなるという傾向が顕著である．こうした規模間格差が，算術平均でみた平均初期収益率を異常な高さまで引き上げている原因であることは明らかである（表6-1）．

　平均初期収益率がこれほど高いと，公開前の市場が制度として存在しないIPOといえども，通常なら市場メカニズム的な力が働くはずである．すなわち，投資家は競ってIPO株の割り当てを受けようとし，新規公開企業はより高い価格での発行を望むので，双方から公開価格に対して上昇圧力が働く．また，割り当てを受けた投資家はサヤ（価格差）を稼ぐため公開日に売りに出るので，初値には下落圧力がかかる．その結果，平均でみた初期収益率（初値／公開価格－1）はいずれ低下に向かうはずである．

　第1章でみたように，発達した資本市場をもつとされる米国や英国の平均初期収益率が長期でみると10％台に落ち着いているのは，そのためであると推察される．ところが，日本のBB方式ではその力が働いているように思えない．これはなぜだろうか．次節で述べるように，それを解く鍵は仮条件にある．

2. 仮条件に関する観察事実

2-1. 仮条件と公開価格の関係

　第2章で解説したように，日本では，第1回訂正届出書に記載された仮条件の範囲内で公開価格を決定するという慣習が定着している．これに対して，米国では，投資家の需要が予想以上に強ければ（あるいは弱ければ），当初設定した仮条件の上限（あるいは下限）を超えた水準で公開価格を決定するという慣習が定着している．

　表6-4は，仮条件と公開価格の大小関係を5つのケースに分け，ケースごとに該当するIPOの占める割合と平均初期収益率を計算し，日米で比較できるようにしたものである．ただし，米国のデータの入手制約の関係で，ITバブル終了後の2001年以降の期間について比較を行っている[8]．また，米国のデータはケース2（OP＝LOW）からケース4（OP＝HIGH）までが1つに括られているため，その内訳は不明である．

　まず米国からみてみよう．仮条件の範囲内で公開価格が決定されたIPOは全体の44％に過ぎず，残りのIPOは下限より低い水準（ケース1）か上限より高い水準（ケース5）で公開価格が決定されている．容易に想像されるように，投資家の需要が弱くてケース1となったIPOの平均初期収益率は3％と低く，逆に投資家の需要が強くてケース5となったIPOの平均初期収益率は37％と高い．一方，仮条件の範囲内で公開価格が決まったケースは11％と，全体の平均値（13.9％）に近い値となっている[9]．

　これに対して，日本ではケース1とケース5のIPOはまったく存在せず，すべて仮条件の範囲内で公開価格が決定されている．しかも，そのうちの89.1％は仮条件の上限（ケース4）で決定されており，そのときの平均初期

---

[8] 脚注1に記したJay Ritterのウェブサイトにはもっと古い期間の情報も載っているが，個別データが入手できないため，日本でBB方式が導入された1997年以降の期間についての比較ができない．

[9] 取り上げている期間は異なるが，ほぼ同様のことはLoughran and Ritter（2002）のTable 2でも示されている（期間：1990～1998年）．

表6-4　仮条件と公開価格の大小関係と各ケースにおける初期収益率：日米比較

		日本（2001～2017年）				米国（2001～2017年）	
		IPOの占める割合	初期収益率			IPOの占める割合	初期収益率
			平均値	標準偏差	中央値		平均値
ケース1	OP＜LOW					35%	3%
ケース2	OP＝LOW	5.2%	0.7%	45.0%	－5.3%		
ケース3	LOW＜OP＜HIGH	5.7%	6.8%	33.2%	0.1%	44%	11%
ケース4	OP＝HIGH	89.1%	83.5%	108.6%	46.4%		
ケース5	OP＞HIGH					21%	37%
全体		100.0%	74.8%	106.2%	37.8%	100%	13.9%

（注1）対象とするIPOは表6-1（ただし2001年以降）と同じ．
（注2）OP：公開価格，LOW：仮条件の下限，HIGH：仮条件の上限．
（注3）米国については下記出所から転載したため小数点以下の値は不明．
（データ出所〔日本〕）第1章末「データの出所一覧」．
（データ出所〔米国〕）本章の脚注1に記したJay Ritterのウェブサイト（Table 7）．

収益率は83.5％と飛び抜けて高い．表には載せていないが，2015年からの直近3年間に限定すると，じつに95.0％がケース4に該当し，そのときの平均初期収益率は95.6％とさらに高くなっている．ケース4が全体の平均初期収益率を押し上げていることは明らかである．

　以上より，日本のBB方式の初期収益率が異常に高いことの直接的な原因は，仮条件（とりわけ上限）という制約に縛られる慣習にあるといえよう．米国のように，需要の強さ次第で仮条件の上限を超えた水準で公開価格を決定する慣習が定着していれば，初期収益率は間違いなく低くなっていたはずである．

　もっとも，真の問題は別のところにありそうである．第2章で紹介したように，仮条件の範囲で公開価格を決定するという慣習が定着している国は，じつは日本だけではない．たとえば，Derrien and Womack（2003）によると，フランスでも同様の慣習がある．ところが，同論文で取り上げられている期間のデータをみると，BB方式下の平均初期収益率は13.1％に過ぎない．こ

れは何を意味しているのだろうか．おそらく真に問題にすべきなのは，仮条件に拘束力があるかどうかではなく，仮条件が適切な価格帯に設定されているかどうかである．投資家の需要を反映しうる価格帯に仮条件が設定されていれば，たとえそれに拘束力があっても，異常に高い初期収益率は実現しないはずである．

2-2. 仮条件の中間値とレンジに関する観察事実

そうなると，仮条件がどのように設定されているかが問題となる．

第2章で述べたように，日本では，機関投資家を対象としたロードショーの後に行われるヒアリング（当該企業の妥当株価や申込み予定株数についての意見聴取）の結果を踏まえ，主幹事が仮条件を決定している[10]．もう少し遡ってプロセスを述べるなら，主幹事が類似会社比準方式等により発行企業の理論価格を算出し，それを割り引くかたちで想定発行価格を決定する．その価格を基礎にして企業の発行予定株数や発行見込額が算出され，それらを記載した有価証券届出書が財務局に提出されると，投資家向けの目論見書が発行される．それから機関投資家を対象としたロードショーとヒアリングが行われる．

つまり，想定発行価格を開示する慣習がない米国と違って，先に想定発行価格が主幹事によって決定され，そのあとでヒアリングが実施される（図2-2参照）．そのため，想定発行価格が機関投資家の意見形成に影響を及ぼしている可能性は多分にある．これは，行動経済学でいうところのアンカリング効果である[11]．事実，意見聴取に際して「機関投資家等は前述した目論見書記載の想定価格を判断基準の1つとして参考にする」（みずほ証券［2014］）という指摘が証券会社からもなされている．

そこで，想定発行価格と仮条件の中間値（＝(上限＋下限)／2）の関係を

---

10) 大型案件の場合，値付けに対する発行企業の発言力が大きいので必ずしもこのかぎりではないが，大半のIPOでは主幹事が仮条件を決定していると考えて差し支えない．
11) アンカリング効果とは，質問に先立って示された数値情報（アンカー）が人々の判断に影響を及ぼし，結果的にアンカーに近い回答をしてしまうという心理効果のことである．係留効果ともいう．

図6-1 想定発行価格と仮条件中間値の関係

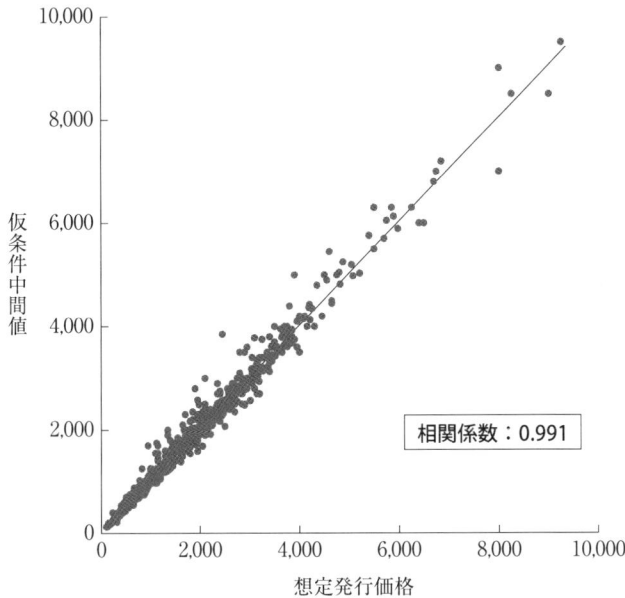

(注1) 2001年1月から2017年12月までの間にBB方式で公開されたすべてのIPO（ただし民営化した政府系企業とTOKYO PRO Marketに上場した企業は除く）のうち，想定発行価格と仮条件中間値がともに1万円未満の944件を対象．図中の右上がりの線は回帰直線．
(注2) 想定発行価格のデータについては，有価証券届出書に記載されていればそれを採用し，記載されていなければ，発行見込額を算出するのに用いられている価格（想定仮条件の中間値）を採用．いずれも，仮条件の決定に向けて実施される機関投資家対象のロードショーとヒアリングより前に決定され，開示されている（図2-2参照）．
(データ出所) 第1章末「データの出所一覧」．

散布図に描いてみたのが図6-1である．これは，ITバブル終了後の2001年1月から2017年12月までの間にBB方式で公開されたIPO計1,620件のうち，作図上の関係で，想定発行価格と仮条件中間値がともに1万円未満であった944件を対象にしている[12]．想定発行価格のデータについては，初回の有価証券届出書（目論見書）に記載されていればそれを採用し，記載されていな

ければ，発行見込額を算出するのに用いられている価格（想定仮条件の中間値）を想定発行価格とみなして採用している．いずれも，機関投資家へのヒアリングがなされる前に開示されている情報である．

これをみるとわかるように，両者はほぼ連動しており，相関係数は0.991と非常に高い[13]．しかも，想定発行価格を100としたときの仮条件中間値は平均で97.8であり，若干下回る水準で設定されている[14]．

これは何を意味するのだろうか．考えられる解釈は次の2つのいずれかである．少なくとも中間値でみるかぎり，仮条件の決定に機関投資家の意見はほとんど反映されていない．あるいは，機関投資家の有する価格情報と主幹事の有する価格情報に差がなく，両者の意見に違いが生じない．どちらの解釈であろうと，仮条件の中間値は事実上主幹事が決めていると考えて差し支えない．

以上はあくまで仮条件の中間値についての話である．仮に主幹事が機関投資家の意見を反映させずにそれを決めていたとしても，上限と下限の幅（レンジ）が十分広くとられていれば，需給実勢を反映した水準に公開価格を決定するうえで問題はないはずである．そこで，次に仮条件のレンジをみてみよう．

表6-5は，BB方式が導入された1997年から2017年までの期間を7年ずつ3つの期間に分けて，仮条件レンジ率の分布状況をその平均とともに記したものである．ただし，ここでいうレンジ率とは，上限と下限の差を中間値で除したものであり，中間値から上限（下限）までの乖離率のことではない（前者は後者の2倍）．参考までに述べておくと，米国のNASDAQに上場するIPOの場合，仮条件のレンジは原則2ドルと定められており，価格は10ドル〜20ドルが圧倒的に多い[15]．そのため，米国におけるレンジ率はだいたい10〜20％である．

この表をみると，最初の頃のレンジ率は米国並みであったのが，最近にな

12）想定発行価格の分布は右に大きく歪んでおり（最小値：125円，中央値：2,880円，最大値：350万円），すべてを1つの図に描くことには無理があるので，1万円未満のIPOに限定している．
13）価格が1万円未満のIPOに限定しなくても，両者の相関係数は0.985である．
14）価格が1万円未満のIPOに限定しなくても，仮条件中間値の平均は97.0である．
15）https://www.nasdaq.com/markets/ipos/

表 6-5　仮条件レンジ率の分布状況

期間	件数	仮条件レンジ率の分布			仮条件レンジ率の平均
		10%未満	10%以上20%未満	20%以上	
1997～2003年	850	7.3%	47.6%	45.1%	20.9%
2004～2010年	732	31.0%	57.2%	11.7%	13.1%
2011～2017年	474	66.7%	29.5%	3.8%	8.8%
全期間	2,056	29.4%	46.9%	23.7%	15.3%

(注1) 対象とするIPOは表6-2のBB方式と同じ．
(注2) 仮条件レンジ率＝（仮条件上限－仮条件下限）／仮条件中間値
(データ出所) 第1章末「データの出所一覧」．

るにつれ狭くなっていることがわかる．最後の7年間では，約3分の2のIPOがレンジ率を10％未満に設定している．表には載せていないが，これを2015年からの直近3年間に限定すると，じつに74.3％のIPOがレンジ率を10％未満に設定している．BB方式導入当初（表6-5でいうと最初の7年間）と比べると様変わりである．

　大手証券会社が主幹事を務めたIPOの中には，レンジ率が2％程度のところも存在する．表6-6は，上記期間中でレンジの狭いケース上位10件を，あくまで参考資料として載せたものである．企業名や主幹事名は伏せてあるが，いずれも比較的最近上場したIPOであり，1件を除いて発行規模はかなり小さく，大手証券会社が主幹事を務めたIPOであることがわかる．レンジ率が2％ということは，たとえていうなら，仮条件が990～1,010円ということである．レンジを狭く設定した理由が何であれ，これでは最初からピンポイントで公開価格を指定しているのに等しく，需要の積み上がり状況をみて最適な価格水準を探るというBB方式本来の姿からはかけ離れている[16]．

2-3.　まとめ

　仮条件に関する以上の観察事実は次の3点に要約される．①BB方式下で

表6-6　仮条件レンジの狭いケース上位10件(対象期間:1997年9月〜2017年12月)

(発行総額:億円,仮条件:円)

	公開年	市場	発行総額	主幹事タイプ	仮条件下限	仮条件上限	レンジ率
1	2017年	ジャスダック	13.8	独立系大手	1,980	2,000	1.0%
2	2016年	ジャスダック	4.7	独立系大手	1,330	1,350	1.5%
3	2017年	ジャスダック	11.3	独立系大手	1,830	1,860	1.6%
4	2014年	マザーズ	18.5	独立系大手	1,720	1,750	1.7%
5	2016年	ジャスダック	3.7	独立系大手	1,960	2,000	2.0%
6	2016年	東証2部	18.9	独立系大手	1,440	1,470	2.1%
7	2015年	マザーズ	9.8	独立系大手	1,830	1,870	2.2%
8	2015年	マザーズ	59.2	独立系大手	900	920	2.2%
9	2014年	東証2部	7.8	独立系大手	880	900	2.2%
10	2016年	ジャスダック	3.1	銀行系大手	1,650	1,690	2.4%
全IPOの平均値			66.2				15.3%

(注) 表6-2のBB方式と同じIPOを対象に,表6-5で定義した仮条件レンジ率の低い上位10件を記載.
(データ出所) 第1章末「データの出所一覧」.

は大半のIPOが仮条件の上限で公開価格が決定されており,それが異常に高い初期収益率の直接的原因となっている.②その仮条件は,中間値でみるかぎり,主幹事の決定する想定発行価格でほぼ決まっている.③しかも,そのレンジ率は明らかに縮小傾向にあり,需給実勢を反映した水準で公開価格を決定するような設定になっているとは考えにくい.

最初の2つは特に重要である.これらを整合的に解釈しようとしたら,上

---

16) 発行規模がかなり大きくてもレンジ率が非常に狭いというケースは存在する.その極端な例が2018年12月19日に上場したソフトバンクである.このとき,設定された仮条件は1,500円という異例の「一本値」(レンジ率ゼロ)であった.当然の結果として,公開価格も1,500円で決定された.ちなみに,公開日の終値は1,282円(初期収益率は−14.5％)であった.背景には,「配当利回り5％」を投資家へのセールストークとしたい証券会社の思惑(予想年間配当金が75円であったため1,500円以下でないと5％を維持できないという事情)と,できるだけ高く売り出したい親会社の思惑があったようである(2018年12月4日付日本経済新聞朝刊第17面).したがって,これはかなり特殊なケースといえよう.

限で公開価格が決まることを想定して主幹事が仮条件を低めに設定していると考える以外にない．投資家の需要の強さを反映することなく公開価格が決定されているという点で，現在のBB方式はかつての固定価格方式と実質的に同じである．

　この主張に対しては，短期利得目的の投資家が常に仮条件の上限で需要を申告してくるからそうなるのであって，主幹事が仮条件を低く抑えているからではない，という反論が予想される．では，なぜ主幹事は仮条件をもっと高く設定しないのだろうか．それで困る当事者はいないはずである．その指摘に対しては，短期利得目的の投資家の需要にあわせて仮条件を高く設定すれば，入札方式のときと同様に公開価格が吊り上げられて公開後に値崩れを起こしてしまい，適正な値付けという引受証券会社の責務を果たせなくなるから，といった反論が予想される．

　最後の点については次節でその真偽を考察するが，そもそも短期利得目的の投資家があとを絶たないのはなぜだろうか．筆者にいわせれば，投資家のそうした行動を生み出しているのは，もとはといえば主幹事の低価格政策（がもたらした異常に高い初期収益率）である．つまり，因果関係は逆のように思われる．

3. 値付けの的確性に関する観察事実

　仮に公開価格が主幹事の決定する仮条件の上限で決定されているとしても，それが結果的に適正な値付けであれば問題はない．第5章で明らかにしたように，IPO株を保有しようとしたら投資家は固有のリスクを覚悟する必要があり，それに対する正当な報酬が期待されないかぎり彼らは保有しようとしない．その意味で，ある程度の過小値付けは必要不可欠である．

　いま，問題にしている企業が仮に既上場企業であれば実現したであろう株価水準（換言するならIPOというイベントがなければ実現したであろう株価水準）をベンチマークと呼ぶことにする．そして，ベンチマークから必要不可欠なぶんだけ割り引かれた水準で公開価格が決定されている状態を「的確

な値付け」と呼ぶことにする．もちろん，値付けの的確性を絶対的な基準で測ることはできない．しかし，BB方式と入札方式を比較して，割引の程度が「相対的に」少ない方が値付けの的確性が高いとみなすことは許されよう．以下ではこの発想に基づいてBB方式における値付けの的確性を調べてみる．

　経験的にいって，IPO株の出来高や値動きが落ち着いてくるのは，公開してから1週間以上経ってからである．そのことを踏まえ，池田・金子（2015）は初約定日から一定期間後——具体的には，20，60，120営業日後の3通り——を基準日と呼び，その日の終値を100としたときの「相対」公開価格と「相対」初値を求め，両方式間で比較している．つまり，基準日の終値をベンチマークとみなして的確性を比較している．その際，市場動向の違いによる影響を排除するため，株価はすべて株価指数でデフレートした値を用いている．

　その結果を，共著者の許可を得て一部転載したのが表6-7である[17]．対象としているのは，1993年1月から2012年12月までの間，新興3市場——具体的には，ジャスダック（旧店頭市場を含む），マザーズ，ヘラクレス（旧ナスダック・ジャパンを含む）——で公開されたIPOであり[18]，デフレートに用いた株価指数はジャスダック指数である．

　これをみると，20営業日（約1カ月）後を基準日としたパネルAでみても，60営業日（約3カ月）後を基準日としたパネルBでみても，また，平均値でみても中央値でみても，相対公開価格には共通した特徴がみられる．どちらの方式でも相対公開価格は100より低いが（つまりベンチマークと比べて公開価格は割り引かれているが），入札方式よりBB方式の方がその値は低い（つまり割引の程度は大きい）．平均値の差の検定とWilcoxonの順位和検定のいずれでみても，1％水準で有意に低い．このことは，1カ月後や3カ月後を基準日とするかぎり，BB方式の方が値付けの的確性は劣ることを意味している．

　さらに興味深いことに，相対初値についても共通した特徴がみられる．ど

---

17) ここでは120日（約6カ月）後を基準日とした結果は省略している．
18) ただし，初約定日から基準日までの間に株式分割を行った企業はサンプルから除外している．

表6-7 「相対」公開価格と「相対」初値:入札方式 vs. BB方式

パネルA:20営業日後の終値を100としたときの「相対」公開価格と「相対」初値

	件数	平均値	標準偏差	最小値	中央値	最大値
相対公開価格						
入札方式(第3期)	481	95.1	19.9	39.1	94.3	181.9
BB方式	1,286	82.6	41.6	6.3	78.5	326.1
相対初値						
入札方式(第3期)	481	104.8	16.4	48.4	104.2	163.4
BB方式	1,286	112.4	33.7	24.3	110.6	298.4

パネルB:60営業日後の終値を100としたときの「相対」公開価格と「相対」初値

	件数	平均値	標準偏差	最小値	中央値	最大値
相対公開価格						
入札方式(第3期)	481	97.3	24.8	29.3	95.3	204.1
BB方式	1,200	90.3	49.8	4.2	82.9	456.4
相対初値						
入札方式(第3期)	481	107.5	25.0	43.2	104.6	202.2
BB方式	1,200	123.6	52.6	10.3	115.8	390.9

(注1) 入札方式の方は第3期(1993年1月〜1997年10月)に新興3市場で公開したIPOを対象.BB方式の方は1997年9月から2012年12月までの間に新興3市場で公開したIPOを対象.ただし,初約定日から基準日(20営業日後,60営業日後)までの間に株式分割を行った企業は除外.
(注2) パネルA・Bともに,基準日(20営業日後,60営業日後)の終値を100としたときの公開価格と初値(初約定日の終値)を計算.ただし,いずれの株価も各時点でのジャスダック指数でデフレートした値を使用.
(注3) 相対公開価格を入札方式・BB方式間で比較してみると,平均値の差の検定とWilcoxonの順位和検定のいずれでみても,BB方式の方が1%水準で有意に低いことが判明(パネルA・Bとも共通).
(注4) 相対初値を入札方式・BB方式間で比較してみると,平均値の差の検定とWilcoxonの順位和検定のいずれでみても,BB方式の方が1%水準で有意に高いことが判明(パネルA・Bとも共通).
(出所) 池田・金子(2015)の表7の一部を共著者の許可を得て掲載.

ちらの方式でも相対公開価格は100より高いが（つまりベンチマークと比べて初値は高く付いているが），入札方式よりBB方式の方がその値は高い．平均値の差の検定とWilcoxonの順位和検定のいずれでみても，1％水準で有意に高い．このことは，1カ月後や3カ月後の終値をベンチマークとするかぎり，初値からの値下がりの程度——いわゆる「初値天井」の程度——はBB方式の方が大きいことを意味している[19]．

以上の結果を公開価格決定日・公開日・基準日という3時点間の推移線により視覚的に示したのが図6-2である．図では60営業日後を基準日としたときの中央値を比較しているが，平均値で比較しても，あるいは20営業日後を基準としたときの平均値や中央値で比較しても，推移のパターンは基本的に同じである．

これをみると，両方式間の違いが一目瞭然でわかる．株価の高さを「山」

図6-2　「相対」公開価格と「相対」初値の関係

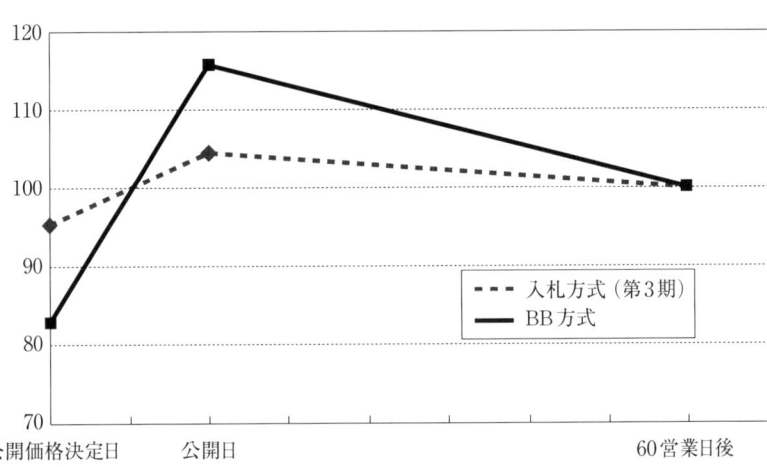

（注）表6-7のパネルBの中央値（60営業日後の終値を100としたときの公開価格と初値の中央値）を図示．

---

19) 日本証券業協会（2005）は，「初値と1カ月後の株価の乖離状況」という補足資料で，入札方式の方が初値から値下がりした件数の割合が高いことを示している．しかし，値下がりの程度の「差」を統計的に検定しているわけではない．

にたとえていうなら，BB方式の方が公開価格という「谷」が深いだけでなく，初値という「頂き」が高いのである．このうち後者は，公開価格の値付けを主題とする本書とは直接関係ないが，無視できない現象なので，次章の補論で理由を考察する．

　第2章で述べたように，かつてBB方式の導入を認めるよう大蔵省証券局（当時）に働きかけたとき，証券業界は入札方式よりBB方式の方がより適正な価格形成が期待できるということを理由の1つとして強調している．しかし，この結果をみるかぎり，より適正な価格形成を実現しているのは，むしろ入札方式のようである．

第7章

利益相反仮説の提示と
その根拠

　なぜBB方式に実質移行してから異常に高い初期収益率が発生しているのかという謎2を解明するため，主幹事による利益相反仮説を提示する．その根拠として，第1に，日本の総合証券会社には発行企業の利益を犠牲にして個人投資家の利益を優先する誘因が潜在的にあることを，収益構造と顧客構成の分析を通して指摘する．第2に，その誘因が発現可能となるための条件がBB方式下で満たされていることを，値付けと配分の裁量性に着目して指摘する．第3に，発行企業がBB方式を選択する理由をIPOのコスト構造と価格交渉力に着目して推察する．最後に，初値が高すぎる可能性について考えられる解釈を補論のかたちで提示し，それが利益相反仮説と密接な関係にあることを述べる．

1．利益相反仮説

　前章で指摘した現行BB方式の特異性を踏まえ，謎2に対する答えとして次のような利益相反仮説を提示する．IPOの主幹事を務める総合証券会社は，投資家からより多くの売買注文や預かり資産を獲得し，より多くの委託手数料や信託報酬を稼ぐため，仮条件を低めに設定することでIPO株を「必要以上に」過小値付けして，超過需要状態のもとでそれを投資家に割り当てている．こうした行為は発行企業に損失を被らせることになるが，それのもたらすマイナスの評判効果より，投資家に利益を供与することのプラスの評

判効果の方が大きいので，総合的にみれば得策となる．

　一方，発行企業としては，募集であれ売出しであれ，発行によってできるだけ多くの資金を獲得したいと考える．そのため，公開価格を低く設定したい主幹事と，高く設定して欲しい発行企業の間で，公開価格の高低をめぐる「綱引き」がなされる．ところが，IPO の大半を占める小規模企業は価格交渉力が劣るので，主幹事の提案を受け入れざるをえない．その結果，平均でみると異常に高い初期収益率が実現する．

　後半部分も含めて，以下ではこれを利益相反仮説と呼ぶことにする．ここで4点ほど仮説の補足説明を行う．第1に，「必要以上に」と強調したのは，IPO 株には固有のリスクがあり，それに対するプレミアムがなければ投資家は購入しようとしないからである[1]．そのプレミアムを提供するため，ある程度の過小値付けは発行企業（の委託を受けた証券会社）にとって不可避である．

　第2に，ここでいうマイナスの評判効果とは，過小値付けによって損失を被った発行企業が，将来の証券発行（増資，起債）に際して当該証券会社を主幹事に指名しない可能性が高まり，主幹事の期待キャッシュフロー（CF）が減少することを指す．一方，プラスの評判効果とは，過小値付けされた IPO 株の割り当てを受けた投資家が，その「見返り」として株式等の売買注文や投資信託等の購入注文を当該証券会社に出す可能性が高まり，主幹事の期待 CF が増加することを指す．

　第3に，投資家への IPO 株の割り当てと投資家からの見返り的注文は，時間的順序が逆であっても構わない．つまり，先に投資家からの注文があって，あとから証券会社による割り当てがあるという順番であっても構わない．その場合，投資家は証券会社から IPO 株の割り当てがあることを「期待」して注文を出しているのであって，割り当てが原因で注文が結果であることに変わりはない．人々の期待ないし予想が入り込んでくると，因果関係と時間的順序が対応しなくなることは，よく知られた事実である[2]．

---

1) ここでいうリスクとは，逆選択仮説的にいえば，情報劣位の投資家が感じる企業価値に関する事前不確実性であり，第5章で展開した不正確性プレミアム仮説的にいえば，投資家の平均的意見で決まる「現在の株価」が公開前には不正確にしかわからないというリスクである．

第4に，IPO株を投資家に配分するのは，主幹事だけでなく引受シンジケート団（シ団）に参加するすべての証券会社であるが，ここでは主幹事の行動に焦点を絞って仮説を立てている．なぜなら，他のシ団メンバーは値付けに関与することがほとんどなく，したがって発行企業に損失を被らせることのマイナスの評判効果を気にする必要がないからである．他のシ団メンバーは，主幹事によって過小値付けされたIPO株を自社の顧客に割り当てることができるので，一種のフリーライダーとみなすことができる．主幹事としても，それを考慮してシ団メンバーを構成し，引受シェアを決定し，値付けを行っている可能性がある．興味深い問題であるが，主題からそれるので本書ではこれ以上言及しない．

　利益相反仮説のイメージを，第5章で展開した不正確性プレミアム仮説と整合性を保つかたちで描いたのが図7–1である．以下，順を追って説明する．

　株価は投資家の平均的意見を反映して決定されるという考えに基づけば，公開前に平均的意見を知ることは，理屈のうえでは可能だが，莫大なコストがかかるので実際には無理である．そのため，どの投資家もそれを正確には把握できない．同じN日後に発行される株式でも，PO（既上場企業による株式発行）と違って，IPOの場合，「現在の株価」についての予想が外れる可能性があり，投資家はその不正確性リスクを嫌う．そこで，それに対するプレミアムを要求するため，妥当な株価水準に関する自分の意見より低い水準で購入希望価格を提示する[3]．その結果，公開前における集計需要曲線は図のD_0のようになる．しかし，公開日には市場が成立し，平均的意見についての不正確性が解消されるので，個々の投資家の意見をそのまま反映した集計需要曲線D_1が実現する．

　こうして，公開価格はOP_0で決定され，初値はMPで実現するので，$(MP-OP_0)/OP_0$だけの初期収益率が発生する．これは，投資家に不正確性リス

---

[2] 卑近なたとえ話をあげるなら，デパートのショーウインドウに水着が展示されると，しばらくして暑くなる．これは，まもなく暑くなることが「予想」されるから水着が展示されるのであって，水着の展示（という先に起こった事象）が原因で暑くなるわけではない．
[3] 第5章で述べたように，どの程度割り引くかは投資家間の意見のバラツキ状況に依存する．すなわち，意見のバラツキが大きいと考えられる銘柄（たとえば知名度が低い銘柄）に対しては，「現在の株価」についての自分の予想が外れる可能性が高いので，それだけ多くのプレミアムを要求する．

図7-1 利益相反誘因による追加的な過小値付け

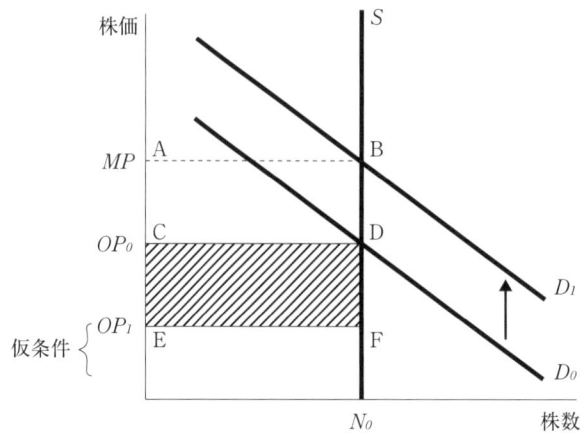

N_0：新規公開株数，S：供給曲線
D_0：公開前の需要曲線，D_1：公開後の需要曲線，MP：初値
OP_0：利益相反誘因が発現しない場合の公開価格
OP_1：利益相反誘因が発現した場合の公開価格
面積ABDC：投資家の要求する不確実性プレミアム（またはレモン・プレミアム）
面積CDFE：利益相反誘因による投資家への追加的所得移転
面積ABFE：発行企業から投資家への所得移転総額

クを覚悟のうえでIPO株を購入してもらうためのプレミアムであり，発行企業にとって不可避な過小値付けである．

この図は不確実性プレミアム仮説が正しいことを想定して描いているが，仮に同仮説を受け入れなくても，代わりに逆選択仮説を受け入れるのであれば，同様の議論が成立する．その場合，図の面積ABDCは，不確実性プレミアムではなくレモン・プレミアム（情報劣位の投資家の要求する事前不確実性プレミアム）に相当すると考えればよい．

ここまでは利益相反誘因が発現しない場合のストーリーである．次節でその根拠を述べるが，日本のBB方式下では，主幹事を務める総合証券会社のもつ利益相反誘因が発現可能となる．すなわち，BB方式下では仮条件の範囲内で公開価格を決定するという慣習が定着しているため，主幹事は仮条件を意図的に低く設定することで公開価格を必要以上に低く値付けし，異常に

高い初期収益率をもたらしている．

　図7-1でいうと，OP_0ではなくOP_1で公開価格が決まるように主幹事は仮条件を低めに設定する．その結果，斜線部分の面積に相当する「余分な損失」が発行企業に発生し，割り当てを受けた投資家に「余分な利益」が供与される．ここで「余分な」というのは，発行企業からすれば不可避な損失を上回るという意味であり，投資家からすればリスクに見合ったプレミアムを上回るという意味である．もしOP_0がその範囲に収まるような価格帯で仮条件が設定されていたら，余分な損失・利益は発生しなかったはずである．

　この仮説は3つの根拠のうえに成り立っている．第1に，主幹事を務める総合証券会社に，発行企業の利益を犠牲にして投資家に利益を供与する潜在的誘因がなければならない．第2に，その誘因を発揮するためには，値付けと配分の両面で主幹事に裁量の余地がなければならない．第3に，主幹事に裁量の余地のあるBB方式をなぜ企業は選択するのか，その理由がなければならない．次節でそれらを順に考察する．

　最後に次の点を強調しておきたい．主幹事のこうした行為は，行政当局や業界団体の定めたルールに従っているという意味で，何ら違法なものではない．それどころか，総合証券会社の置かれている立場等を考えると，きわめて合理的な行動である．その意味で，主幹事の行動は非難されるべきものではない．ただし，そのことと，かかる行為が国民経済的にみて望ましいかどうかは，まったくの別問題である．もし望ましくなければ，制度を抜本的に見直す必要がある．

2. 仮説の根拠

2-1. 総合証券会社の収益構造と顧客構成

　米国では，投資銀行とリテール証券会社（小口投資家を相手に業務を行う証券会社）の棲み分けが明確になされており，IPOにかぎらず新発証券の引受主幹事を務めるのはもっぱら投資銀行である．彼らの主要業務は，引受や

M&A仲介などの投資銀行業務と，マーケットメイクも含めたトレーディング業務である．前者の主要顧客は事業法人であり，後者の主要顧客は機関投資家である．

引き受けたIPO株を販売する相手も，もっぱら機関投資家をはじめとする法人投資家であり，個人投資家への販売は委託先のリテール証券会社を通して間接的になされるに過ぎない．したがって，投資銀行の直接的な顧客は個人ではなく法人である．

これに対して，日本でIPOの引受主幹事を務めるのは，主としてリテール業務も兼ねた総合証券会社である．表7-1は，日本証券業協会会員（国内法人）のうち，総合証券会社が金額的に大半を占める本庁監理会社の決算概況より，営業収益の内訳を過去10年間について示したものである．大雑把にいって，このうち受入手数料は顧客から稼ぎ出した収益であり，トレーディング損益は市場で稼ぎ出した収益であり，金融収益（信用取引による金利・貸株料収益，保有有価証券からの金利・配当金収益等）はその両方である．

表をみると，引受・売出手数料の占める比率がいかに低いかがよくわかる．過去10年間，すべての分類項目の中で常に一番低く，平均は4.7％に過ぎない．

営業収益の過半を占める受入手数料の内訳を，顧客の違いという観点からみてみよう．委託手数料が投資家から受け取る収益であり，引受・売出手数料が発行体から受け取る収益であることはいうまでもない．これに対して募集・売出しの取扱手数料は，各種調査レポートによると投資信託の販売手数料がその多くを占めているので[4]，投資家から受け取る収益が中心と考えてよさそうである．その他の受入手数料については，同様の各種調査レポートによると，最近では，投資信託やラップ口座などの預かり資産に対する手数料（信託報酬）とM&A関連の手数料が多くを占めているようである．M&Aも一種の株式投資とみなすことができるので，これらはいずれも（広義の）投資家から受け取る収入と考えてよい．

要するに，わが国の場合，IPOの引受主幹事を務めるような大手証券会社

---

[4] たとえば，大木 (2016), 菅谷 (2016) 参照．

表7-1 日本証券業協会会員（本庁監理会社）の営業収益の内訳

(%)

年度	2008	2009	2010	2011	2012	2013	2014	2015	2016	2017	平均
受入手数料	57.8	62.9	66.3	59.8	55.7	58.8	53.7	55.9	53.3	54.0	57.8
（委託手数料）	17.5	14.3	15.3	12.8	13.4	19.3	14.8	15.4	12.6	13.8	14.9
（引受・売出し手数料）	3.5	8.2	5.9	3.2	4.2	4.7	4.4	4.9	4.7	3.8	4.7
（募集・売出しの取扱手数料）	8.0	14.1	16.7	16.1	15.0	12.6	10.8	8.2	7.2	7.8	11.7
（その他の受入手数料）	28.7	26.3	28.4	27.7	23.1	22.1	23.7	27.3	28.9	28.7	26.5
トレーディング損益	15.7	24.2	17.2	23.2	28.3	27.8	30.5	27.3	27.6	23.7	24.6
金融収益	24.3	12.0	14.8	16.1	14.8	12.3	14.8	15.6	17.6	20.8	16.3

(注) 下記出所の数値をそのまま用いて内訳を計算しているが，受入手数料とトレーディング損益と金融収益の合計が「営業収益」に満たないので（つまり記載されていないその他の営業収益があるので），3項目の比率の合計は100％に満たない．
(出所) 日本証券業協会ウェブサイト「会員の決算概況」（本庁監理会社）をもとに筆者作成．

でさえ，収益構造でみるかぎり，主たる顧客は調達サイドの発行体ではなく運用サイドの投資家である．

では，同じ投資家から受け取る収益でも，機関投資家に代表される法人投資家と個人投資家とでは，どちらに対する依存度が高いのだろうか．これについては，顧客構成を直接的に示すデータが公表されていないので，利用可能な情報をもとに推測するしかない．

一般的にいって，証券取引のコストは規模の経済が働くので，小口の個人投資家より大口の法人投資家の方が，証券会社からするとコスト的に望ましい顧客である．ところが，以下で示すように，実際には個人投資家への依存度の方が高そうである．

表7-2は，IPO株の抽選配分制度が導入された2006年8月以降，日本証券業協会のウェブサイトで公表されるようになった「新規公開に際して行う株券の個人顧客への配分状況」データをもとに，主幹事引受分に限定して，IPO株の個人投資家向け配分比率を求めたものである[5]．求め方の詳細は表

---

5) 同様の調査はすでに船岡 (2008) によってなされている．そこでは，主幹事引受分に限定せずに全引受証券会社を対象に配分比率を計算し，以下とほぼ同様の結果を得ている．

表7-2 新規公開株の個人投資家向け配分比率：主幹事引受分

	件数	平均値	標準偏差	最小値	中央値	最大値
独立系大手証券会社	416	68.0%	9.4%	3.3%	69.6%	88.0%
銀行系大手証券会社	164	68.4%	7.8%	23.3%	71.0%	82.0%
独立系準大手・中堅証券会社	62	74.1%	11.2%	26.1%	74.7%	99.1%
銀行系準大手・中堅証券会社	66	76.4%	9.8%	32.3%	75.3%	100.0%
ネット系証券会社	53	75.8%	8.6%	55.4%	73.9%	100.0%
全体	761	69.9%	9.7%	3.3%	71.1%	100.0%

配分比率の算出方法：抽選配分制度が導入された2006年8月より，日本証券業協会のウェブサイト「新規公開に際して行う株券の個人顧客への配分状況」で引受各社の個人投資家向け配分状況がIPOごとに公表されるようになったことに着目．具体的には，2006年8月から2017年12月までの間に公開したIPOについて，主幹事（複数の場合は筆頭主幹事）を務めた証券会社の「個人投資家への配分総単元数」データを取得し，それを当該主幹事の引受総単元数（オーバーアロットメント分を含む）で除する形で算出．ただし，民営化した政府系企業によるIPO（4件）は除外．また，ディー・ブレイン証券（当時）が主幹事を務めたIPO（6件）については，配分状況が上記サイトに掲載されていないため除外．さらに，新光証券と合併する以前の（旧）みずほ証券はホールセール業務に特化した営業形態であったため，同社が主幹事を務めたIPO（5件）も除外．期間中に主幹事を務めた証券会社の一覧については第8章末の「主幹事証券会社の一覧」参照．

の脚注に記してあるが，あくまで主幹事引受分についてであって他のシ団メンバーの引受分は含まれていないことと，IPO株の配分先に限定した顧客構成であることは注意を要する．この比率は第2章の図2-3でいうと（B/A）に相当し，1からこの比率を差し引いた残りが法人投資家向け配分比率にほぼ相当する[6]．

これをみると，①大半のIPOで主幹事を務める大手証券会社については，独立系・銀行系を問わず，個人投資家向け配分比率は約68％であること，②同じく独立系・銀行系を問わず，準大手・中堅証券会社については，ネット系証券会社とともに，同比率が約75％であること，③全体の平均が約70％であることがわかる．意外なほど主幹事タイプ間で差はなく，IPO株の配分先

---

6) 後者には従業員持ち株会への配分も含まれるが，その割合はごくわずかである（船岡〔2008〕）．

の約7割を個人投資家が占めている．IPO株の販売に関するかぎり，主要な顧客は個人投資家と考えてよさそうである．

　以上の観察事実は次のことを示唆している．IPO株を引き受ける証券会社としては，本来なら大口の法人投資家を中心に販売した方がコスト的に有利であるが，彼らがIPO株への投資にあまり積極的でないので，ある意味，仕方なく個人投資家を中心に販売している．それがこの数値に表れているのではないだろうか．

　もしこの推測が正しければ，小口の個人投資家にIPO株を配分することはコストがかかるので，それを節約しようとする誘因が生まれてくる．公開価格を過度に低く設定することで投資家にとっての魅力を高め，常に超過需要状態を保ちながら「割り当てる」というのは，配分コストを節約するうえで効率的な方法であると思われる．それだけでなく，そうした割り当ての仕方は，個人投資家からの見返りを生むことになるので，二重に得策である．

　いま述べた最後の部分は，仮説の根拠というより仮説の一部をなす推測なので，これから検証すべき話である．したがって，その部分は切り離して考える必要があるが，以上の観察事実より，主幹事証券会社にとっての主要顧客は発行企業ではなく投資家であり，しかもその投資家は（IPO株の販売先でみるかぎり）個人投資家が中心であるということは，間違いのない事実といえる．これより，発行企業の利益を犠牲にして投資家（特に個人投資家）の利益を優先する誘因が潜在的にあると考えられる．

　この機会に次のことに言及しておきたい．第2章の3-4.（BB方式の日米比較）でも述べたが，日本の場合，IPO株の主たる購入者は個人投資家であるにもかかわらず，仮条件の決定前に妥当な株価水準についての意見を聞く相手は，IPO株を積極的に購入しない機関投資家である．個人投資家を相手にロードショーやヒアリングをすることは非効率的なので，そのことの是非を云々するつもりはない．しかし，積極的に購入する意思のない投資のプロが，主幹事からのヒアリングに際して，自身の企業評価に基づく意見を進んで述べるだろうか．彼らの意見が，直前に主幹事から提示された想定発行価格の影響を受けるのは，むしろ当然のように思われる．

2-2. 主幹事の裁量の余地

　IPOの主幹事に発行企業の利益を犠牲にして投資家の利益を優先する誘因が潜在的にあるとしても，それが発現可能となるためには，値付けと配分の両面で裁量の余地がなければならない．さもなければ，IPO株を必要以上に過小値付けして顧客に割り当てるということはできない．第2章で考察したように，入札方式のときにはほとんどなかった裁量の余地が，BB方式に実質移行してから劇的に高まった．

　表7-3は両方式間の差異を比較するかたちで第2章での考察結果をまとめたものである．以下，これに沿ってポイントを再度述べておこう．

　入札方式（第3期）では，値付け面でも配分面でも，主幹事（および他のシ団メンバー）に裁量の余地はほとんどない．あるとしたら，値付け面では，入札下限価格を決める際の類似会社の選定と，落札加重平均価格の割引くらいである．後者に関しては，入札状況，期間リスク，需要の見通し等を総合的に勘案して割り引くことになっているが，期間中における割引率の平均は6.1%（中央値は5.2%）に過ぎない．

　配分面での裁量の余地は，非入札株（新規公開株数の50%以下）の配分先の決定くらいである．しかし，それとても1投資家あたりの配分数量は5,000株以下の範囲内で主幹事が決めた1単位（大半は1,000株）に限られており，年間4銘柄までという配分回数制約も課されている．そうした厳しい配分制限が課されているため，機関投資家にとっての参加誘因はほとんどないと考えられる．

　これに対してBB方式では，値付け面でも配分面でも，入札方式と比べて主幹事の裁量の余地は格段に大きい．値付け面では，想定発行価格，仮条件，そして公開価格のいずれの決定においても，主幹事に裁量の余地がある．中でも，公開価格の上限・下限を画する仮条件の決定は，ロードショー後のヒアリングで聴取した機関投資家の意見を踏まえているものの，最終的には主幹事の判断に委ねられている．

　第6章でみたように，仮条件の中間値は主幹事の決定する想定発行価格とほぼ連動しており，大半のIPOは仮条件の上限で公開価格が決定されてい

表7-3　引受証券会社の裁量の余地：入札方式 vs. BB方式

		引受証券会社	
		主幹事	他のシ団メンバー
入札方式（第3期）	値付け面	ほとんどなし	――
	配分面	入札株：なし 非入札株：制限付きあり	入札株：なし 非入札株：制限付きあり
BB方式	値付け面	あり	――
	配分面	抽選配分以外あり	抽選配分以外あり

(注1) 表中の「あり」「なし」は裁量の余地の有無を示す．
(注2) 主幹事以外の引受シンジケート団（シ団）のメンバーは公開価格の決定に事実上関与しないと考えられるので，表中では「――」となっている．
(注3) 入札方式下では，非入札株の配分は引受証券会社の裁量によるが，入札株と同様の制限（投資家の取得株数制限，年間配分回数制限）が課されている．
(注4) BB方式下では，公開価格は主幹事が発行企業と協議のうえで最終的に決定することになっているが，その上限・下限を画する仮条件は（機関投資家の意見や市場動向を踏まえて）主幹事が事実上決定しており，しかも大半のIPOは仮条件の上限で公開価格が決定されている（表6-4参照）．値付け面で裁量の余地「あり」と記したのはそのためである．ただし，大型案件の場合は，値付けに対する発行企業の発言力が大きいので，必ずしもこのかぎりではない．
(注5) BB方式下では，抽選配分制度が導入された2006年8月以降も，抽選配分（個人投資家向け配分予定数量の10%以上）以外の配分は各社の定めた「配分の基本方針」の範囲で裁量的になされている（図2-3参照）．
(出所) 第2章の内容をもとに筆者作成．

る．また，金融庁の指摘を受けてなされた2007年の制度見直しでも，公開価格に関しては，各社の「中立な部署又は会議体において，当該価格の妥当性について確認を行うこと」を義務づけているに過ぎず，決定方式をルール化しているわけではない．

　こうした点を踏まえると，主幹事が仮条件の設定を通して公開価格を（事実上）決定していると考えてよさそうである．ただし，大型案件の場合は，値付けに対する発行企業の発言力が強いので，必ずしもこのかぎりではない．この点は仮説の検証に際して重要な意味をもってくる．

　配分面でも，途中の制度見直しを考慮に入れても，主幹事（および他のシ団メンバー）の裁量の余地は大きい．抽選配分（個人投資家向け予定配分数

量の10%以上)を別とすれば,どの個人投資家にどれだけ配分するかは,引受各社の定めた「配分の基本方針」の範囲で各社の裁量に委ねられている.実際,同方針では多くの証券会社が個人一人あたりの平均販売数量を「10単元程度」と定めているが,日本証券業協会がウェブサイトで公表している各社の配分状況をみると,この数字はあくまで目処に過ぎないことがわかる.

また,機関投資家への配分については,ほぼ各社とも「需要申告内容等を考慮のうえ適切に実施する」旨うたっているに過ぎず,特段の配分制限は設けていない.ただし,結果的にみると,機関投資家への配分比率は個人投資家より低くなっている.

以上より,BB方式に実質移行してから,値付け面でも配分面でも主幹事の裁量の余地は劇的に高まり,利益相反誘因を発揮する環境が整ったということができよう.

2-3. IPOのコスト構造

主幹事を務める総合証券会社に潜在的な利益相反誘因があり,BB方式に実質移行してからその誘因を発揮するための制度的環境が整ったとしても,まだ解決しなければならない問題がある.それは,主幹事に裁量の余地があるにもかかわらず,なぜ企業はBB方式を選択するのかという問題である.以下では,IPOのコスト構造に着目することでこれに答えを与えてみたい.

発行企業にとってのIPOのコストは,大別すると2つからなる.1つは,引受手数料に代表される直接コストであり,もう1つは過小値付けによる機会損失(MLT)という間接コストである.この2つについては,規模の大きな企業ほど平均コストが低くなることが各種実証研究によって指摘されている[7].ここでいう平均コストとは,コストを発行総額で除した比率である.具体的には,引受手数料率(スプレッド)が平均直接コストに相当し,初期収益率が平均間接コストに相当する[8].

そこで,規模と平均コストの間にみられる負の関係が,入札方式とBB方

---

7) たとえば,直接コストについてはChen and Ritter (2000),間接コストについてはIbbotson, Sindelar, and Ritter (1988).

式とでどう異なるかをみてみよう[9]．ただし，BB方式で負の関係がより強く観察されることは，すでに池田・金子（2015）が規模以外の要因も考慮に入れた回帰分析で指摘しているので，ここでは散布図による視覚的確認にとどめておく．

　図7-2は，左右の図とも，主要な平均直接コストである引受手数料率を縦軸に，発行総額の自然対数値を横軸にして，各方式のもとで実施されたIPOの値をプロットしたものである[10]．ただし，入札方式については，引受手数料が自由化された1994年12月以降に実施されたIPO（民営化した政府系企業は除く）のみを取り上げている[11]．BB方式については，1997年9月から2017年12月末までの間に実施されたIPOを取り上げている．また，入札方式とBB方式の比較を容易にするため，図の目盛りは左右同一に設定してある．

　これより3つの特徴的事実が指摘される．第1に，BB方式の引受手数料率の方が全般的に高い．これは，引受証券会社としての業務量の違いを考えれば，十分に予想された結果である[12]．第2に，図中の回帰直線の傾きからわかるように，両方式とも発行規模と引受手数料率の間に負の関係がみられ

---

8) 入札方式の場合，厳密にいうと発行総額は{(落札加重平均価格×入札株数)＋(公開価格×非入札株数)}なので，機会損失（MLT）をそれで除した平均コストは初期収益率と一致しない．しかし，落札加重平均価格と公開価格が近似的に等しいと仮定するなら，両者は一致する．
9) ここでは「規模の経済」という言葉をあえて使っていない．なぜなら，規模の経済は固定費が存在するために起こる現象であるが，引受手数料に固定費的部分があることは問題なくいえても，機会損失に固定費的部分があると考える理由は特にないからである．
10) よく知られているように，新規公開企業は一部の大企業と大部分の中堅・中小企業からなるので，発行総額の分布は右方に大きく歪んでいる．そこで，この種の分析の慣例に従って横軸は自然対数値をとっている．本来なら縦軸も自然対数値をとるべきであるが，初期収益率は負の値もとるので片対数のグラフにせざるをえない．しかし，横軸に原数値をとろうと自然対数値をとろうと，一方のグラフが右下がりなら（程度の差こそあれ）他方のグラフも右下がりとなるので，「負の関係」を視覚的に確認するのが目的であれば，特に問題はない．
11) 関係者へのヒアリングによると，引受手数料が自由化された後もしばらくは，業界の慣行により，発行規模ごとの計算方式は横並び的に決められていたようである．自由化後の入札方式下のIPOが463件もあるにもかかわらず，図7-2で引受手数料率にほとんどバラツキがないのは，そのためと思われる．
12) 値付けに関していうなら，入札方式下では主幹事は投資家の入札結果に基づいて公開価格を決めればよいのに対して，BB方式下では一からその決定に関与しなければならない．配分に関していうなら，入札方式下では新規公開株数の50%以上は入札によって自動的に配分先が決まるのに対して，BB方式下では（抽選による部分は別として）すべて引受証券会社が配分先を決めなければならない．

図7-2 発行規模と引受手数料率の関係

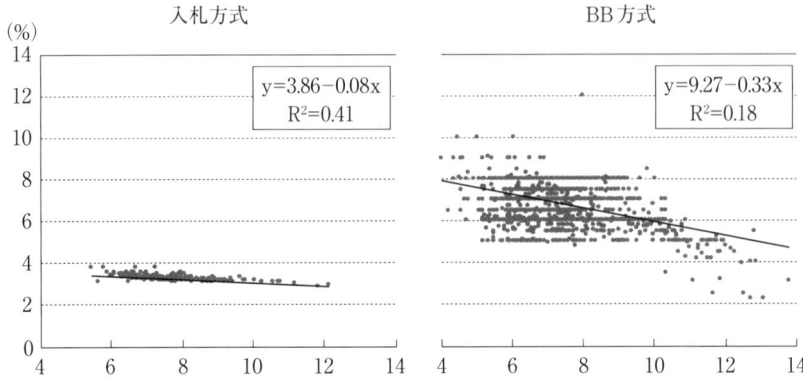

(注1) 両図とも縦軸は引受手数料率,横軸は発行総額(単位百万円)の自然対数値.2つの方式間の比較を容易にするため,両図の目盛りを同一に設定している.参考までに,横軸の自然対数値がたとえば6のときの発行総額は約4億円,8のときの発行総額は約30億円,10のときの発行総額は約220億円である.
(注2) 入札方式(第3期)下のIPOは,引受手数料が自由化された1994年12月以降,1997年10月までの間に同方式で実施されたIPO(民営化した政府系企業は除く)の計463件.
(注3) BB方式下のIPOは,1997年9月から2017年12月までの間に同方式で実施されたIPO(民営化した政府系企業は除く)のうち,引受手数料率データが入手できた計2,046件.
(注4) 図中の式は回帰直線の計算結果.
(データ出所) 第1章末「データの出所一覧」.

る.第3に,その関係はBB方式においてより顕著である[13].BB方式下では,発行規模の大きい企業ほど適用される引受手数料率は総じてみると大きく低下しており,中には入札方式下のそれを下回る企業も若干数だが存在する[14].

図7-3は,引受手数料率の代わりに平均間接コストの初期収益率を縦軸にとり,各方式のもとで実施されたIPOの値をプロットしたものである.この場合,引受手数料の自由化は議論に直接関係ないので,入札方式について

---

13) 池田・金子(2015)によれば,市場ダミーや年次ダミーをコントロールしても,負の関係はBB方式においてより強く観察される.
14) ただし,個々でみると,8%,7%,6%,5%,に集中していることがわかる.Chen and Ritter(2000)のいう「7%ソリューション」的現象が日本でも観察される.

図7-3 発行規模と初期収益率の関係

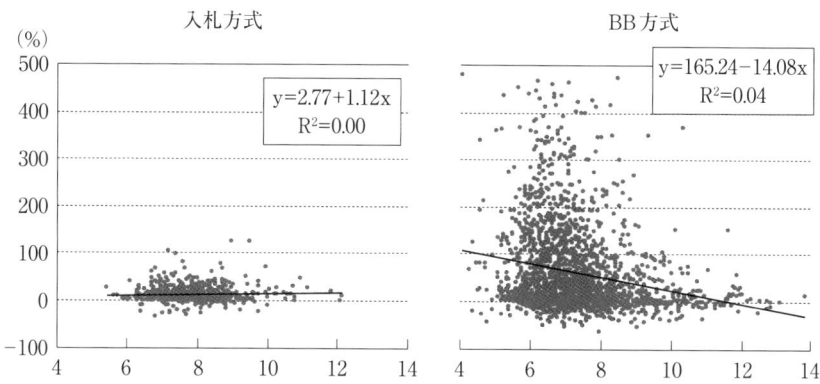

(注1) 両図とも縦軸は初期収益率，横軸は発行総額（単位百万円）の自然対数値．2つの方式間の比較を容易にするため，両図の目盛りを同一に設定している．参考までに，横軸の自然対数値がたとえば6のときの発行総額は約4億円，8のときの発行総額は約30億円，10のときの発行総額は約220億円である．
(注2) 入札方式（第3期）下のIPOは，1993年1月から1997年10月までの間に同方式で実施されたIPO（民営化した政府系企業は除く）計683件．
(注3) BB方式下のIPOは，1997年9月から2017年12月までの間に同方式で実施されたIPO（民営化した政府系企業は除く）のうち，初期収益率が500%以上の19件を除いた計2,037件．
(注4) 図中の式は回帰直線の計算結果．
(データ出所) 第1章末「データの出所一覧」．

も，期間中のIPO（民営化した政府系企業は除く）をすべて取り上げている．ただし，BB方式で公開したIPOの中には，初期収益率が500%以上のIPOが19件あるので，図をみやすくするため，それらを暫定的に除外している．先ほどと同様，図の目盛りは左右同一に設定してある．

この図は前章の表6-3（発行規模別の初期収益率）を視覚的に表したものなので，取り立てて新しい発見はないが，同表から得られた結果も含めて，特徴的事実を整理しておこう．第1に，入札方式と比べてBB方式の初期収益率は分布域がきわめて広い．このことは，表6-3の標準偏差や最小値・最大値の比較からも確認できる．第2に，初期収益率がマイナスとなる割合は発行規模が大きくなるにつれて高くなる傾向があるが，その程度はBB方式

においてより顕著である．表6-3によれば，発行総額が100億円以上の大型IPOの場合，BB方式における同割合は37.6%に達する（入札方式における同割合は15.2%）．初期収益率がマイナスということは，端的にいうと，投資家が損をして発行企業が得をすることを意味する．

　第3に，入札方式では発行規模と初期収益率の間に負の関係はみられない．回帰直線の傾きはむしろ右上がりとなっているが，傾きがゼロという帰無仮説は有意水準10%でも棄却されない．つまり，この直線はほぼ水平と考えて差し支えない．第4に，BB方式では負の関係が観察される．そのことは回帰直線の傾きからもわかるが（傾きがゼロという帰無仮説は有意水準1%で棄却），他の要因をコントロールして発行規模の効果を計測した池田・金子（2015）によっても指摘されている[15]．

　最後の2点はとりわけ重要な意味をもつ．なぜ発行規模の小さいIPOほど初期収益率が（平均的にみて）高くなるのかについて，これまでは逆選択仮説に依拠した説明が主としてなされてきた．すなわち，一般的にいって，規模の小さい企業というのは知名度が低く，情報劣位の投資家の感じる事前不確実性が大きい．そのため，それを受け入れることへの報酬が見込まれなければ購入しようとしない．IPO株を売りさばくには情報劣位の投資家の参加が必要なので，主幹事は公開価格を低めに設定することでプレミアムを提供する（詳しくは第3章）．

　もしこの解釈が正しければ，入札方式下の初期収益率にも負の関係が観察されるはずである．なぜなら，入札に参加する投資家は各自の購入希望価格を札に記すので，落札結果が公開価格に反映される仕組みになっているかぎり，規模の小さいIPOほど公開価格は低く設定され，初期収益率は高くなるからである．ところが，負の関係が観察されるのはBB方式においてのみである[16]．このことは何を意味するのだろうか．BB方式に固有の事情が背景にあると考えるしかない．すでに述べたように，BB方式が入札方式と決定

---

15) 本章の議論とは直接関係ないが，図7-3の右図をみると，直線で回帰するよりも1次微分が負で2次微分が正の曲線で回帰した方が，よりあてはまりがよいことが予想される．事実，2次曲線をあてはめてみるとそうなっている．この点は次章で利益相反仮説を検証する際の定式化のヒントとなっている．

的に異なるのは，主幹事のもつ裁量の余地である．規模の小さい企業のIPOほど，主幹事は意図的に低く公開価格を設定していることが推察される．

　以上，視覚的な確認に過ぎないが，直接コストと間接コストの両面で，BB方式では負の関係が顕著に観察されることが判明した．これより次の帰結が導かれる．IPOのコストでみるかぎり，発行規模の大きな企業ほどBB方式を選択した方が有利となる可能性は高く，逆に，小さな企業ほど入札方式を選択した方が有利となる可能性は高い．

　ここで，発行総額がいくら以上（以下）ならBB方式（入札方式）を選択した方がコスト的に有利かを具体的に示すことは難しい．しかし，図7-2と図7-3をあわせ読むかぎり，入札方式を選択した方が有利となる企業が大半を占めていることはほぼ間違いない[17]．

　ところが，BB方式が追加的に導入された1997年9月以降，移行期間ともいえる最初の1カ月余は別として，入札方式を採用した企業は一社もない．どちらの方式を採用するかを決定する権限は，少なくとも建前上は発行企業にある．したがって，大企業がBB方式を選択するのは不思議なことではない．しかし，大半を占める中堅・中小企業までもBB方式を選択するというのはどう解釈すればよいのだろうか．これは，謎2を利益相反仮説で説明しようとするかぎり，避けて通れない問題である．

　これに対する筆者の答えは次のようなものである．一般に，発行規模の小さな企業は主幹事との価格交渉力が弱いので，たとえコスト的に不満があっても，BB方式の採用を前提とした主幹事の提案を受け入れざるをえない[18]．

　もちろん，これは推測的解釈に過ぎない．しかし，①発行規模が小さい企

---

16) 第5章（表5-3）で入札方式下のIPOを対象に逆選択仮説の検証を行っているが，規模指標として採用した発行企業の売上高は初期収益率に有意な影響を及ぼしていない．規模指標として発行総額をとろうと売上高をとろうと，入札方式下では負の関係が観察されないことがわかる．
17) たとえば，間接コストに限定していうなら，図7-3に記した2つの回帰直線の交点より，横軸の自然対数値が10.68以下（発行総額が約435億円以下）の企業なら，入札方式を選択した方が「回帰式から予測される」コストは少なくて済む．これはBB方式で公開した企業の約97％に相当する．あてはまりのよくない直線回帰をもとにした計算なので，この数字を鵜呑みにすることはできないが，大半の企業が入札方式を選択した方がコスト的に有利であることはいえそうである．
18) その背景には，証券会社間の主幹事獲得競争が，いくらで引き受けるかという価格面ではなく，もっぱら非価格面（IPO支援業務等のサービス）でなされているという構造的要因もあると考えられる．

業ほど初期収益率が高いという現象がBB方式においてのみ観察される，②発行規模が小さい企業ほど直接コストでみても間接コストでみても入札方式を選択した方が有利となる可能性は高い，③にもかかわらず，BB方式が追加的に導入されて以来，入札方式は一度も採用されていないという事実を整合的に結び付けようとしたら，他の解釈が入り込む余地はないように思われる．

2-4. まとめ

利益相反仮説を支える3つの根拠について，簡単にまとめておこう．第1に，日本の総合証券会社の収益構造をみるかぎり，主たる顧客は発行企業ではなく投資家である．しかも，IPO株の販売先顧客構成をみるかぎり，その投資家は個人が中心である．これより，発行企業の利益を犠牲にして投資家（主として個人投資家）の利益を優先する誘因が，主幹事を務める総合証券会社には潜在的にあると考えられる．

第2に，BB方式に実質移行してから，値付けと配分の両面で主幹事の裁量の余地は劇的に高まった．このことは，主幹事が利益相反誘因を発揮するための制度的環境が整ったことを意味する．第3に，IPOの大半を占める小規模企業は，入札方式を選択した方がコスト的に有利となる可能性が高いにもかかわらず，実際には例外なくBB方式を選択している．これは，主幹事との価格交渉力が弱いためBB方式の採用を前提とした主幹事の提案を受け入れざるをえないという解釈と整合的である．

こうした（一部推測に基づく）根拠はあるものの，それだけで利益相反仮説が支持されたということはできない．利益相反誘因の強さをどのように測るかという問題も含め，統計的手法により仮説の妥当性を検証する作業を第8章で行う．

3. 補論——初値が高すぎる可能性について

　初期収益率が異常に高いということは，形式的には「公開価格が低すぎる」か「初値が高すぎる」のいずれか（あるいは両方）であるが，本書では，IPO研究者の間で主流となっている前者の視点からその理由を考察してきた．しかし，前章で指摘したように，BB方式下では後者の可能性があることも否定できない（図6-2）．そこで，利益相反仮説の検証に進む前に，初値が高すぎる可能性について筆者の考えを述べておこう．

　ただし，この現象を合理的投資家の想定のもとに説明することは困難である．どうしても投資家の非合理性を持ち込まざるをえないのだが，第1章で強調したように，本書では可能なかぎり経済合理性に基づいた解釈を追求している．その意味で，以下で示すのは本筋から少々脱線した「試みの解釈」である．そのことをあらかじめ断っておきたい．

　前章の表6-7で確認したように，公開日から20営業日（約1カ月）後ないし60営業日（約3カ月）後の株価と比較すると，入札方式よりBB方式の方が初値は有意に高い．逆にいうと，BB方式の方が初値からの値下がりの程度は有意に大きい．いわゆる初値天井現象がより顕著に観察される．このことは，BB方式下では公開日により多くの買いが入り，初値をより高く押し上げていることを意味する．初値で購入しても（1カ月や3カ月のタームでみると）平均的には損をすることがわかっているのに，なぜ公開日にたくさんの買いが入るのだろうか．

　この疑問に対しては，日本では個人投資家の間に根強いIPO神話があり，証券会社からの割り当てを受けられなかった投資家が「初日に買ってもまだ間に合う」と考えて買いに走るという説明がまず考えられる．確かに，異常に高い初期収益率を継続的に実現しているBB方式では，そうした動機で参加する非合理的投資家がいる可能性は多分にある．

　また，米国で2000年代初期に問題化して防止措置が講じられることになったラダリングと同様のことが日本で行われている可能性も否定できない[19]．ラダリングとは，引受証券会社が過小値付けされたIPO株を割り当てる代わ

りに，流通市場での取引開始後に当該銘柄を追加購入することを顧客に約束させる取引のことである．これは，売り抜けによる値崩れを防ぐという意味で，実質的な安定操作とみなすことができる．引受証券会社に裁量の余地のあるBB方式下では，これもありうる話である．

　こうした解釈が考えられるものの，筆者があえて追加的に提示したいのは，日本のBB方式の特性ゆえに成立する「見せかけの人気」仮説である．第2章で説明したように，米国のBB方式と違って，日本では仮条件の範囲内で公開価格を決定するという慣習が定着している．そのため，第6章で証拠を示したように，主幹事が仮条件を意図的に低く設定し，公開価格がその上限で決定されるようにすることは容易である．

　公開価格が仮条件の上限で決定されたことを知った投資家は，当該銘柄の人気が思いのほか高いという錯覚を抱くかもしれない．とりわけ，自らの価値評価に自信のない個人投資家は，意図的に作り出された「超過需要」状態をみて，自らの意見を上方修正する可能性がある．一種の情報カスケード現象である．あるいは，「超過需要」状態をみて，非合理的な投資家の楽観的センチメントが醸成されると考えてもよい．こうしてBB方式下では，その特性ゆえに公開初日により多くの買いが表れてくる．

　たとえば，いま，あるIPOに対して主幹事が450〜550円の仮条件（レンジ率20％）を提示して投資家から需要申告を受け付けたとしよう．そのとき，ある投資家が自分の考える本来の株価水準は400円だと思ったら，需要を申告しない．つまり，この銘柄に対して「買い材料」をもっていない．ところが，フタを開けてみたら，公開価格は仮条件の上限の550円で決定された．「超過需要」状態をうかがわせるこの結果をみて，どう思うだろうか．BB期間中に需要申告した他の投資家達は，きっとよい情報（買い材料）をもっているに違いなく，本来の株価水準はもっと高いところ（例：600円）にあると考えるかもしれない．とりわけ，自らの価値評価に自信のない個人投資家は，そう考える可能性が高い．そこで，公開日に買いに走ることになる．このことは，図7−1でいうと，需要曲線がD_1からさらに上方シフトすることを

---

19) 米国におけるIPO株の不正な割り当て行為とそれに対する規制については，野村（2003, 2005），辰己（2006c）参照．

意味する.

　このように，仮条件の上限で公開価格が決定されたことを示すことで，もともと買い材料をもっていない投資家までも買いに誘い出すというのが，アナウンスメント効果を前提とした見せかけの人気仮説である．ここで重要なのは，もし米国のように，主幹事が仮条件に縛られずに公開価格を決定する慣習が定着していたら，たとえ部分調整的な値付けがなされたとしても，投資家に「超過需要」状態を強くアピールすることが難しいので，この仮説は成立しにくくなるという点である.

　もしこの解釈が正しければ，仮条件の上限（したがって公開価格）が低く設定されていることが，見せかけの人気を生み出し，高すぎる初値とその後の値下がりをもたらしていることになる．つまり，BB方式下で観察される異常に高い平均初期収益率は，主幹事による過度の過小値付けと，それが原因で生み出される見せかけ人気の2つが合わさってできた「複合現象」とみなすことができる.

　したがって，真に究明すべきなのは，なぜ主幹事はBB方式下で過度に低く値付けをするのかである．謎2の解明に向けて利益相反仮説の提示と検証に専念するのは，このためである.

第8章

利益相反仮説の検証
—— 謎2の解明

前章で提示した利益相反仮説の妥当性を検証する．もしこの仮説が正しければ，利益相反誘因の強い証券会社が主幹事を務めたときほど，他の条件に変わりがなければ，過小値付けは大きくなるはずである．本書では，2006年8月に導入された個人投資家向けの抽選配分制度に着目し，同制度が適用されない部分の割合（裁量配分比率）を利益相反誘因の強さを表す代理変数として採用する．価格交渉力等の要因をコントロールしたうえで，同誘因の強さが過小値付けに及ぼす影響を通常最小二乗法（OLS）により調べたところ，一般化積率法（GMM）による頑健性チェックの結果を踏まえても，仮説の妥当性は強く支持された．

1. 仮説から導かれる実証的含意

前章の冒頭で提示した利益相反仮説の妥当性を検証するため，同仮説から導かれる実証的含意を述べておこう．この仮説が正しければ，次の2つの含意が導かれる．

第1に，発行企業の価格交渉力等に変わりがなければ，利益相反誘因の強い証券会社が主幹事を務めるIPOほど過小値付けは大きくなる．第2に，主幹事のもつ利益相反誘因の強さ等に変わりがなければ，価格交渉力の弱い企業のIPOほど過小値付けは大きくなる．

これより，利益相反仮説を一般形で定式化するなら次のようになる（発行

企業と主幹事を表す添字は省略).以下ではこれを理論モデルあるいは単にモデル式と呼ぶ.

$$\text{過小値付け} = f(\text{主幹事の利益相反誘因, 発行企業の価格交渉力,} \\ \text{その他要因}) \tag{8.1}$$

仮説が正しければ,利益相反誘因の強さが過小値付けに及ぼす効果はプラスであり,価格交渉力が過小値付けに及ぼす効果はマイナスである.

　この式を計測可能なかたちで特定化してデータをあてはめ,仮説の妥当性を確かめるわけだが,その前に解決しておかねばならない問題が2つある.1つは,主幹事の利益相反誘因の強さをどうとらえるかという問題であり,もう1つは発行企業の価格交渉力の指標として何を使うかという問題である.

　前者については次節で考察する.後者については,発行総額(公開価格×新規公開株数)を価格交渉力の指標とすることに異論はないと思われる.ところが,公開価格を決定しているのは主幹事なので,モデル式左辺の過小値付けと発行総額は同時に決定される.そのため,発行総額をそのまま使って計測すると,いわゆる同時決定バイアスを引き起こしてしまう.この問題にどう対処するかは実証計画のところであらためて検討する.

　あらかじめ次の点を強調しておきたい.利益相反仮説の考え方自体,決して新しいものではない.第3章でみたように,米国のIPO研究でもその可能性は指摘されている.ただし,米国の場合,投資銀行による利益供与の主たる対象は,個人投資家ではなく機関投資家や上場予定企業の役員である.その点は異なるにしても,日本でも同様のことがなされている可能性を経験的に感じている読者は多いと思われる.ただ,これまでは利益相反誘因の強さを測る指標がなかったので,仮説の妥当性を直接検証することができなかった[1].本書(特に謎2を解明する後半部分)にもし貢献があるとしたら,仮説の妥当性をより直接的に検証したことにある.

---

[1] たとえば,金子(2002)や池田(2010)は同仮説を提示して検証を行っているが,いずれも「利益相反誘因が強いと思われる大手証券会社が主幹事を務めたときほどIPOの初期収益率は高い」という状況証拠を示しているに過ぎない.

2. 利益相反誘因の規定要因

　証券会社のもつ利益相反誘因の強さを規定している要因は，ひとことでいうなら，投資家への販売能力とそれに裏付けられた引受能力である．なぜなら，1つには，売りさばけるだけの顧客を抱えていなければ，過小値付けしたIPO株を配分することの「見返り」を期待できないからである．もう1つには，引受能力の高い証券会社でなければ，主幹事の座を獲得できず，したがって値付け面での裁量性を発揮できないからである．発行企業としても，引受能力の高い証券会社でなければ，機会損失を覚悟してまで主幹事に指名しようとはしないはずである．

　この場合，過小値付けしたIPO株の配分先となる顧客は，個人投資家と（機関投資家に代表される）法人投資家のいずれであっても，仮説そのものは成り立つ．しかし，第7章でみたように，日本の場合，主幹事によるIPO株の配分先は平均で約7割が個人投資家である（表7-2）[2]．そう考えると，営業形態が店舗型（対面営業）であろうとネット型であろうと，販売網の広さ，つまり優良な個人顧客をいかにたくさん抱えているかが誘因の強さを規定している重要な要因のように思われる．

　ところで，投資家への販売能力やそれに裏付けられた引受能力というのは，長い間に蓄積された証券会社の「特性」であり，一朝一夕で変化するものではない．したがって，少なくとも短期的には所与とみなすことができる．前節で提示したモデル式において，利益相反誘因の決定式を追加していないのはそのためである．ただし，実証に際して，それが（誤差項と独立という意味で）外生変数であるという保証は必ずしもない．のちほど頑健性チェックを行うのはそのためである．

[2) これとは逆に，米国では配分先の大半は機関投資家である．

3. 利益相反誘因の代理変数

　では，直接には観察できない利益相反誘因の強さをどのように測ればよいだろうか．ここで筆者は，2006年8月に導入された個人投資家向け抽選配分制度に着目する．BB方式が導入されて以来，個人投資家からIPO株が入手しにくいとか配分の方法が不透明であるといった苦情が寄せられるようになった．それを受けて，日本証券業協会はIPO株の配分のあり方に関する検討に入った．その結果，原則として個人投資家向け配分予定数量の10％以上を抽選とする業界ルールが制定された（詳細は第2章3-5.）[3]．同時に，各社の個人投資家向け配分状況が，個別銘柄ごとに協会のウェブページで公表されるようになった．

　図8-1は，抽選配分制度導入後の新規公開株の配分方法を記した図2-3を再掲したものである．以下の議論に必要なので再掲するが，補足説明は省略してあるので，詳しくは図2-3の注を参照されたい．

　「10％ルール」の導入は，図らずも，証券会社のもつ利益相反誘因の強さ

図8-1　新規公開株の配分方法：抽選配分制度導入後（図2-3再掲）

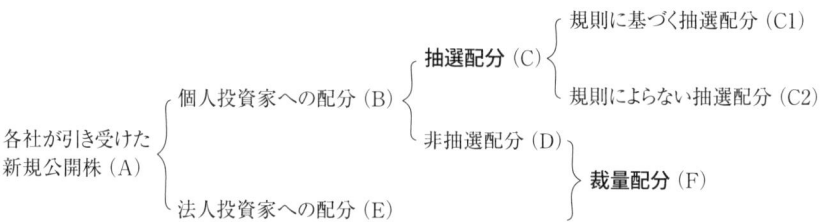

定義：全投資家を対象とした裁量配分比率（DAR）＝ F/A
　　　個人投資家を対象とした裁量配分比率（DAR_IND）＝ D/B

（注）詳細は図2-3の注参照．

[3) それ以前にも，IPO株の配分先を（一部もしくはすべて）抽選で決めている証券会社は少なからず存在していたが，それは各社が独自の方法で自発的に行っていたものである．

を可視化させることになった．なぜなら，利益相反誘因が強ければ，裁量配分の余地を確保するために抽選配分比率を低くしようとするからである．つまり，1から抽選配分比率を差し引くかたちで定義される裁量配分比率は，観察不能な利益相反誘因の強さと高い正の相関をもつと考えられる．そこで，裁量配分比率を利益相反誘因の代理変数として採用することにする．

図8–1に記したように，裁量配分比率には2通りの求め方がある．1つは，すべての投資家を配分の対象とした場合の裁量配分比率であり，図8–1でいうと（F/A）がそれに相当する．以下ではこれをDAR（discretionary allocation ratio）と呼ぶ．もう1つは，配分の対象を個人投資家に限定した場合の裁量配分比率であり，図8–1でいうと（D/B）がそれに相当する．以下ではこれをDAR_INDと呼ぶ．

どちらを利益相反誘因の代理変数として採用するかは，証券会社が利益供与の対象として個人投資家のみを考えているのか，それともすべての投資家を考えているのかによって異なってくる．

表8–1は，抽選配分制度が導入された2006年8月から2017年12月までの間に実施されたIPOについて，主幹事（複数の場合は筆頭主幹事）を務めた証券会社にデータ取得対象を限定して，2種類の裁量配分比率を求めたものである[4]．比率の算出方法は表の脚注に記したとおりである．パネルAは全投資家を対象とした裁量配分比率DARであり，パネルBは個人投資家を対象とした裁量配分比率DAR_INDである．いずれも，主幹事のタイプ（独立系大手，銀行系大手，独立系準大手・中堅，銀行系準大手・中堅，ネット系の5タイプ）ごとに，また大手証券会社については個別主幹事ごとに，それぞれの記述統計量を載せている．合併や経営統合があった関係で，この中には現存しない証券会社のデータも含まれている（章末の「主幹事証券会社の一覧」参照）．

定義から明らかなように，100からDAR_INDを差し引いた値が，実績値ベースでみた個人投資家向け抽選配分比率（図8–1のC/B）である[5]．パネルB（特に最大値）をみればわかるように，この抽選配分比率が業界ルール

---

[4] データ取得対象を主幹事に限定しているのは，第7章で述べたように，公開価格の決定を主導しているのは主幹事であり，したがって利益相反仮説の対象となるのは主幹事だからである．

表8-1　主要主幹事別にみた裁量配分比率:抽選配分制度導入後(2006年8月～2017年12月)

パネルA:全投資家を対象とした裁量配分比率(DAR):図8-1の(F/A)に相当

	件数	平均値	標準偏差	最小値	中央値	最大値
独立系大手	416	91.0%	4.5%	81.4%	93.1%	99.9%
野村證券	238	93.8%	1.9%	84.0%	93.3%	99.9%
大和証券	156	87.1%	4.4%	81.4%	85.5%	99.7%
日興證券(当時)	22	87.8%	3.2%	86.1%	86.9%	99.0%
銀行系大手	164	87.7%	13.4%	24.0%	92.2%	99.8%
(新)みずほ証券	64	93.4%	2.0%	92.0%	92.4%	99.8%
SMBC日興証券	62	92.1%	3.1%	84.6%	92.3%	99.2%
三菱UFJモルガン・スタンレー証券	38	70.9%	19.8%	24.0%	67.9%	98.9%
独立系準大手・中堅	62	59.8%	30.8%	11.5%	62.3%	100.0%
銀行系準大手・中堅	66	50.2%	33.0%	1.6%	30.3%	100.0%
ネット系	53	62.0%	15.0%	0.0%	65.3%	81.7%
全体	761	82.2%	21.0%	0.0%	92.2%	100.0%

パネルB:個人投資家を対象とした裁量配分比率(DAR_IND):図8-1の(D/B)に相当

	件数	平均値	標準偏差	最小値	中央値	最大値
独立系大手	416	86.9%	6.3%	75.8%	89.6%	99.7%
野村證券	238	91.0%	2.5%	78.7%	90.6%	99.7%
大和証券	156	81.5%	5.5%	75.8%	78.9%	99.5%
日興證券(当時)	22	80.2%	5.1%	77.6%	78.7%	97.8%
銀行系大手	164	82.2%	18.7%	0.0%	89.2%	99.7%
(新)みずほ証券	64	90.3%	2.7%	88.2%	89.3%	99.7%
SMBC日興証券	62	88.7%	4.3%	77.8%	89.2%	98.9%
三菱UFJモルガン・スタンレー証券	38	57.8%	26.5%	0.0%	50.0%	96.9%
独立系準大手・中堅	62	46.1%	41.1%	0.0%	50.4%	100.0%
銀行系準大手・中堅	66	36.5%	39.7%	0.0%	7.7%	100.0%
ネット系	53	50.2%	14.7%	0.0%	53.0%	74.4%
全体	761	75.6%	26.6%	0.0%	89.1%	100.0%

算出方法:抽選配分制度が導入された2006年8月から2017年12月までの間に実施されたIPOの主幹事(複数の場合は筆頭主幹事)を務めた証券会社を対象に,日本証券業協会のウェブサイト「新規公開に際して行う株券の個人顧客への配分状況」より図8-1のB・C・Dの単元数データを取得し,さらに当該主幹事の引受総単元数(オーバーアロットメント分を含む)をAとみなし,残りのE・Fを算出.ただし,民営化した政府系企業によるIPO(4件)は除外.ディー・ブレイン証券(当時)が主幹事を務めたIPO(6件)については,配分状況が上記サイトに掲載されていないため除外.新光証券と合併する以前の(旧)みずほ証券はホールセール業務に特化した営業形態であったため,同社が主幹事を務めたIPO(5件)も除外.章末の「主幹事証券会社の一覧」参照.

の「10%」を切っているケースが少なからず存在する．これは10%というのが分母・分子ともに予定数量ベースの話だからである．つまり，オーバーアロットメント（OA）が実施された場合は実績値ベースの分母が増え，抽選への申込件数が抽選配分予定数量に満たない場合や当選者からキャンセルが出た場合は実績値ベースの分子が減るので，結果的に同比率が10%を切ることもある．

　この表をみると，パネルA・パネルBに共通した特徴がみられる．まず，主幹事タイプ別にみると，平均値・中央値ともに，独立系大手，銀行系大手，ネット系，独立系準大手・中堅，銀行系準大手・中堅の順に裁量配分比率が高いことがわかる．全国的な支店網を背景に，強力な販売能力とそれに裏付けられた引受能力をもつ独立系大手や銀行系大手が上位にくるのは，予想されたとおりである．一方，店舗型とは対極の営業形態を展開しているネット系の裁量配分比率が意外に高いという印象を与えるかもしれない．しかし，ネット取引だからといってすべてを規則に基づく抽選で配分しているわけではない．独立系大手をしのぐほどのオンライン口座開設数を誇るネット証券会社がIPOの主幹事を務めた場合，その販売能力を生かして取引実績のある顧客を対象に裁量配分を行っているとしても不思議ではない[6]．

　次に，大手証券会社に限定して個別主幹事の値をみてみると，現存しない日興證券（当時）は別として，平均値・中央値ともに，野村證券，（新）みずほ証券，SMBC日興証券，大和証券，三菱UFJモルガン・スタンレー証券の順に裁量配分比率が高いことがわかる．

　さらに，大手証券会社に限定していうなら，同一証券会社が主幹事を務めたときの裁量配分比率は，三菱UFJモルガン・スタンレー証券は別として，IPO間でバラツキが少なく，パネルA・Bともに各社の標準偏差はせいぜい5%台である[7]．このことは，裁量配分比率が証券会社の特性によってほぼ決

---

[5] 分子のCの中には「規則によらない抽選配分」（図8-1のC2）も含まれているが，主幹事証券会社の中でそれを実施しているところはごく一部である．
[6] 証券各社の公表資料によると，2018年9月末時点におけるオンライン口座開設数は，1位が野村證券の447万口座であり，2位がネット系のSBI証券の445万口座である．
[7] 同様のことは，ネット系が主幹事を務めた53件のうちの50件を占めるSBI証券や，銀行系準大手・中堅が主幹事を務めた66件のうちの27件を占める新光証券（当時）についてもいえる．

まっているとする解釈と整合的である.

以上より，パネルAとパネルBはほとんど似たようなパターンを示していることがわかる．したがって，どちらの裁量配分比率を利益相反誘因の代理変数として採用しても，分析結果に影響しないことが予想される．以下では全投資家を対象としたDARを代理変数として採用するが，DARの代わりにDAR_INDを採用してもこれから示す回帰分析の結果（有意性，符号条件）に変わりはないことを，あらかじめ付言しておく．

最後に，DAR（またはDAR_IND）を利益相反誘因の代理変数として採用する際の注意点を述べておく．利益相反誘因の高い主幹事ほど裁量配分比率が高くなることは理屈からいえるが，その逆は必ずしもいえない．というのも，抽選への申込件数が抽選配分予定数量に満たない場合や当選者からキャンセルが出た場合は，実績値ベースでみた抽選配分比率が低下し，その裏返しである裁量配分比率が上昇するからである．したがって，そういう理由で同比率が上昇したIPOの主幹事を「利益相反誘因が高い」とみなすのは問題である．

それを回避する方法として，OA枠が設定されたIPOにのみ着目するという工夫が考えられる[8]．なぜなら，OAによる追加売出しはBB期間終了後になされるので，抽選の対象とならず，すべて主幹事が裁量的に配分するからである．つまり，OA枠を事前に設定するという行為は，主幹事に（抽選配分を増やさずに）裁量配分を増やす意思があることを示唆しており，利益相反誘因の表れとみなすことができる．この点は次節であらためて触れる．

4. 実証計画

4-1. 検証方法の概要

最初に，利益相反仮説をどのように検証するのか，その概要を述べておこ

---

[8] 第2章で説明したように，主幹事は，投資家の需要が強いと判断した場合に，発行予定株数の15%を上限に設定したOA枠の範囲内で，追加売出しを行うことができる．

う．基本的には，(8.1) 式で示した理論モデルに基づき，過小値付けの指標を被説明変数とし，主幹事の利益相反誘因指標と発行企業の価格交渉力指標を主要説明変数とする回帰式を，通常最小二乗法（OLS）により計測する．そして，推定された前者の係数が有意にプラスで，後者の係数が有意にマイナスであることを確かめる．

ただし，利益相反誘因指標の内生性（誤差項との相関）が疑われるので，OLSの結果のもつ頑健性をチェックするため，主幹事ダミーを操作変数とする一般化積率法（GMM）による計測も行う．その結果も踏まえて，仮説の妥当性を総合的に判断する．

4-2. 回帰分析で使用する変数の定義

(1) 被説明変数

被説明変数として2種類の過小値付け指標を採用する．1つは，比率ベースで過小値付けをとらえた初期収益率（以下，IR）である．「BB方式に移行してからなぜ異常に高い初期収益率が発生しているのか」を解明することが本書の主題の1つであることを考えれば，これは当然の選択である．

しかし，IRがいくら高くても新規公開株数（募集・売出し株数）が少なければ，企業や既存株主にとっての機会損失は大きくなく，したがって主幹事が顧客に供与できる利益も多くない．そこで，金額ベースで過小値付けをとらえた指標も同時に採用する．具体的には，第6章で定義した機会損失額MLT（初値×新規公開株数－発行総額）である．すでに述べたように，この種の金額データは自然対数値をとるのが望ましいが，MLTはマイナスの値もとりうる．そこで，次のような計算を行うことで，ゼロをはさんで連続的な値をとる変数に変換し，それを機会損失額指標（以下，LOSS）として採用する[9]．

---

[9] 容易にわかるように，LOSSはMLTを「実質的に」自然対数変換した値であり，そこには何の恣意性も入り込んでいない．

$$\text{LOSS} = \begin{cases} \ln(1+\text{MLT}) & \text{if MLT} \geq 0 \\ -\ln(1+|\text{MLT}|) & \text{if MLT} < 0 \end{cases}$$

(2) 主要説明変数

　利益相反誘因の代理変数として裁量配分比率を採用することはすでに説明したが，計測に際しては，次の2種類の利益相反誘因指標を択一的に使用する．1つは，すべての投資家を対象とした裁量配分比率（DAR）をそのまま使った指標であり，以下ではこれをCOI_1と呼ぶ（COIはconflict of interestの略）．

　もう1つは，裁量配分比率（DAR）にOA枠設定ダミーを乗じた指標であり，以下ではこれをCOI_2と呼ぶ．ここでOA枠設定ダミーとは，主幹事によってOA枠が設定された場合を1とするダミー変数のことである．OAによる追加売出しは，個人投資家からの抽選申込期間の終了後になされるので，抽選の対象とならない．しかも，配分はすべて主幹事が行う．したがって，あらかじめOA枠を設定しておけば，予定数量ベースで定められた10％ルールに抵触することなく裁量配分比率を高めることが可能となる．そのため，主幹事がOA枠を設定するという行為は利益相反誘因の表れとみなすことができる．そこで，OA枠が設定されたときにのみDARが利益相反誘因の強さを表す指標として意味をもってくると考え，COI_2をもう1つの（より強い）指標として採用する．

　この扱いに対しては，「OAは予定数量を超える投資家からの需要があった場合に備えるためのものであり，利益相反誘因とは関係ない」といった反論が予想される．もしこの反論が正しければ，抽選配分制度（10％ルール）の有無に関係なくOA枠は設定されるはずである．そこで，抽選配分制度の導入の前後でOA枠の設定状況がどうなっているかをみてみよう．日本でOAが導入されてから抽選配分制度が導入される直前までの期間（2002年3月20日〜2006年7月末）でみると，OA枠が設定されたIPOの割合は40.2％である[10]．一方，同制度が導入された2006年8月から2017年12月末までの期間

---

[10] 日本でOAが初めて実施されたIPOは，筆者の知るかぎり，2002年3月20日にJASDAQ市場（当時）で公開した山田債権回収管理総合事務所である．

でみると，OA枠が設定されたIPOの割合は84.8%であり，直近の3年間にかぎると99.2%にもなる（民営化企業を除く）．もし，投資家の想定外の需要に備えることだけを目的にOA枠を設定しているのだとしたら，この急激な上昇はうまく説明されない．上述の解釈を支える1つの根拠といえよう．

以上，COI_1とCOI_2という2種類の利益相反誘因指標を回帰分析で択一的に採用する．いずれも予想される符号はプラスである．

利益相反仮説におけるもう1つの主要説明要因は，公開価格の決定に関する発行企業の（対主幹事）価格交渉力である．一般に，発行規模の大きい企業ほど引受証券会社に支払う手数料は多くなるので，公開価格の決定に関する発行企業の発言力は強くなる．したがって，発行総額（公開価格×新規公開株数）を価格交渉力の指標とすることが考えられる．ところが，公開価格を決定しているのは主幹事なので，モデル式左辺の過小値付けと発行総額は同時に決定される[11]．そのため，発行総額をそのまま使って計測すると，いわゆる同時決定バイアスの問題が生じてしまう．

この問題に対処するため，発行総額の代わりに想定発行総額（想定発行価格×新規公開株数）を用いる．というのも，想定発行価格を決定しているのは主幹事であるが，その価格をもとに公募・売出し株数を決定しているのは企業である．つまり，両者の積である想定発行総額は企業の資金調達ニーズや既存株主の出資金回収ニーズを反映して決められており，モデルにおける先決変数とみなすことができるからである．

具体的には，想定発行総額（estimated gross proceeds）の自然対数値（以下，LN(EGP)）を価格交渉力の指標として採用する．冒頭で述べたように，主幹事の利益相反誘因の強さ等に変わりがなければ，価格交渉力の弱い企業のIPOほど過小値付けは大きくなるので，LN(EGP)の予想される符号はマイナスである．

ところで，発行規模の増大が価格交渉力のアップを通して公開価格を高める効果にはおのずと限度があり，その限界効果は低減することが予想される．このことは，第7章で発行規模と初期収益率の間にみられる負の関係を

---

[11] 公開価格が決定されるより前に新規公開株数は決定されている．

考察したときの図7-3（右図）からもうかがえる（同章の脚注15参照）．そこで，回帰式のあてはまりをよくするために，LN(EGP)の2乗項を説明変数として追加する．予想される符号はプラスである．

(3) コントロール変数

　以上2種類の主要説明変数のほかに，過小値付けに影響を及ぼすと考えられるその他の要因を説明変数として採用し，その影響をコントロールする．

　第7章で述べたように，利益相反仮説は謎1に対する筆者の答え（不正確性プレミアム仮説）のうえに成り立つものである．つまり，図7-1で示したように，BB方式下で観察される過小値付けには，入札方式下でも生じる過小値付け——すなわち利益相反誘因がなくても生じる過小値付け——が含まれることを想定している．したがって，本来なら，投資家間の意見のバラツキ度合いを示す指標（例：需要の価格弾力性）をコントロール変数として採用すべきである．しかし，残念ながら，BB方式下ではその種のデータを入手することができない．最初にその点を断っておく．

　計測式では以下6種類のコントロール変数を採用する．

　公開日時点での発行済み株式総数に占める新規公開株数の比率が高いIPOは，募集・売出しというフローのかたちで市場に供給される株式の割合が大きいので，他の条件に変わりがなければ，市場価格（初値）に下落圧力がかかる．そこで，この比率をフロー供給比率（以下，SUPPLY）と呼び，コントロール変数として採用する．売出しがなく，募集だけの発行であれば，これは希薄化比率と同じである．予想される符号はマイナスである．

　情報通信業に属する企業のIPOが平均して高い初期収益率を実現していることは，よく知られた事実である．これに対してはいろいろな解釈が可能である．たとえば，逆選択仮説によれば，投資家にとって馴染みの薄い業務分野なので，企業価値に関する事前不確実性が大きく，それを嫌って情報劣位の投資家が高いプレミアムを要求するといった解釈になる．また，第5章で展開した不正確性プレミアム仮説に従えば，同じく投資家にとって馴染みの薄い業務分野なので，「現在の株価」についての投資家の意見のバラツキが大きく，それを嫌って投資家は高いプレミアムを要求するということにな

る．あるいは，情報通信業のIPOは儲かるという経験法則からプラスの投資家センチメントが醸成され，それが初値を押し上げているといった解釈も可能である．いずれの解釈が正しいにせよ，初期収益率に影響を及ぼしていることは確かなので，情報通信業に属する企業のIPOを1とするダミー（以下，ICT）をコントロール変数として採用する[12]．予想される符号はプラスである[13]．

公開予定先の市場が公開前に上昇局面にあるときは初期収益率が高くなることが，先行実証研究で例外なく報告されている．そこで，公開日までの直近20営業日間の累積市場収益率（以下，MR20）をコントロール変数として採用する．予想される符号はプラスである．具体的には，東証1部上場銘柄については東証株価指数1部総合の終値を，東証2部上場銘柄については東証株価指数2部総合の終値を，新興市場ならびに地方証券取引所上場銘柄については（唯一，期間中を通してデータのとれる）ジャスダック指数の終値をそれぞれ用いて，公開日までの直近20営業日間の累積市場収益率を求める．そして，それら3つの市場収益率を各IPOに対応させるかたちで1つの系列に落とし込み，それをMR20とする．

したがって，MR20は市場の違いによる影響をコントロールする役割も同時に果たしている．ただし，データの制約があるとはいえ，新興市場と地方証券取引所を1つのグループとすることには抵抗があるかもしれない．特に，東証マザーズと（2010年10月にジャスダックと統合するまでの）ヘラクレスに上場したIPOは，ジャスダックや地方証券取引所と比べて初期収益率が平均的に高いことが知られている．そこで，東証マザーズに上場したIPOを1とするダミー（以下，MOTHERS）と，ヘラクレス（当時）に上場したIPOを1とするダミー（以下，HERCULES）を採用する．この場合，予想される符号は意味をもたないが，経験的にいって両者ともプラスである．

最後に，公開時期の違いが初期収益率に及ぼす影響を考慮するため，年次

---

[12] 具体的には，『会社四季報』における業種分類が「情報・通信」となっている企業を1とする．
[13] 第5章で行った不確実性プレミアム仮説の検証（表5-3）では，ICTをコントロール変数として採用していない．その理由は，この仮説が正しければ，投資家の感じる不確実性に影響を及ぼす要因はすべて意見分散度（主要説明変数のPEDやCV）にその影響が反映されていると考えられるからである．

表 8-2　回帰分析で使用する変数の定義

記号	定義
IR	初期収益率＝(初値−公開価格)／公開価格 (％)　初値には初約定日の終値を採用
LOSS	発行企業の機会損失額指標（以下の方法で作成） 　$\ln(1+\text{MLT})$　　if $\text{MLT} \geq 0$ 　$-\ln(1+|\text{MLT}|)$　if $\text{MLT} < 0$　　MLT＝初値×新規公開株数−発行総額
COI_1	利益相反誘因指標1：主幹事の裁量配分比率DAR（図8-1のF/A）
COI_2	利益相反誘因指標2：DARとオーバーアロットメント枠設定ダミーの積
LN(EGP)	発行企業の価格交渉力指標：想定発行総額（想定発行価格×新規公開株数）の自然対数値[注1]
SUPPLY	フロー供給比率：公開日時点での発行済み株式総数に占める新規公開株数の比率
ICT	情報通信業ダミー（『会社四季報』の業種分類に準拠，業種名「情報・通信」）
MR20	公開日までの直近20営業日の累積市場収益率 (％)[注2]
MOTHERS	東証マザーズ市場ダミー
HERCULES	ヘラクレス市場ダミー（2010年10月12日にジャスダックと統合するまでの期間）
YEAR	年次ダミー（2007～2017年の各年を1とする計11個のダミー変数）

(注1) 想定発行価格については，有価証券届出書に記載されていればそれを採用し，記載されていなければ，発行見込額を算出するのに用いられている価格（想定仮条件の中間値）を採用．いずれも，仮条件の決定に向けて実施される機関投資家対象のロードショーとヒアリングより前に決定され，開示されている．

(注2) 東証1部上場銘柄については東証株価指数1部総合（終値），東証2部上場銘柄については東証株価指数2部総合（終値），新興市場ならびに地方証券取引所上場銘柄についてはジャスダック指数（終値）を用いて公開日までの直近20営業日の累積市場収益率を計算．

ダミーをコントロール変数として採用する．本章で対象とする期間は2006年8月から2017年までの12年間なので，2006年に上場したIPO（計83件）をレファレンス・カテゴリーとして，残りの各年を1とするダミー変数11個（YEAR2007～YEAR2017）を使用する．

表8-2は，回帰分析で使用する変数の定義を一覧で示したものである．

なお，参考までに述べておくと，上記以外にも考えられるコントロール変数をいくつか試しに採用してみたが，いずれも係数は有意でなく，それらの有無は計測結果に影響を及ぼさないことが判明している．具体的には，新規

公開株に占める売出し株の比率，ロックアップが課された場合を1とするダミー，海外市場でも同時に募集・売出しが行われた場合を1とするグローバル・オファリング・ダミーなどである．

4-3. データと計測方法

　計測に使用するデータは，抽選配分制度が導入された2006年8月から2017年12月までの間に，国内のすべての市場で実施されたIPOである（したがって海外市場での発行分は募集・売出し株数に含めず）．価格交渉力の違いによる効果を浮かび上がらせるため，発行規模の大きなIPOが集中する東証1部もあえて対象に含めている．

　ただし，民営化した政府系企業によるIPO（4件）は，純粋な私企業によるIPOとは事情が大きく異なるので除外する．また，ディー・ブレイン証券（当時）が主幹事を務めたIPO（6件）については，個人投資家向け配分状況のデータが入手不能なため除外する．さらに，新光証券と合併する前の（旧）みずほ証券はホールセール業務に特化した営業形態であり，抽選配分規則の適用外であったため，同社が主幹事を務めたIPO（5件）も除外する．

　以上の15件を除くと，サンプルサイズは761件となる．期間中に主幹事（複数の場合は筆頭主幹事）を務めた証券会社の一覧を章末に載せておく．合併や経営統合があった関係で，この中には現存しない証券会社が主幹事を務めたケースも含まれている．

　計測に使用するデータの出所は第1章末に記したとおりである．年次ダミーを除く各変数の記述統計量を示したのが表8-3である．これをみると，利益相反誘因指標であるCOI_1とCOI_2は数値的にはほとんど変わらないことがわかる（中央値は同じ）．しかし，OA枠を設定するという行為が，単に投資家の想定外の需要に備えるためだけでなく，裁量配分を増やそうとする意思の表れとみなすならば，COI_2は利益相反誘因の強さをより明確に示した指標と位置づけることができる．

　計測方法については，(8.1)式で示した理論モデルに基づき，通常最小二乗法（OLS）による計測を基本とする．そして，主要説明変数である利益相

表 8-3 回帰分析で使用する変数の記述統計量

	観測数	平均値	標準偏差	最小値	中央値	最大値
IR	761	69.030	99.660	−50.110	34.890	587.500
LOSS	761	3.490	5.317	−10.839	6.092	11.878
COI_1	761	0.822	0.210	0.000	0.922	1.000
COI_2	761	0.746	0.332	0.000	0.922	0.999
LN(EGP)	761	7.336	1.397	4.360	7.020	13.890
SUPPLY	761	0.255	0.122	0.033	0.236	0.954
ICT	761	0.242	0.428	0.000	0.000	1.000
MR20	761	0.685	5.238	−22.092	1.453	18.668
MOTHERS	761	0.446	0.497	0.000	0.000	1.000
HERCULES	761	0.062	0.241	0.000	0.000	1.000

（注）抽選配分制度が導入された2006年8月から2017年12月までの間に実施されたIPOを対象（変数の定義と単位については表8-2参照）．ただし，民営化した政府系企業によるIPO（4件）は除外．ディー・ブレイン証券（当時）が主幹事を務めたIPO（6件）については，個人投資家向け配分状況のデータが入手不能なため除外．新光証券と合併する前の（旧）みずほ証券はホールセール業務に特化した営業形態であったため，同社が主幹事を務めたIPO（5件）も除外．

反誘因指標（COI_1，COI_2）の推定係数が有意にプラスで，発行企業の価格交渉力指標（LN(EGP)）の推定係数が有意にマイナスであるかどうかを調べる．

ただし，理由はのちほど述べるが，利益相反誘因指標が（誤差項と無相関という意味で）外生変数であるという保証は必ずしもない．もし内生変数であれば，最小二乗推定量は一致性をもたなくなる．そこで，OLSの結果のもつ頑健性をチェックするため，一般化積率法（GMM）による計測も行う．その場合の操作変数には，主幹事のタイプ別ダミーを採用する．具体的には，独立系準大手・中堅証券会社が主幹事を務めたIPO（62件）をレファレンス・カテゴリーとして，独立系大手，銀行系大手，銀行系準大手・中堅，ネット系が主幹事を務めたIPOをそれぞれ1とする計4個のダミー変数を使用する（表8-1参照）．

GMMの推定に引き続き，内生性検定（帰無仮説：COIと誤差項は無相関），過剰識別制約検定（帰無仮説：操作変数と誤差項は無相関），弱相関検定（帰無仮説：COIと操作変数は無相関）を行う[14]．

5. 検証結果

5-1. 利益相反誘因が初期収益率に及ぼす影響

(1) OLSによる計測

　被説明変数として初期収益率（IR）を採用し，OLSで計測した場合の結果を示したのが表8-4のModel 1とModel 2である．

　まず，利益相反誘因指標としてCOI_1を採用したときの結果（Model 1）をみてみると，COI_1の係数は5%水準で有意であり，符号は予想通りプラスである．また，価格交渉力指標として採用したLN（EGP）の係数は1%水準で有意であり，符号は予想通りマイナスである．その他の説明変数も，係数はすべて有意であり，予想通りの符号となっている．

　次に，利益相反誘因指標としてCOI_2を採用したときの結果（Model 2）をみてみると，COI_2の係数は1%水準で有意であり，符号は予想通りプラスである．また，LN（EGP）の係数は1%水準で有意であり，符号は予想通りマイナスである．その他の説明変数も，係数はすべて有意であり，予想通りの符号となっている．

　Model 1・Model 2ともに，自由度修正済み決定係数は0.4以上である．日本のBB方式下の初期収益率を被説明変数として行われた従来の回帰分析では，筆者の知るかぎり，この値はせいぜい0.2台である[15]．それを考えると，この説明力の高さは注目に値する．

---

[14] 計測には統計解析ソフトのStata 14を使用した．StataによるGMMの推定と検定ではCameron and Trivedi（2010）と北村（2009）を参考にした．
[15] たとえば，Kaneko and Pettway（2003），山分（2003），岡村（2013），池田（2015），鈴木（2017）などでは，回帰分析（OLS）の自由度修正済み決定係数は0.3未満である．

表8-4 利益相反仮説の検証結果（その1）：初期収益率への影響

	予想符号	被説明変数：初期収益率（IR）			
		計測方法：OLS		計測方法：GMM	
		Model 1	Model 2	Model 3	Model 4
COI_1	+	0.427 ** (2.386)		0.830 *** (2.988)	
COI_2	+		0.432 *** (4.008)		0.562 *** (3.214)
LN(EGP)	−	−1.232 *** (−7.163)	−1.293 *** (−7.599)	−1.275 *** (−7.713)	−1.291 *** (−7.739)
LN(EGP)^2	+	0.061 *** (6.471)	0.065 *** (6.840)	0.063 *** (6.922)	0.064 *** (6.938)
SUPPLY	−	−0.788 *** (−3.636)	−0.817 *** (−3.772)	−0.828 *** (−3.900)	−0.842 *** (−3.974)
ICT	+	0.587 *** (6.676)	0.602 *** (6.965)	0.583 *** (6.905)	0.607 *** (7.404)
MR20	+	1.695 ** (2.575)	1.615 ** (2.439)	1.497 ** (2.406)	1.416 ** (2.257)
MOTHERS		0.467 *** (6.940)	0.467 *** (6.938)	0.449 *** (6.697)	0.453 *** (6.850)
HERCULES		0.315 *** (2.627)	0.338 *** (2.817)	0.374 *** (2.921)	0.366 *** (2.950)
Constant		5.748 *** (7.858)	6.109 *** (8.330)	5.679 *** (8.129)	6.047 *** (8.554)
YEAR		YES	YES	YES	YES
自由度修正済み決定係数		0.418	0.425	0.412	0.424
観測数		761	761	761	761
内生性検定：Hayashi's C chi^2 (p値)				3.485 (0.062)	1.059 (0.303)
過剰識別制約検定：Hansen's J chi^2 (p値)				4.253 (0.235)	3.343 (0.342)
弱相関検定：First-stage robust regression F (p値)				72.308 (0.000)	88.853 (0.000)

（注1）抽選制度が導入された2006年8月から2017年12月までの間に公開されたIPOを対象（除外したIPOについては表8-3の脚注参照）．各説明変数の定義については表8-2参照．
（注2）GMMにおけるCOIの操作変数は主幹事タイプ別ダミー（独立系準大手・中堅をレファレンス・カテゴリーとする計4個のダミー変数）．内生性検定の帰無仮説は「COIと誤差項は無相関」，過剰識別制約検定の帰無仮説は「操作変数と誤差項は無相関」，弱相関検定の帰無仮説は「COIと操作変数は無相関」．
（注3）係数推定値下の括弧内は不均一分散にロバストな標準誤差を用いて算出したt値（Model 1・2）とz値（Model 3・4）．***，**，*はそれぞれ1％，5％，10％水準で統計的に有意であることを示す．

以上より，COI_1 と COI_2 のどちらを利益相反誘因指標として採用しても，OLS で計測するかぎり，理論モデルと整合的な結果が得られたといえよう．

　ただし，主要説明変数である COI については，次の理由により，誤差項と相関をもつという意味での内生性が疑われる．モデルでは，利益相反誘因の強さは主幹事のもつ特性——具体的には投資家への販売能力とそれに裏付けられた引受能力——によって決まると考え，短期的には所与とみなしているが，その代理変数である裁量配分比率（DAR）は，同じ証券会社が主幹事を務めた場合でも発行企業によって多少異なるので（表8-1パネルA参照），主幹事特性以外の要因が影響を及ぼしている可能性は否定できない．しかし，その要因を特定することは困難である．そのため，欠落変数の存在がCOIの内生性を引き起こしている可能性がある．もしそうであれば，最小二乗推定量は一致性をもたなくなり，上述の結果は統計学的に信頼できるものといえなくなる．

（2）GMM による頑健性チェック

　そこで，COI が内生説明変数である可能性を考慮して GMM による計測を行い，OLS の結果のもつ頑健性をチェックしてみよう．その結果を示したのが表8-4の Model 3 と Model 4 である．いずれも，操作変数には主幹事タイプ別ダミーを採用している．

　まず，Model 3 について，下段に記してある内生性検定の結果からみてみよう．GMM における直交条件をテストするために Hayashi（2000）によって提唱された C 統計量をみると，「COI_1 と誤差項は無相関」という帰無仮説は10％水準で棄却される．このことは，初期収益率を決定するモデルにおいて COI_1 が内生変数であることを示唆する．

　次に，過剰識別制約検定の結果（Hansen の J 統計量）をみると，「操作変数と誤差項は無相関」という帰無仮説は p 値が0.235なので棄却されない．このことは，操作変数が許容されるものであることを意味する．また，弱相関検定の結果（第1段階におけるロバスト回帰の F 値）をみると，「COI_1 と操作変数は無相関」という帰無仮説は1％水準で棄却される．弱相関を心配す

る必要はなさそうである．

　以上より，COI_1を利益相反誘因指標として採用した場合は，OLSで計測したModel 1ではなく，GMMで計測したModel 3を採用すべきことがわかる．Model 3をModel 1と比較してみるとわかるように，内生性を考慮したことにより，COI_1の係数の有意性はむしろ高まっている．

　では，Model 4はどうであろうか．内生性検定の結果をみると，帰無仮説はp値が0.303なので棄却されない．つまり，初期収益率を決定するモデルにおいてCOI_2は外生変数とみなすことができる．過剰識別制約検定の結果をみると，帰無仮説はp値が0.342なので棄却されず，操作変数は許容されるものであるといえよう．弱相関検定は帰無仮説が1％水準で棄却されており，弱相関を心配する必要はなさそうである．

　したがって，COI_2を利益相反誘因指標として採用した場合は，OLSで計測したModel 2を採用すべきことがわかる．Model 2が利益相反仮説と整合的な結果であることは，すでに述べたとおりである．

　以上，内生性を考慮した結果，COI_1を利益相反誘因指標とした場合はModel 3が採用され，COI_2を利益相反誘因指標とした場合はModel 2が採用された．いずれも主要説明変数の係数は1％水準で有意であり，予想通りの符号が得られている．これより，初期収益率の高さを利益相反仮説で説明するモデルは，その妥当性が強く支持されたといえよう．すなわち，利益相反誘因の強い証券会社が主幹事を務めたIPOほど，そして，価格交渉力の弱い小規模企業によるIPOほど，初期収益率は高くなる．

　第3章で紹介したように，日本のBB方式では，いわゆる一流証券会社が主幹事を務めたIPOほど初期収益率は高くなっている[16]．米国で観察されている一流投資銀行による保証効果とはまったく逆の現象である．上述の検証結果は，この現象が利益相反仮説で説明されることを物語っている．なぜなら，この仮説に従えば，一流と呼ばれる証券会社ほど優良な顧客をたくさん抱えており，販売能力の高さに裏付けられた引受能力の高さがあるので，発

---

[16] たとえば，四大証券会社（当時）ダミーが有意にプラスに効いていることを示したKaneko and Pettway（2003）や，三大証券会社ダミーが有意にプラスに効いていることを示した池田（2015），鈴木（2017）など．

行企業の利益を犠牲にして投資家に利益を供与することの誘因が強く，そのため「必要以上に」過小値付けをすると考えられるからである．

5-2. 利益相反誘因が機会損失額に及ぼす影響

(1) OLS による計測

　以上は，過小値付けの大きさを初期収益率という比率ベースでとらえた場合の話である．いくら初期収益率が高くても新規公開株数が少なければ，企業（含，既存株主）にとっての機会損失は大きくなく，主幹事が投資家に供与できる利益も多くない．そこで，金額ベースで過小値付けをとらえた場合でも利益相反仮説が成立するかどうかを調べてみよう．

　先に定義した機会損失額指標（LOSS）を被説明変数として採用し，OLSで計測した場合の結果を示したのが表8-5のModel 5とModel 6である．

　まず，利益相反誘因指標としてCOI_1を採用したときの結果（Model 5）をみてみると，COI_1の係数は1％水準で有意であり，符号は予想通りプラスである．また，価格交渉力指標として採用したLN（EGP）の係数は5％水準で有意であり，符号は予想通りマイナスである．その他の説明変数も，係数はすべて有意であり，予想通りの符号となっている．

　次に，利益相反誘因指標としてCOI_2を採用したときの結果（Model 6）をみてみると，COI_2の係数は10％水準だが有意であり，符号は予想通りプラスである．また，LN（EGP）の係数は5％水準で有意であり，符号は予想通りマイナスである．その他の説明変数も，係数はすべて有意であり，予想通りの符号となっている．

　以上より，初期収益率を被説明変数としたときと比べて有意性は劣るものの，OLSで計測するかぎり，理論モデルと整合的な結果が得られているといえよう．ただし，先ほどと同じ理由で，主要説明変数であるCOIについて誤差項と相関をもつという意味での内生性が疑われる．

(2) GMM による頑健性チェック

　そこで，COIが内生説明変数である可能性を考慮してGMMによる計測を

表 8-5 利益相反仮説の検証結果（その 2）：機会損失額への影響

	予想符号	被説明変数：機会損失額指標（LOSS）			
		計測方法：OLS		計測方法：GMM	
		Model 5	Model 6	Model 7	Model 8
COI_1	+	2.399 *** (2.761)		6.641 *** (4.651)	
COI_2	+		1.197 * (1.837)		4.418 *** (4.873)
LN (EGP)	−	− 3.601 ** (− 2.582)	− 3.508 ** (− 2.508)	− 4.485 *** (− 3.176)	− 4.528 *** (− 3.109)
LN (EGP)^2	+	0.187 ** (2.133)	0.184 ** (2.085)	0.230 *** (2.604)	0.235 *** (2.578)
SUPPLY	−	− 9.234 *** (− 5.167)	− 9.236 *** (− 5.158)	− 9.412 *** (− 5.315)	− 9.629 *** (− 5.425)
ICT	+	1.600 *** (4.828)	1.655 *** (4.984)	1.552 *** (4.593)	1.710 *** (4.993)
MR20	+	10.593 *** (3.034)	10.374 *** (2.956)	10.120 *** (2.948)	9.566 *** (2.748)
MOTHERS		2.954 *** (8.155)	2.963 *** (8.200)	2.927 *** (7.990)	2.921 *** (8.076)
HERCULES		2.926 *** (4.295)	2.772 *** (3.960)	3.710 *** (5.049)	3.613 *** (4.803)
Constant		17.627 *** (3.339)	18.256 *** (3.408)	18.783 *** (3.559)	21.363 *** (3.869)
YEAR		YES	YES	YES	YES
自由度修正済み決定係数		0.333	0.330	0.312	0.304
観測数		761	761	761	761
内生性検定：Hayashi's C chi^2 （p値）				13.192 (0.000)	17.774 (0.000)
過剰識別制約検定：Hansen's J chi^2 （p値）				4.455 (0.216)	3.861 (0.277)
弱相関検定：First-stage robust regression F （p値）				72.308 (0.000)	88.853 (0.000)

（注1）抽選制度が導入された2006年8月から2017年12月までの間に公開されたIPOを対象（除外したIPOについては表8-3の脚注参照）．各説明変数の定義については表8-2参照．
（注2）GMMにおけるCOIの操作変数は主幹事タイプ別ダミー（計4個）．内生性検定の帰無仮説は「COIと誤差項は無相関」，過剰識別制約検定の帰無仮説は「操作変数と誤差項は無相関」，弱相関検定の帰無仮説は「COIと操作変数は無相関」．
（注3）係数推定値下の括弧内は不均一分散にロバストな標準誤差を用いて算出したt値（Model 1・2）とz値（Model 3・4）．***，**，*はそれぞれ1％，5％，10％水準で統計的に有意であることを示す．

行い，OLSの結果のもつ頑健性をチェックしてみよう．その結果を示したのが表8-5のModel 7とModel 8である．いずれも，操作変数には主幹事タイプ別ダミーを採用している．

まず，Model 7について内生性検定の結果をみてみると，帰無仮説は1%水準で棄却される．このことは，機会損失額を決定するモデルにおいてCOI_1が内生変数であることを意味する．次に，過剰識別制約検定の結果をみると，帰無仮説はp値が0.216なので棄却されず，操作変数は許容されるものであるといえよう．また，弱相関検定の結果をみると，帰無仮説は1%水準で棄却されており，弱相関を心配する必要はなさそうである．

以上より，COI_1を利益相反誘因指標として採用した場合は，OLSで計測したModel 5ではなく，GMMで計測したModel 7を採用すべきことがわかる．Model 7をModel 5と比較してみるとわかるように，内生性の問題を処理したことで推定結果は改善し，主要説明変数の係数はいずれも1%水準で有意となっている．

では，Model 8はどうであろうか．内生性検定の結果をみると，帰無仮説は1%水準で棄却される．このことは，機会損失額を決定するモデルにおいてCOI_2が内生変数であることを意味する．次に，過剰識別制約検定の結果をみると，帰無仮説はp値が0.277なので棄却されず，操作変数は許容されるものであるといえよう．また，弱相関検定の結果をみると，帰無仮説は1%水準で棄却されており，弱相関を心配する必要はなさそうである．

したがって，COI_2を利益相反誘因指標として採用した場合も，OLSで計測したModel 6ではなく，GMMで計測したModel 8を採用すべきことがわかる．Model 8をModel 6と比較してみるとわかるように，内生性の問題を処理したことで推定結果は大きく改善し，主要説明変数の係数はいずれも1%水準で有意となっている．

以上，内生性を考慮した結果，COI_1を利益相反誘因指標とした場合はModel 7が採用され，COI_2を利益相反誘因指標とした場合はModel 8が採用された．いずれも主要説明変数の係数は1%水準で有意であり，予想通りの符号が得られている．これより，機会損失額の大きさを利益相反仮説で説明するモデルについても，妥当性は強く支持されたといえよう．すなわち，

利益相反誘因の強い証券会社が主幹事を務めたIPOほど，そして，価格交渉力の弱い小規模企業によるIPOほど，発行企業の被る機会損失額（したがって投資家に供与される利益額）は大きくなる．

6. 結び

　最初に以上の分析結果を要約しておこう．モデル式左辺の過小値付けを比率ベースの初期収益率でとらえても金額ベースの機会損失額でとらえても，また，2つある利益相反誘因指標のどちらを採用しても，利益相反仮説の妥当性は強く支持された．これは，GMMによる頑健性チェックを経たうえでの結論である．すなわち，モデル内で利益相反誘因指標の内生性が検出された場合，それを考慮した分析を行っても，結果のもつ頑健性は保たれており，有意性はむしろ高まっている．

　これより，BB方式に実質移行してから観察されるようになった異常に高い初期収益率（ならびに機会損失額）は，値付けと配分における裁量性の高さゆえに，主幹事のもつ利益相反誘因が発現した結果であると結論づけることができる．

　もちろん，本章の分析方法にも課題や限界はある．現段階で筆者が認識しているのは特に次の3点である．

　第1に，利益相反誘因がなくてもIPO株に固有のリスクゆえに過小値付けが不可避的に発生することは，すでに第5章で明らかにしたが（図1-4の仮設数値例でいうとアミ点部分の面積がそれに相当），検証ではその部分を明示的に考慮していない．これはデータの制約上仕方のないことではあるが，LN（EGP）の係数が有意にマイナスというのは，価格交渉力の強さを反映しているだけでなく，もしかしたらその部分の効果を拾っているのかもしれない．つまり，規模の小さい企業ほど投資家の間の知名度が低いので，投資家の平均的意見で決まる「現在の株価」についての不正確性が大きく（あるいは逆選択仮説的にいうと情報劣位の投資家の感じる事前不確実性が大きく），そうしたリスクに対するプレミアムを投資家が要求している結果かもしれな

い．この点を明確に区別することが今後の大きな課題である．

第2に，異常に高い初期収益率の直接的原因は「公開価格が低すぎる」ことであるという視点で分析を進めてきたが，第7章の補論で触れたように，「初値が高すぎる」ことによる効果を含んだ複合現象である可能性が高い．後者を説明するためにはどうしても投資家の非合理性を前面に押し出す必要があるので，本書ではあえて避けてきたが，今後は複合現象という視点に立った分析が必要かもしれない．

第3に，多分にテクニカルな話であるが，利益相反誘因指標の改善を進める必要がある．利益相反誘因の高い証券会社ほど裁量配分の余地を確保するために裁量配分比率（DAR）を高めるであろうことはいえても，その逆は必ずしもいえない．その意味で，（抽選配分を増やさずに裁量配分を増やす意思があることを示唆する）OA枠設定ダミーをDARに乗じた指標（COI_2）を用いるのは，個人的には1つの改善策と考える．しかし，よりよい指標があるかもしれない．これについても今後の研究をまちたい．

主幹事証券会社の一覧（対象期間：2006年8月〜2017年12月）

独立系大手（計420件）
- 野村證券（242件）
- 大和証券（156件）：大和証券エスエムビーシー時代と大和証券キャピタル・マーケッツ時代を含む
- 日興證券（当時）（22件）：三井住友FGの子会社となる2009年10月以前

銀行系大手（計164件）
- （新）みずほ証券（64件）：新光証券と（旧）みずほ証券が合併した2009年5月以降
- SMBC日興証券（62件）：三井住友FGの子会社となった2009年10月以降
- 三菱UFJモルガン・スタンレー証券（38件）：三菱UFJ証券時代を含む

独立系準大手・中堅（計68件）
- 東海東京証券（20件）
- いちよし証券（13件）
- 岡三証券（9件）
- エイチ・エス証券，ディー・ブレイン証券（当時），東洋証券（各6件）
- IPO証券（当時），インヴァスト証券，オリックス証券（当時），KOBE証券（当時），コスモ証券（当時），そしあす証券（当時），髙木証券，日本アジア証券（当時）（各1件）

銀行系準大手・中堅（計71件）
- みずほインベスターズ証券（当時）（31件）：（新）みずほ証券と合併する2013年1月以前
- 新光証券（当時）（27件）：（旧）みずほ証券と合併する2009年5月以前
- SMBCフレンド証券（当時）（8件）
- （旧）みずほ証券（5件）：新光証券と合併する2009年5月以前

ネット系（計53件）
- SBI証券（50件）：SBIイー・トレード証券時代を含む
- 楽天証券（2件）
- マネックス証券（1件）

（注）抽選配分制度が導入された2006年8月から2017年12月までの間に実施されたIPO（計776件）について，主幹事（複数の場合は筆頭主幹事）を務めた証券会社をリストアップ．

第9章

結論

　第1章で掲げた2つの謎に対する筆者の答えを提示する．最大のポイントは，日本の場合，現行BB方式が総合証券会社のもつ潜在的利益相反誘因の発現を可能にし，主幹事が価格交渉力の弱い小規模企業を中心にIPOを「必要以上に」過小値付けしている点である．証券会社にとっては合法的で合理的な行動であっても，国民経済的にみたら弊害が大きいことを指摘し，制度改善のための提言を行う．仮条件のあり方も含め，公開価格に需給実勢が反映されるような仕組みにすることこそが，長期・安定的に保有する株主層の形成につながることを指摘する．

1．分析結果の要約——2つの謎に対する答えを中心に

　2つの謎に対する筆者の答えを中心に，第4章から第8章までの分析結果を要約しておこう．
　投資家の意見を反映して公開価格が決定される入札方式でも，なぜ平均で10％台の高い初期収益率が発生しているのかという謎1に対して，次のような方法で接近した．まず，解明に向けての準備的考察として，個別銘柄ごとの入札結果データを用いて公開前の需要曲線を推定し，そこから導かれる推定均衡価格と公開価格との関係を調べたところ，両者はみごとに一致した（図4-5，表4-1）．このことは，公開価格が「公開前の段階では」過小値付け（underpricing）でなく適正値付け（just-pricing）されていること意味する．

では，なぜ適正値付けなのに10％台の高いリターンが発生するのか．投資家の需要曲線が公開前に何らかの理由で低めに位置しており，それが公開とともに上方にシフトすると考えるしか，この現象は説明できない（図5-1）．

これに対して筆者は，株価は投資家の平均的意見で決まるという前提のもとに，不正確性プレミアム仮説を提示する．すなわち，投資家の平均的意見を公開前に知ろうとしたら莫大なコストがかかるので，それを正確に知ることは不可能に近い．そのため，個々の投資家は「現在の株価」が公開前には不正確にしかわからないというリスクを嫌い，妥当な株価水準についての自分の意見より低い購入希望価格を提示する．公開日には株価が観察され，不正確性は解消されるので，集計需要曲線は個々の投資家の意見を反映した本来の水準にシフトする．こうして，公開前に適正値付けされたIPO株がプラスの初期収益率を生むことになる．

この仮説が正しければ，投資家間で意見のバラツキが大きい銘柄ほど投資家の感じる不正確性は増すので，高い初期収益率が実現することになる．そこで，意見分散度指標を主要説明変数とする回帰分析を行ったところ，仮説の妥当性を強く支持する結果が得られた．

この仮説に従えば，入札方式下の初期収益率は，IPO株を購入する投資家にとって，不正確性というリスクを負担することに対する正当なプレミアムである．逆にいうと，発行企業（含，既存株主）にとって不可避の損失である．以上の理由により，入札方式下の高い初期収益率は「正当化される」ことになる．

次に，BB方式に実質移行してから，なぜ（入札方式をはるかに上回るという意味で）異常に高い初期収益率が発生しているのかという謎2に対して，現行BB方式のもつ特異性を指摘することから始める．具体的には，米国と違って，仮条件の範囲内で公開価格を決定するという慣習が定着している日本では，その上限で大半のIPOの公開価格が決定され，直接的にはそれが原因で高い初期収益率が実現していること（表6-4），機関投資家の意見を踏まえて決定されるはずの仮条件の中間値が，主幹事の決める想定発行価格とほぼ連動していること（図6-1），BB方式の導入を働きかけたときの証券業界の主張とは逆に，入札方式よりBB方式の方が値付けに関する的確性が劣る

こと（図6-2），などを指摘する．

　こうした現行方式のもつ特異性を踏まえ，謎2に対する答えとして利益相反仮説を提示する．すなわち，主幹事を務める総合証券会社は，投資家からより多くの売買注文や預かり資産を獲得し，より多くの委託手数料や信託報酬を稼ぐため，仮条件を低めに設定することでIPO株を「必要以上に」過小値付けして，超過需要状態のもとでそれを投資家に割り当てている（図7-1）．こうした行為は発行企業に損失を被らせることになるが，それのもたらすマイナスの評判効果より，投資家に利益を供与することのプラスの評判効果の方が大きいので，総合的にみれば得策となる．

　一方，発行企業としては，募集や売出しによってできるだけ多くの資金を獲得したいと考える．そのため，公開価格を低く設定したい主幹事と，高く設定して欲しい発行企業の間で，公開価格の高低をめぐる「綱引き」がなされる．ところが，IPOの大半を占める小規模企業は価格交渉力が弱いので，BB方式の採用を前提とした主幹事の提案を受け入れざるをえない．その結果，平均でみると異常に高い初期収益率が実現する．

　この仮説が単なる思いつきでないことを示すために，3つの根拠を提示する．第1に，日本の総合証券会社には発行企業の利益を犠牲にして個人投資家の利益を優先する誘因が潜在的にあることを，収益構造と顧客構成の分析を通して指摘する．第2に，その誘因が発現可能となるための条件がBB方式下で満たされていることを，値付けと配分の裁量性に着目して指摘する．第3に，発行規模が小さい企業ほど入札方式を選択した方が有利なコスト構造になっているにもかかわらず，BB方式が追加的に導入されて以来，入札方式は一度も採用されていない事実を指摘する．

　もしこの仮説が正しければ，次の2つの実証的含意が導かれる．①利益相反誘因の強い証券会社が主幹事を務めるIPOほど過小値付けは大きくなる．②価格交渉力の弱い企業のIPOほど過小値付けは大きくなる．

　この仮説の考え方自体，決して目新しいものではない．ただ，これまでは利益相反誘因の強さを測る指標がなかったので，仮説の妥当性を直接検証することができなかった．本書では，2006年8月に導入された「個人投資家向け配分予定数量の10%以上を抽選とする」業界ルールに着目する．このルー

ルの導入は，図らずも，証券会社のもつ利益相反誘因の強さを可視化させることになった．なぜなら，過小値付けしたIPO株を顧客にできるだけ多く配分したければ，抽選配分比率をできるだけ低く抑えて裁量配分の余地を確保する行動に出ると考えられるからである．実際，オーバーアロットメントを実施すれば，主幹事は抽選配分比率（実績値ベース）を10％以下にすることも可能である．そこで，1から抽選配分比率を差し引いた裁量配分比率を利益相反誘因の代理変数として採用する．

過小値付け指標（比率ベースの初期収益率，金額ベースの機会損失額）を被説明変数として，主幹事の利益相反誘因指標と発行企業の価格交渉力指標を主要説明変数とする回帰式をOLSにより計測したところ，推定された係数はいずれも有意で，予想通りの符号となった．利益相反誘因指標は（誤差項と相関をもつという意味での）内生性が疑われるので，主幹事タイプ別ダミーを操作変数とするGMMによる計測も行ったが，内生性を考慮したことで主要説明変数の有意性はむしろ高まった．

謎2に対する答えとして提示した利益相反仮説は，その妥当性が強く支持されたということができよう．

2. 利益相反行為の何が問題なのか

以上より，BB方式下で観察される異常に高い平均初期収益率は，価格交渉力の弱い発行企業の利益を犠牲にして投資家に余分な利益を供与することが得策であると判断した主幹事が，同方式のもつ裁量性を利用して，必要以上に過小値付けをした結果であると結論づけられる．ここで「必要以上に」とは，IPO株に固有のリスクに見合った報酬を超えてという意味である．したがって，BB方式下で追加的に発生している過小値付けは「正当化されない」ものということになる．

こうした証券会社の行為は，行政当局や業界団体の定めた現行ルールのもとでは，何ら違法なものではない．それどころか，総合証券会社の置かれている立場等を考えると，きわめて合理的な行動である．

たとえば，機関投資家がIPO株の大半を購入する米国と違って，日本の場合，購入者の大半は個人投資家である（表7-2）．つまり，同じ株数を売りさばくにしても，投資家一人あたりの取引サイズが小さいので，多くの投資家に販売しなければならない．そのため，公開価格を意図的に低く設定して超過需要状態をつくり出し，割り当てのかたちでIPO株を配分するというのは，販売経費の節約につながり，きわめて効率的な方法である．

しかし，経済主体の行動としてみたら合法的かつ合理的であっても，国民経済的にみたら決して正当化されるものではない．なぜなら，必要以上に過小値付けして発行企業に余分な損失を負わせ，割り当てられた投資家に余分な利益を供与するという行為は，当事者間の損得の問題を超え，資本市場の健全な発達を阻害するものだからである．

考えられる弊害を3つほどあげておこう．第1に，健全な個人投資家の育成が阻害される．なぜなら，証券会社からIPO株の割り当てを受けて公開初日に売り抜けようとする短期利得目的の投資家ばかりが参入し，結果として初値天井を招くような株式に対して，長期保有目的の投資家が魅力を感じないからである．ただし，短期利得目的の投資家の存在自体が問題なのではない．彼らが余分な利益をいつまでも享受できるような状況が問題なのである．この点は最後にあらためて考察する．

第2に，既存株主に多大な機会損失を被らせるという意味で，企業の株主価値最大化が阻害される．ここでいう既存株主とは，売出しに応じて損失を被る株主だけではない．募集による資金調達額が減少すれば，投資計画の見直しなどを通して，継続保有の株主にも損失が及ぶ．あらためていうまでもなく，株主価値最大化とは既存株主にとっての価値を最大化することであり，新規にIPO株を購入する投資家の利益を最大化することではない．

第3に，将来性のある企業を発掘して出資しようとする投資家（例：ベンチャーキャピタル〔VC〕，エンジェル投資家）の出資意欲がそがれる．なぜなら，売出し時に低い評価しか受けないので，保有株式を手放しても投資額を十分に回収できないからである．日本でVCの重要性が認識されているにもかかわらず，いまだに伸び悩んでいることの一因は，ここにあるのかもしれない．

IPOで利益相反的な行為がなされていることは，おそらく多くの人が感じていることと思われる．にもかかわらず，これまで社会問題にならなかったのはなぜだろうか．考えられる理由をいくつかあげてみよう．

　まず，利益享受者が数的に大半を占めるゼロサムゲームだからということがあげられる．たとえていうなら，IPO取引に参加する当事者100人のうち99人が利益を享受しており，損失を被っているのは発行企業（含，既存株主）ただ一人である．割り当てを受けられなかった投資家からの不満の声は聞こえても，直接的に損失を被った企業からの不満の声は通りにくい．その背景には，投資家の利益ばかりが強調され，発行企業の利益が軽視されがちという風潮があるのかもしれない．

　しかも，その企業にとっても損失の発生は一時的である．上場後に再度公募増資を行っても，直近の株価をもとに公募価格が決められるので，かつてとは違い，大幅なディスカウントによって多額の損失を被ることはほとんどない．

　過小値付けによる損失はキャッシュの流出を伴わない機会損失なので，流出を伴う損失と比べて企業の損害意識が希薄ということも考えられる[1]．上場を遂げた企業の経営者のインタビュー記事を読むと，初値が公開価格を大きく上回ったことについて，「市場から高く評価された」と歓迎するような発言をよくみかける．これなどはまさにそのことを物語っているといえよう．

　また，上場をあたかもゴールと考え，それさえ達成できれば機会損失を被っても不満に感じないという経営者の発想があるのかもしれない．

　こうした理由でこれまで社会問題にならなかったと考えられるが，だからといってこの状態を放置してよいというわけではない．先進諸国の中で，BB方式導入以降，日本だけが異常に高い平均初期収益率を実現し続けているという現実を，もっと直視する必要がある．語弊のあるいい方かもしれないが，いまの日本は「IPO後進国」といわれても仕方のない状況にある．

---

1) 第3章で紹介したプロスペクト理論参照．

3. 制度改善のための提言

　この状態から脱するためには何をしなければならないか．いうまでもなく，IPO制度の改善である．証券会社は定められた制度のもとで合法的かつ合理的に行動しているわけだから，制度を改善せずに利益相反行為だけを対症療法的に禁止しても，根本的な解決策とはならない．筆者なりに制度改善に向けての提言をしてみたい．

　改善策をひとことでいうなら，値付けに需給実勢が反映されるような仕組みにすることである．ただし，ここでいう需給実勢とは「公開前の」需要を前提とした話である．謎1の解明で明らかにしたように，そうすれば，IPO株に固有のリスクに見合ったプレミアムが公開価格に反映されることになる[2]．

　公開価格の決定に需給実勢を反映させる手っ取り早い方法は，入札方式に戻すことである．理屈のうえでは確かにそうであるが，2つの理由により，筆者はそれを現実的な選択肢とは考えない．第1に，Jagannathan and Sherman (2006, Table 1) で明確に示されているように，今日，BB方式はグローバル・スタンダードとして定着している．入札方式に戻すというのはグローバル化に逆行する動きであり，開かれた資本市場を目指すという視点からは推奨できない．第2に，米国の例が示唆しているように，BB方式下でも制度のあり方次第で公開価格に需給実勢を反映させることは可能と思われる．

　では，BB方式を続けることを前提に，公開価格に需給実勢を反映させるにはどうしたらよいか．最大の焦点である仮条件のあり方に関して2つの提案をしたい[3]．

　1つは，「市場機能による適正な価格形成が期待できる」（日本証券業協会

---

2) ここでいうリスクとは，逆選択仮説的にいえば，情報劣位の投資家が感じる企業価値に関する事前不確実性であり，第5章で展開した不確実性プレミアム仮説的にいえば，投資家の平均的意見で決まる「現在の株価」が公開前には不正確にしかわからないことのリスクである．
3) 公開価格に需給実勢を反映させるために，欧州や香港で存在するグレーマーケット（新規公開株を上場前に先渡しのかたちで相対取引する場）を日本に導入することも一案として考えられる．しかし，同市場での取引はその前に決定されている仮条件を用いてのものである．したがって，仮条件のあり方を変えないことには意味がない．

〔1997〕)とされる本来の姿にBB方式を戻すための提案である．具体的には，仮条件の範囲内で公開価格を決定するという慣習を廃止し，BB期間中に集計した投資家の需要の強さ次第では，上限ないし下限を超えた水準で公開価格を決定するという制度に移行することである．第6章でみたとおり，米国ではそれがごく当たり前に行われている．

もっとも，米国と違って，上述の慣習が長いこと定着していた日本では，ある程度の強制力を伴わないと制度の移行は期待できない．そこで，①価格帯ごとの集計需要量を公表すること，②最多価格帯が仮条件の上限ないし下限と一致した場合は，それを超えた水準で公開価格を決定すること，③あわせてその水準を選択した理由を開示すること，の3つをセットで主幹事に義務づけることを提案する．日本の場合，BB期間中の需要申告は正式な注文ではないので，上限ないし下限を超えたところで公開価格を決定しても大きな問題とならないはずである[4]．決定プロセスの透明化のために，ぜひとも検討してもらいたい．

この提案だけを聞くと，仮条件はどこに設定してもよいということになってしまうが，決してそうではない．需要申告を検討している投資家や発行株数の決定を検討している企業に，予想価格帯という判断材料を提供するという意味で，仮条件のもつ役割はきわめて重要である．もし，結果的に仮条件を大幅に上回る（あるいは下回る）水準で公開価格が決定されれば，投資家や発行企業に誤った事前情報を提供したことになり，彼らを裏切る行為ともなりかねない．第一，投資家が正直に需要を申告する気にならないので，BB方式を採用する意味がなくなってしまう．

そこでもう1つの提案は，仮条件の適切な設定を促すためのものである．ここで「適切な設定」とは，公開前の需給実勢がその範囲に収まるような価格帯の設定という意味である．第2章の3-4.でフランスの事例をあげて説明したように，たとえ仮条件に拘束力があっても，それが適切に設定されていれば，異常に高い初期収益率は発生しないはずである．

そのためには，発想を根本的に変える必要がある．これまでは，主幹事が

---

4) 日本の場合，IPO株に対する正式な注文は，公開価格が決定されたあとの申込期間中に証拠金の提出とともになされる．

発行企業の理論価格を算出し，それを割り引くかたちで想定発行価格を決定し，それに事実上連動するかたちで仮条件が決定されていた．つまり，「あるべき水準」が先に決められて，それをもとに仮条件が決定されていた．しかし，そのやり方ではどうしても恣意性が入り込む．事実，仮条件は市場実勢からかけ離れた低い水準で設定され，ほとんど常にその上限で公開価格が決定され，それが異常に高い初期収益率をもたらしていることは，第6章でみたとおりである．

　株価を決めているのは市場参加者の平均的意見であって，証券会社ではない．もちろん，公開前の需給実勢をピンポイントで把握することなどできない．しかし，優れた販売能力と引受能力をもつ総合証券会社なら，需給実勢が「どのあたりにあるか」を判断し，それをもとに予想価格帯を設定するということは十分可能なはずである．というより，それをするのが主幹事の責務（の1つ）ではないだろうか．

　仮条件の適切な設定を促すためには，1つめの提案が実行に移されていることを前提に，主幹事間でその適切さを競わせることが必要である．たとえば，公開価格が仮条件の範囲に収まった程度を示すスコアを作成し，主幹事別の平均スコアを定期的に公表するといったことが考えられる．これは一例に過ぎないが，発行企業が主幹事を選定する際にこの適切さが考慮されるようになれば理想である．

　いずれにせよ，仮条件のあり方を根本から変えていくという姿勢がなければ，いまの状況はいつまでたっても解消されない．

　こうしたかたちで公開価格に需給実勢が反映されるようになれば，IPO株の配分は基本的に証券会社の裁量に任せてよいと筆者は考える．平均的にみたらリスクに見合ったプレミアムしか期待できないIPO株を裁量的に割り当てたところで，それが国民経済的にみて弊害となるような所得移転をもたらすとは思えないからである．値付けが適切になされているのに配分方法まで縛り付けるというのは，効率的配分という観点からも望ましくない．

　仮条件に関する改善以外にも，取り組むべき課題はある．中でも，公開価格決定から上場日までの所要日数を短縮化することが重要である．第2章（3-4．）で述べたように，米国では公開価格決定の翌日に公開日を迎えるのに対

して，日本では，同じBB方式に移行してから平均10日（だいたい7日から13日）かかっている．所要日数にこれほどの差が出る背景には，発行プロセスの違いや投資家層の違いがある．たとえば，日本では個人投資家が主たる購入層なので販売に時間がかかる．したがって，単純な日数比較による優劣を議論しても意味がない．しかし，日本の場合，期間中の価格変動リスクを「理由」にして恣意的に過小値付けがなされている可能性は多分にある．その余地を少しでも減らすため，短縮化に向けて発行プロセス等の見直しがなされることを期待する．

　本節を終えるにあたり，長期的な視点から，改善に向けての要望を2つ述べておきたい．

　第1に，価格発見能力が高いとされる機関投資家の参加を強く働きかけ，彼らの需要が公開価格に反映されやすくする努力が，証券業界に望まれる．仮条件の決定に際して，主幹事は機関投資家から妥当な株価水準についてヒアリングを行っているが，購入する意欲に欠ける機関投資家がはたして真剣に企業評価を行うのか，疑問である[5]．

　そもそも，なぜ日本の機関投資家はIPO株の購入にあまり積極的でないのだろうか．福田（2014）によると，「機関投資家が（IPOを含む）公募増資への参加を躊躇する理由として，発行会社との意思疎通が十分に行われていない」ことがあげられる（括弧内は筆者）．もしそれが主たる原因だとしたら，両者の橋渡し役を（これまで以上に）積極的に務めていくことが主幹事には強く望まれる．

　第2に，日本では，証券会社によるIPO主幹事獲得競争がもっぱら非価格面（上場支援業務等のサービス）でなされていることへの再考を促したい．もちろん，企業は引受手数料率や公開価格といった価格面だけで主幹事を決めているわけではない．引受業者としての評判等が重要な選定ポイントであることは，米国も同様である[6]．しかし，日本では価格面（とりわけ公開価

---

[5] 同様の指摘は次の記事でもなされている．「ソフトバンク上場，なぜ株価下がった？」2018年12月21日付日本経済新聞電子版．
[6] Chen and Ritter（2000）によると，米国では，引受手数料率よりも評判とアナリスト・カバレッジの2つが，どの投資銀行を主幹事に指名するかの決定に際して重要視されている．

格をどう決定するか）があまりに軽視されているように思われる．前章の分析結果を受けて，筆者は益々その念を強くしている．主幹事の選定方法として，公開価格の決定方針も条件の1つに含むプロポーザル方式の入札を検討してみる価値はあるのではないだろうか．

4. 健全なIPO市場の発達にとって真に重要な視点

　最後に，IPO株を公開価格で取得して初日に売り抜ける投資家について，筆者の見解を述べておこう．彼らは米国ではフリッパー（flipper）と呼ばれるが，日本では馴染みのある表現ではないので，ここでは短期利得目的者と呼ぶ．

　短期利得目的者の存在を問題視する声がよく聞かれる．それは，公開後の値崩れを引き起こす元凶になっているからである[7]．また，なぜ仮条件の上限で大半のIPOの公開価格が決定されるのかを関係者に聞くと，仮条件の上限が低すぎるからではなく，短期利得目的者が常に上限で需要を申告してくるからであるという答えが，多くの場合，返ってくる．

　はたして，短期利得目的者は悪者的存在なのだろうか．

　公開前のIPO株には，不特定多数の参加者が競争的に取引を行うという意味での市場が制度としては存在しない．しかし，一方に売り手（発行企業）が存在し，他方に無数の買い手（投資家）が存在するので，市場メカニズム的な「力」が働くことに変わりはない．

　いま，何らかの理由で，公開後の市場で成立する価格（初値）より公開前のIPO「市場」で成立する価格（公開価格）が大幅に低いことが予想されたとしよう．売り手はもっと高い公開価格で発行することを要求し，買い手はなんとかしてIPO株を手に入れようとするので，公開価格には双方から上昇

[7) たとえば，抽選配分制度のあり方を議論した「新規公開株の顧客への配分のあり方等に関するワーキング・グループ報告書」（日本証券業協会〔2005〕）によると，100％抽選にすると，「現状においても多数を占めるであろう短期利得目的者にも一律に配分されることとなり，今以上に公開後の株価形成を不安定にさせるとともに新規公開時の募集及び売出しを通じて長期・安定的に保有する株主層を形成することは期待できなくなる」とある（傍点筆者）．

圧力がかかる．一方，IPO株を手に入れた投資家はサヤ（初値と公開価格の差）を稼ごうとして公開日に売り抜けるので，初値には下落圧力がかかる．その結果，サヤは解消に向かう[8]．これらはいずれも市場メカニズム的な力である．

つまり，短期利得目的者は，サヤを稼ぐという利己的な行動により，無意識のうちにIPO「市場」における効率的な価格形成に貢献しているのである．

問題にすべきなのは，短期利得目的者が存在することではなく，本来なら得られないはずの余分な利益（サヤ）を彼らがいつまでも享受できる状況が続いていることである．異常に低い公開価格で手に入れたIPO株を公開日に売るというのは，きわめて合理的な行動である．その結果，公開直後に値崩れを起こして初値天井となるのは必然である．

では，なぜそうした状況がいつまでも続いているのだろうか．本書の結論に従えば，BB方式への実質移行により総合証券会社の潜在的利益相反誘因が発現可能となり，公開価格が必要以上に過小値付けされているからである．さらにいうなら，主幹事が事実上決定している仮条件という制約に「自らが縛られている」ため，市場メカニズム的な力が働かないのである．

公開価格が公開前の需給実勢を反映するかたちで決定されるようになれば，短期利得目的者はいずれ登場しなくなる．代わりに，リスクに見合ったリターンが期待されるなら投資したいと考える投資家が登場してくる．そして，それこそが証券業界の望む「長期・安定的に保有する株主層」の形成につながる．

以上述べたことは，市場メカニズムの重要性を理解している人からしたら，何の新鮮味もない当然の話である．しかし，それをあらためて強調しなければならないほど，いまの日本のIPO「市場」は憂慮すべき状態にある．

---

8) IPO株には固有のリスクがあるので（脚注2），正確にいうと，そのリスク負担に対するプレミアムのぶんだけ価格差は残る．

参考文献

阿部圭司 (2001)「店頭市場における新規公開株の価格形成について——算定方式変更による価格形成への影響」『高崎経済大学論集』第44巻第2号, pp. 79-96.

阿部圭司 (2005)「JASDAQ市場における新規株式公開の長期パフォーマンス」『高崎経済大学論集』第48巻第1号, pp. 33-44.

池田直史 (2010)「IPOにおける大手証券会社の引受と初期収益率——利益相反仮説の検証」『三田商学研究』第53巻第1号, pp. 81-96.

池田直史 (2013)「IPOの株価観察不能性と正の初期収益率」『金融経済研究』第35号, pp. 34-51.

池田直史 (2015)『IPOの理論・実証分析——過小値付けと長期パフォーマンス』三菱経済研究所.

池田直史・金子隆 (2015)「ブックビルディング方式は本当に優れているのか？——IPOの価格決定方式に関する比較再検討」『三田商学研究』第57巻第6号, pp. 37-59.

岩井浩一 (2010)「新興市場と新規株式公開を巡る論点整理——内外既存研究のレビューと制度設計への示唆」『FSAリサーチ・レビュー』第6号, pp. 39-112.

内田弘章 (1996)「株式店頭市場の流通面における改善策等の概要」『証券業報』平成8年7月号（第544号）, pp. 24-37.

大木剛 (2016)「2016年における本邦証券会社の経営展望」『月刊資本市場』No. 366, pp. 50-60.

岡村秀夫 (2012)「ジャスダック新規公開株の長期パフォーマンスと『半年効果』」『商学論究』第59巻第4号, pp. 55-71.

岡村秀夫 (2013)『日本の新規公開市場』東洋経済新報社.

岡村秀夫 (2018)「IPOサイクルと新規公開株の『過熱』現象」『証券レビュー』第58巻第4号, pp. 125-140.

加藤政仁・鈴木健嗣 (2013)「日本の公募増資時のディスカウント率の決定要因について——公募増資制度の変更とその影響」『経営財務研究』第33巻第1・2号, pp. 38-55.

金子隆 (2002)「なぜ企業は新規公開時にブックビルディング方式を選択するのか？」2002年度日本ファイナンス学会報告論文.

金子隆 (2007)「引受主幹事の公開価格設定行動——部分入札方式下の謎」『三田商学研究』第49巻第6号, pp. 103-119.

金子隆 (2009)「IPOの過小値付け現象——新しい解釈の試み」『三田商学研究』第52巻第2号, pp. 81-97.

金子隆 (2010)「IPOの過小値付け現象——不正確性プレミアム仮説の検証」『三田商学研究』第53巻第2号, pp. 61-81.

金子隆 (2013)「わが国のIPOにおける合法的利益相反の可能性」『三田商学研究』第55巻第6号, pp. 21-41.

北村行伸 (2009)『ミクロ計量経済学入門』日本評論社.

木村寿克 (1995)「新規公開株の価格形成」『証券アナリストジャーナル』第33巻第3号, pp. 25-35.

金融庁 (2006)「証券会社の市場仲介機能等に関する懇談会 論点整理」.
(https://www.fsa.go.jp/singi/mdth_kon/20060630.pdf)

忽那憲治 (2001)「ベンチャー企業向け証券市場間競争のグローバル展開と成長企業の輩出——わが国新規店頭公開企業の長期株価パフォーマンス分析」中尾茂夫編『金融グローバリズム』第6章, 東京大学出版会, pp. 139-168.

忽那憲治 (2008)『IPO市場の価格形成』中央経済社.

佐々木磨 (2007)「IPO制度の変遷——入札制度からブックビルディング方式へ」『証券アナリストジャーナル』第45巻第9号, pp. 21-34.

商事法務研究会 (1989)「株式公開」『増資白書1989年版』(『旬刊商事法務』1989年6月30日臨時増刊号), 商事法務研究会, pp. 184-194.

商事法務研究会 (1992)「株式公開」『増資白書1992年版』(『旬刊商事法務』1992年6月30日臨時増刊号), 商事法務研究会, pp. 168-181.

商事法務研究会 (1993)「株式公開」『増資白書1993年版』(『旬刊商事法務』1993年6月30日臨時増刊号), 商事法務研究会, pp. 133-141.

商事法務研究会 (1998)「株式公開」『増資白書1998年版』(『旬刊商事法務』1998年6月30日臨時増刊号), 商事法務研究会, pp. 130-145.

菅谷幸一 (2016)「変容しつつある証券会社の収益構造——収益源の柱は委託手数料からその他の受入手数料に変化」大和総研レポート・コラム (金融資本市場分析).
(https://www.dir.co.jp/report/research/capital-mkt/it/20160916_011255.pdf)

鈴木健嗣 (2017)『日本のエクイティ・ファイナンス』中央経済社.

髙橋陽二・山田和郎 (2011)「新規店頭公開時の投資家センチメントと価格形成」『証券経済学会年報』第46号, pp. 200-205.

辰巳憲一 (2006a)「IPO初取引日前後の株価推移と投資家の行動——米国の研究の展望」『学習院大学経済論集』第42巻第4号, pp. 231-249.

辰巳憲一 (2006b)「IPOにおける引受証券会社と発行企業の行動——米国の研究の展望」『学習院大学経済論集』第43巻第1号, pp. 53-71.

辰巳憲一 (2006c)「米国のIPOと証券発行規制について」『学習院大学経済論集』第43巻第2号, pp. 223-245.

辰己憲一 (2011)「IPOにおける情報と公開価格決定方式——ブックビルディング方式はなぜ優勢な公開株価決定方式なのか?」『学習院大学経済論集』第48巻第1号, pp. 23-44.

田村義則 (1997)「『株式公開制度の改善策——ブックビルディング方式の導入に関する要綱』

について」『証券業報』平成9年5月号（第554号），pp. 51-62.

翟林瑜（2006a）「IPO市場に関する『賢者君子の世界観』と『俗人の世界観』（上）──IPOのアンダープライシングに関する情報非対称性理論的説明と現実直視的説明」『証券経済研究』第53号，pp. 147-159.

翟林瑜（2006b）「IPO市場に関する『賢者君子の世界観』と『俗人の世界観』（下）──IPOのアンダープライシングに関する情報非対称性理論的説明と現実直視的説明」『証券経済研究』第54号，pp. 43-68.

中野利隆（2013）「Money Left on the Tableを減らすために──新規上場企業側の視点からのサーベイ」『旬刊商事法務』2013年9月15日号（第2009号），pp. 36-50.

日本証券業協会（1989）「『店頭株式入札事務処理要領』（理事会決議）の制定等について」『証券業報』平成元年4月号（第455号），pp. 121-128.

日本証券業協会（1997）「『株式公開制度の改善策』について」『証券業報』平成9年4月号（第553号），pp. 50-52.

日本証券業協会（2005）「新規公開株の配分のあり方及び価格決定等について──『新規公開株の顧客への配分のあり方等に関するワーキング・グループ』報告書」．
 （http://www.jsda.or.jp/shiryoshitsu/houkokusyo/h20/files/houkoku051114.pdf）

日本証券業協会（2007）「会員におけるブックビルディングのあり方について──会員におけるブックビルディングのあり方等に関するワーキング・グループ報告書」．
 （http://www.jsda.or.jp/shiryoshitsu/houkokusyo/h20/files/bookbuild_wg.pdf）

日本証券業協会（2012a）「配分ルールのあり方について──『募集株券等の配分に係る規制のあり方に関する検討分科会』報告書」．
 （http://www.jsda.or.jp/shiryoshitsu/houkokusyo/files/haibun_houkokusyo-1.pdf）

日本証券業協会（2012b）「配分に係る規制の見直しの概要」．
 （http://www.jsda.or.jp/about/public/bosyu/files/minaosi_gaiyou_20120620.pdf）

日本証券経済研究所（2016）『図説アメリカの証券市場 2016年版』日本証券経済研究所．

野村亜紀子（2003）「米国のIPO手続きをめぐる諮問委員会報告書について」『資本市場クォータリー』2003年夏号．

野村亜紀子（2005）「米国SECのIPO銘柄割り当てに関する規則改正案」『資本市場クォータリー』2005年冬号．

パッカー，F［Packer, F.］（1995）「何が新規公開価格の信頼性を高めているか──日本の株式店頭市場における実証結果分析」『証券アナリストジャーナル』第33巻第3号，pp. 36-53.

福田充男・芹田敏夫（1995），「日本の新規株式公開に関する実証分析」『証券アナリストジャーナル』第33巻第3号，pp. 13-24.

福田徹（2010）「新規公開株式の売出価格決定方式を考える」『証券経済研究』第69号，pp. 1-13.

福田徹（2014）「公募増資を実施するための多様な発行プロセスを巡る議論」『月刊資本市場』第

351号,pp. 14-21.

船岡健太(2007)『新規公開時のベンチャーキャピタルの役割』中央経済社.

船岡健太(2008)「新規公開株式のプライシングにおける機関投資家の役割——日本とアメリカの比較」『証券経済研究』第63号,pp. 1-27.

船岡健太・増田芳宏(2010)「投資家のセンチメントとIPOアンダープライシング」『証券経済研究』第69号,pp. 105-123.

みずほ証券株式会社編著(2014)『新規上場実務ガイド(第2版)』中央経済社.

山分佐知子(2003)「日本における株式新規公開に関する実証分析」『現代ファイナンス』第14号,pp. 47-78.

Aggarwal, R., N. Prabhala, and M. Puri (2002), "Institutional Allocation in Initial Public Offerings: Empirical Evidence," *Journal of Finance* Vol. 57, No. 3, pp. 1421-1442.

Allen, F. and G. Faulhaber (1989), "Signalling by Underpricing in the IPO Market," *Journal of Financial Economics* Vol. 23, No. 2, pp. 303-323.

Amihud, Y., S. Hauser, and A. Kirsh (2003), "Allocations, Adverse Selection and Cascades in IPOs: Evidence from the Tel Aviv Stock Exchange," *Journal of Financial Economics* Vol. 68, No. 1, pp. 137-158.

Asquith, D., J. Jones, and R. Kieschnick (1998), "Evidence on Price Stabilization and Underpricing in Early IPO Returns," *Journal of Finance* Vol. 53, No. 5, pp. 1759-1773.

Banerjee, S., L. Dai, and K. Shrestha (2011), "Cross-country IPOs: What Explains Differences in Underpricing?" *Journal of Corporate Finance* Vol. 17, No. 5, pp. 1289-1305.

Baron, D. (1982), "A Model of the Demand for Investment Banking Advising and Distribution Services for New Issues," *Journal of Finance* Vol. 37, No. 4, pp. 955-976.

Baron, D. and B. Holmström (1980) "The Investment Banking Contract for New Issues under Asymmetric Information: Delegation and the Incentive Problem," *Journal of Finance* Vol. 35, No. 5, pp. 1115-1138.

Beatty, R. (1989), "Auditor Reputation and the Pricing of Initial Public Offerings," *Accounting Review* Vol. 64, No. 4, pp. 693-709.

Beatty, R. and J. Ritter (1986), "Investment Banking, Reputation, and the Underpricing of Initial Public Offerings," *Journal of Financial Economics* Vol. 15, No. 1-2, pp. 213-232.

Beierlein, J. and H. Kato (2003), "IPO Mechanisms: A Comparison of Book-building, Discriminatory Price Auctions and Uniform Price Auctions," in J. J. Choi and T. Hiraki (eds.), *The Japanese Finance: Corporate Finance and Capital Markets in Changing Japan. International Finance Review* Vol. 4, pp. 135-152.

Benveniste, L., W. Busaba, and W. Wilhelm (1996), "Price Stabilization as a Bonding Mechanism in New Equity Issues," *Journal of Financial Economics* Vol. 42, No. 2, pp. 223-255.

Benveniste, L., S. Erdal, and W. Wilhelm (1998), "Who Benefits from Secondary Market Price

Stabilization of IPOs?" *Journal of Banking and Finance* Vol. 22, No. 6-8, pp. 741-767.

Benveniste, L. and P. Spindt (1989), "How Investment Bankers Determine the Offer Price and Allocation of New Issues," *Journal of Financial Economics* Vol. 24, No. 2, pp. 343-361.

Booth, J. and R. Smith (1986), "Capital Raising, Underwriting and the Certification Hypothesis," *Journal of Financial Economics* Vol. 15, No. 1-2, pp. 261-281.

Brennan, M. and J. Franks (1997), "Underpricing, Ownership and Control in Initial Public Offerings of Equity Securities in the UK," *Journal of Financial Economics* Vol. 45, No. 3, pp. 391-413.

Cai, J. and J. Wei (1997), "The Investment and Operating Performance of Japanese Initial Public Offerings," *Pacific-Basin Finance Journal* Vol. 5, No. 4, pp. 389-417.

Cameron, A. and P. Trivedi (2010), *Microeconometrics Using Stata*, Revised Edition, College Station, TX: Stata Press.

Carter, R., F. Dark, and A. Singh (1998), "Underwriter Reputation, Initial Returns, and the Long-Run Performance of IPO Stocks," *Journal of Finance* Vol. 53, No. 1, pp. 285-311.

Carter, R. and S. Manaster (1990), "Initial Public Offerings and Underwriter Reputation," *Journal of Finance* Vol. 45, No. 4, pp. 1045-1067.

Chen, H-C. and J. Ritter (2000), "The Seven Percent Solution," *Journal of Finance* Vol. 55, No. 3, pp. 1105-1131.

Chowdhry, B. and V. Nanda (1996), "Stabilization, Syndication, and Pricing of IPOs," *Journal of Financial and Quantitative Analysis* Vol. 31, No. 1, pp. 25-42.

Cornelli, F., D. Goldreich, and A. Ljungqvist (2006), "Investment Sentiment and Pre-IPO Markets," *Journal of Finance* Vol. 61, No. 3, pp. 1187-1216.

Degeorge, F., F. Derrien, and K. Womack (2010), "Auctioned IPOs: The US Evidence," *Journal of Financial Economics* Vol. 98, No. 2, pp. 177-194.

Derrien, F. and K. Womack (2003), "Auctions vs. Bookbuilding and the Control of Underpricing in Hot IPO Markets," *Review of Financial Studies* Vol. 16, No. 1, pp. 31-61.

Dorn, D. (2009), "Does Sentiment Drive the Retail Demand for IPOs?" *Journal of Financial and Quantitative Analysis* Vol. 44, No. 1, pp. 85-108.

Drake, P. and M. Vetsuypens (1993), "IPO Underpricing and Insurance against Legal Liability," *Financial Management* Vol. 22, No. 1, pp. 64-73.

Ellis, K., R. Michaely, and M. O'Hara (2000), "When the Underwriter Is the Market Maker: An Examination of Trading in the IPO Aftermarket," *Journal of Finance* Vol. 55, No. 3, pp. 1039-1074.

Field, L. and J. Karpoff (2002), "Takeover Defenses of IPO Firms," *Journal of Finance* Vol. 57, No. 5, pp. 1857-1889.

Geddes, R. (2003), *IPOs and Equity Offerings*, Oxford, UK: Butterworth-Heinemann.

Grinblatt, M. and C. Hwang (1989), "Signalling and the Pricing of New Issues," *Journal of Finance* Vol. 44, No. 2, pp. 393–420.

Habib, M. and A. Ljungqvist (1998), "Underpricing and IPO Proceeds: A Note," *Economics Letters* Vol. 61, No. 3, pp. 381–383.

Habib, M. and A. Ljungqvist (2001), "Underpricing and Entrepreneurial Wealth Losses in IPOs: Theory and Evidence," *Review of Financial Studies* Vol. 14, No. 2, pp. 433–458.

Hamao, Y., F. Packer, and J. Ritter (2000), "Institutional Affiliation and the Role of Venture Capital: Evidence from Initial Public Offerings in Japan," *Pacific-Basin Finance Journal* Vol. 8, No. 5, pp. 529–558.

Hanley, K. (1993), "The Underpricing of Initial Public Offerings and the Partial Adjustment Phenomenon," *Journal of Financial Economics* Vol. 34, No. 2, pp. 231–250.

Hanley, K., A. Kumar, and P. Seguin (1993), "Price Stabilization in the Market for New Issues," *Journal of Financial Economics* Vol. 34, No. 2, pp. 177–197.

Hayashi, F. (2000), *Econometrics*, Princeton, NJ: Princeton University Press.

Hebner, K. and T. Hiraki (1993), "Japanese Initial Public Offerings," in I. Walter and T. Hiraki (eds.), *Restructuring Japan's Financial Markets*, Homewood, IL: Irwin, pp. 79–113.

Hughes, P. and A. Thakor (1992), "Litigation Risk, Intermediation, and the Underpricing of Initial Public Offerings," *Review of Financial Studies* Vol. 5, No. 4, pp. 709–742.

Hwang, C. and N. Jayaraman (1995), "The Long-run Performance of IPOs and Non-IPOs: Evidence from the Firms Listed on the Tokyo Stock Exchange," in T. Bos and T. A. Fetherston (eds.), *Advances in Pacific Basin Financial Markets* Vol. 1, Greenwich, CT: JAI Press, pp. 317–337.

Ibbotson, R. (1975), "Price Performance of Common Stock New Issues," *Journal of Financial Economics* Vol. 2, No. 3, pp. 235–272.

Ibbotson, R. and J. Jaffe (1975), "'Hot Issue' Markets," *Journal of Finance* Vol. 30, No. 4, pp. 1027–1042.

Ibbotson, R., J. Sindelar, and J. Ritter (1988), "Initial Public Offerings," *Journal of Applied Corporate Finance* Vol. 1, No. 2, pp. 37–45.

Jagannathan, R. and A. Sherman (2006), "Why Do IPO Auctions Fail?" NBER Working Paper No. 12151.

Jagannathan, R., A. Jirnyi, and A. Sherman (2010), "Why Don't Issuers Choose IPO Auctions? The Complexity of Indirect Mechanisms," NBER Working Paper No. 16214.

James, C. and P. Wier (1990), "Borrowing Relationships, Intermediation, and the Cost of Issuing Public Securities," *Journal of Financial Economics* Vol. 28, No. 1–2, pp. 149–171.

Jegadeesh, N., M. Weinstein, and I. Welch (1993), "An Empirical Investigation of IPO Returns and Subsequent Equity Offerings," *Journal of Financial Economics* Vol. 34, No. 2, pp. 153–

175.

Jenkinson, T. and A. Ljungqvist (2001), *Going Public: The Theory and Evidence on How Companies Raise Equity Finance*, Second Edition, New York, NY: Oxford University Press.

Jones, S. and J. Yeoman (2018), "Survey and Synthesis of the IPO Underpricing Literature," in D. Cumming and S. Johan (eds.), *The Oxford Handbook of IPOs*, New York, NY: Oxford University Press, pp. 146–174.

Kaneko, T. and R. Pettway (2003), "Auction versus Book Building of Japanese IPOs," *Pacific-Basin Finance Journal* Vol. 11, No. 4, pp. 439–462.

Katti, S. and B. Phani (2016), "Underpricing of Initial Public Offerings: A Literature Review," *Universal Journal of Accounting and Finance* Vol. 4, No. 2, pp. 35–52.

Kerins, F., K. Kutsuna, and R. Smith (2007), "Why Are IPOs Underpriced? Evidence from Japan's Hybrid Auction-Method Offerings," *Journal of Financial Economics* Vol. 85, No. 3, pp. 637–666.

Kirkulak, B. and C. Davis (2005), "Underwriter Reputation and Underpricing: Evidence from the Japanese IPO Market," *Pacific-Basin Finance Journal* Vol. 13, No. 4, pp. 451–470.

Kutsuna, K. and R. Smith (2004), "Why Does Book Building Drive out Auction Methods of IPO Issuance? Evidence from Japan," *Review of Financial Studies* Vol. 17, No. 4, pp. 1129–1166.

Kutsuna, K., J. Smith, and R. Smith (2007), "Banking Relationships and Access to Equity Capital Markets: Evidence from Japan's Main Bank System," *Journal of Banking and Finance* Vol. 31, No. 2, pp. 335–360.

Kutsuna, K., J. Smith, and R. Smith (2009), "Public Information, IPO Price Formation, and Long-run Returns: Japanese Evidence," *Journal of Finance* Vol. 64, No. 1, pp. 505–546.

Ljungqvist, A. (2007), "IPO Underpricing," in E. Eckbo (ed.), *Handbook of Corporate Finance: Empirical Corporate Finance* Vol. 1, Amsterdam, NE: North-Holland, pp. 375–422.

Ljungqvist, A., V. Nanda, and R. Singh (2006), "Hot Markets, Investor Sentiment, and IPO Pricing," *Journal of Business* Vol. 79, No. 4, pp. 1667–1702.

Ljungqvist, A. and W. Wilhelm (2002), "IPO Allocations: Discriminatory or Discretionary?" *Journal of Financial Economics* Vol. 65, No. 2, pp. 167–201.

Ljungqvist, A. and W. Wilhelm (2003), "IPO Pricing in the Dot-Com Bubble," *Journal of Finance* Vol. 58, No. 2, pp. 723–752.

Ljungqvist, A. and W. Wilhelm (2005), "Does Prospect Theory Explain IPO Market Behavior?" *Journal of Finance* Vol. 60, No. 4, pp. 1759–1790.

Logue, D. (1973), "On the Pricing of Unseasoned Equity Issues: 1965–1969," *Journal of Financial and Quantitative Analysis* Vol. 8, No. 1, pp. 91–103.

London Stock Exchange (2010), "A Guide to Listing on the London Stock Exchange," https://www.londonstockexchange.com/home/guide-to-listing.pdf

Loughran, T. and J. Ritter (2002), "Why Don't Issuers Get Upset about Leaving Money on the Table in IPOs?" *Review of Financial Studies* Vol. 15, No. 2, pp. 413–444.

Loughran, T. and J. Ritter (2004), "Why Has IPO Underpricing Changed over Time?" *Financial Management* Vol. 33, No. 3, pp. 5–37.

Loughran, T., J. Ritter, and K. Rydqvist (1994), "Initial Public Offerings: International Insights," *Pacific-Basin Finance Journal* Vol. 2, No. 2–3, pp. 165–199.

Lowry, M. and S. Shu (2002), "Litigation Risk and IPO Underpricing," *Journal of Financial Economics* Vol. 65, No. 3, pp. 309–335.

Mandelker, G. and A. Raviv (1977), "Investment Banking: An Economic Analysis of Optimal Underwriting Contracts," *Journal of Finance* Vol. 32, No. 3, pp. 683–694.

Megginson, W. and K. Weiss (1991), "Venture Capitalist Certification in Initial Public Offerings," *Journal of Finance* Vol. 46, No. 3, pp. 879–903.

Michaely, R. and W. Shaw (1994), "The Pricing of Initial Public Offerings: Tests of Adverse-Selection and Signaling Theories," *Review of Financial Studies* Vol. 7, No. 2, pp. 279–319.

Mikkelson, W., M. Partch, and K. Shah (1997), "Ownership and Operating Performance of Companies that Go Public," *Journal of Financial Economics* Vol. 44, No. 3, pp. 281–307.

Miller, E. (1977), "Risk, Uncertainty, and Divergence of Opinion," *Journal of Finance* Vol. 32, No. 4, pp. 1151–1168.

Milgrom, P. (2004), *Putting Auction Theory to Work*, Cambridge, UK: Cambridge University Press (川又邦雄・奥野正寛監訳, 計盛英一郎・馬場弓子訳〔2007〕『オークション 理論とデザイン』東洋経済新報社).

Muscarella, C. and M. Vetsuypens (1989), "A Simple Test of Baron's Model of IPO Underpricing," *Journal of Financial Economics* Vol. 24, No. 1, pp. 125–135.

Neupane S., K. Paudyal, and C. Thapa (2014), "Firm Quality or Market Sentiment: What Matters More for IPO Investors?" *Journal of Banking and Finance* Vol. 44, No. 2, pp. 207–218.

Ofek, E. and M. Richardson (2003), "DotCom Mania: The Rise and Fall of Internet Stock Prices," *Journal of Finance* Vol. 58, No. 3, pp. 1113–1137.

Pettway R. and T. Kaneko (1996), "The Effects of Removing Price Limits and Introducing Auctions upon Short-term IPO Returns: The Case of Japanese IPOs," *Pacific-Basin Finance Journal* Vol. 4, No. 2–3, pp. 241–258.

Pettway, R., S. Thosar, and S. Walker (2008), "Auctions versus Book-Built IPOs in Japan: A Comparison of Aftermarket Volatility," *Pacific-Basin Finance Journal* Vol. 16, No. 3, pp. 224–235.

Reuter, J. (2006), "Are IPO Allocations for Sale? Evidence from Mutual Funds," *Journal of Finance* Vol. 61, No. 5, pp. 2289–2324.

Ritter, J. (1984), "The 'Hot Issue' Market of 1980," *Journal of Business* Vol. 57, No. 2, pp. 215–240.

Ritter, J. (1991), "The Long-run Performance of Initial Public Offerings," *Journal of Finance* Vol. 46, No. 1, pp. 3–27.

Ritter, J. (2003), "Investment Banking and Securities Issuance," in G. M. Constantinides, M. Harris, and R. Stulz (eds.), *Handbook of the Economics of Finance: Volume 1A Corporate Finance*, Amsterdam, NE: North-Holland, pp. 255–306.

Ritter, J. and I. Welch (2002), "A Review of IPO Activity, Pricing, and Allocations," *Journal of Finance* Vol. 57, No. 4, pp. 1795–1828.

Rock, K. (1986), "Why New Issues Are Underpriced," *Journal of Financial Economics* Vol. 15, No. 1–2, pp. 187–212.

Ruud, J. (1993), "Underwriter Price Support and the IPO Underpricing Puzzle," *Journal of Financial Economics* Vol. 34, No. 2, pp. 135–151.

Sherman, A. (2000), "IPOs and Long-term Relationships: An Advantage of Book Building," *Review of Financial Studies* Vol. 13, No. 3, pp. 697–714.

Sherman, A. (2005), "Global Trends in IPO Methods: Book Building versus Auctions with Endogenous Entry," *Journal of Financial Economics* Vol. 78, No. 3, pp. 615–649.

Sims, C. (2003), "Implications of Rational Inattention," *Journal of Monetary Economics* Vol. 50, No. 3, pp. 665–690.

Sims, C. (2006), "Rational Inattention: Beyond the Linear-Quadratic Case," *American Economic Review* Vol. 96, No. 2, pp. 158–163.

Smart, S. and C. Zutter (2003), "Control as a Motivation for Underpricing: A Comparison of Dual and Single-Class IPOs," *Journal of Financial Economics* Vol. 69, No. 1, pp. 85–110.

Stoughton, N. and J. Zechner (1998), "IPO-Mechanisms, Monitoring and Ownership Structure," *Journal of Financial Economics* Vol. 49, No. 1, pp. 45–77.

Tiniç, S. (1988), "Anatomy of Initial Public Offerings of Common Stock," *Journal of Finance* Vol. 43, No. 4, pp. 789–822.

Titman S. and B. Trueman (1986), "Information Quality and the Valuation of New Issues," *Journal of Accounting and Economics* Vol. 8, No. 2, pp. 159–172.

Veldkamp, L. (2011), *Information Choice in Macroeconomics and Finance*, Princeton, NJ: Princeton University Press.

Welch, I. (1989), "Seasoned Offerings, Imitation Costs, and the Underpricing of Initial Public Offerings," *Journal of Finance* Vol. 44, No. 2, pp. 421–449.

Welch, I. (1992), "Sequential Sales, Learning, and Cascades," *Journal of Finance* Vol. 47, No. 2, pp. 695–732.

索　引

A～Z・数字

1933年証券法　71
BB方式　8, 35, 38, 133
CV（変動係数）　124
GMM（一般化積率法）　183, 190
IPO　1-2
IPO株　2
IPO神話　8, 29
ITバブル　66, 80, 86, 135
MLT（テーブルに残されたお金）　82, 136, 183
NASDAQ市場　74
OA（オーバーアロットメント）　14, 42, 182, 184
OpenIPO　10, 91
PED（需要の価格弾力性）　124
PO　3, 116
TOKYO PRO Market　11
VC（ベンチャーキャピタル）　57, 205

ア行

アナウンスメント効果　173
アナリスト渇望仮説　66
アノマリー　7
アンカリング効果　142
安定操作　73
安定操作仮説　73
暗黙の契約　70
意見分散度指標　123-124
委託手数料　19
一流引受業者　56
一括均衡　64, 89
一般化積率法（GMM）　183, 190
受入手数料　158
売出し　2
売出し価格　2
えこひいき仮説　68
エージェンシーコスト　65, 77, 79
エージェンシーコスト削減仮説　79
エージェンシー問題　65, 76
エンジェル投資家　205
お墨付き　56
オーバーアロットメント（OA）　14, 42, 182, 184
親引け　46

カ行

買取引受　4, 69
価格交渉力　23
価格発見能力　8, 36, 88, 210
過剰識別制約検定　191, 193, 197
過小投資問題　89
過小値付け　5-6, 51
過熱市場　51
株式公開　1
空積み　45
仮条件　8, 21, 36, 62, 140-147
仮目論見書　4, 38, 61
頑健性チェック　193, 195
監査法人　57
監視　77
機会損失　6, 82, 90, 135-137, 183
機関投資家　8, 36, 40, 159, 161, 210

期待効用最大化　119
希薄化　55，125，186
規模の経済　165
逆選択　54，89
逆選択仮説　17，53，124，130
逆淘汰　54
金融収益　158
クラウドファンディング　4
グリーンシート市場　4
グリーンシューオプション　43
グレーマーケット　4，86，207
グローバル・オファリング　189
経済合理性　7，94，171
係留効果　142
系列　58
欠落変数　193
顕示原理　60
限定合理性　7
公開価格　2，30，35
行動経済学　80
行動ファイナンス　80
公募　2
合理的不注意　113
個人投資家　40，159，161
固定価格方式　7，27
コールオプション　54
混合分布モデル　75

サ行

最終公開価格　61
裁量性　88，90，92
裁量の余地　35，47，162-163，169
裁量配分　44-45，178
裁量配分比率　24，179-182
残額引受　4，69

参照点　82
残余損失　77
シグナリング仮説　63
事前不確実性　54，124，130
下支え　73
私的便益　76
支配権維持仮説　77
弱相関検定　191，193，197
ジャスダック証券取引所　1
収益還元方式　35
従業員持ち株会　44
主幹事　4
取得株数制限　33
証券取引審議会　35
勝者の呪い　53-54
上場　1
状態依存的変動　84，90
情報格差　52，65
情報獲得（情報顕示）仮説　59，88
情報カスケード　80，172
情報カスケード仮説　80
情報生産　54
情報通信業　186
情報の経済学　64
情報の非対称性　17，52，113
情報優位者　52
情報劣位者　52
初期収益率　5
新規株式公開　2
新規公開株　2
新規上場　2
シンジケートカバー取引　43，73
信託報酬　19，153
心理勘定（心の会計）　83
スピニング　66，90

スピニング仮説 66
スプレッド 4, 6, 67
スプレッド方式 4, 100
「正当化される」過小値付け 16, 131
絶対的危険回避度 121
ゼロサム・ゲーム 98
センチメント的投資家 85
総合証券会社 19, 158
相対公開価格 148
相対初値 148
想定発行価格 21, 28, 36, 142
想定発行総額 185
訴訟回避仮説 71
訴訟リスク 72

タ行

第1回訂正届出書 32, 37
第2回訂正届出書 32, 37
単一価格方式 30, 81
短期利得目的者 42, 211
抽選配分制度 23, 37, 42
抽選配分比率 23, 179
直接上場 2
適合性の原則 38, 42
適正値付け 20, 101
敵対的買収 77
テーブルに残されたお金(MLT) 82, 136, 183
デューデリジェンス 72
店頭公開 1
店頭市場 1
投資家センチメント仮説 84
投資銀行 4, 52
同時決定バイアス 176, 185
特別利害関係者 33

トップレフト 4
トービットモデル 74
トレーディング損益 158

ナ行

内生性 183, 193
内生性検定 191, 193, 197
入札下限価格 31
入札加重平均価格 103
入札上限価格 31
入札方式 8, 29-34
値付けの的確性 90, 147
ノイズ 5

ハ行

買収防衛策 78
配分の基本方針 43-45
発行日前取引市場 86
初値 5
初値天井 150, 212
初約定日 5
引受 4
引受価額 4, 43
引受業者 4, 52
引受シンジケート団(シ団) 4, 155
引受手数料(スプレッド) 4, 6, 67
ビッド・アスク・スプレッド 74
筆頭主幹事 4
ビッド分布 102-106
評判効果 19, 153-154
フェアバリュー 36
不確実性プレミアム 116-117
複数価格方式 8, 30, 81
不正確性プレミアム 18, 117, 119
不正確性プレミアム仮説 111

ブックビルディング（BB）方式　8, 35, 38, 133
プットオプション　75
部分調整モデル　61, 63
フリッパー　92, 211
フリーライダー　60, 77, 79, 155
プレマーケティング　36
フロー供給比率　125, 186
プロスペクト理論　81
分離均衡　64, 89
ベストエフォート　4, 69
ベータ係数　126
ベンチャーキャピタル（VC）　57, 205
募集　2
募集価格　2
保証仮説　56
保証効果　56-59
補償リスクプレミアム　120
墓石広告　4-5, 57
ホームカントリーバイアス　80
本庁監理会社　158

マ行

マーケットメイク方式　74
未充足需要　125
見せかけの人気仮説　172-173
無議決権株　78
メインバンク　58
申込期間　37, 41

目論見書　36
モーメント法　103
モラルハザード　67

ヤ・ラ行

役員インセンティブ変化仮説　66
役得消費　76
有価証券届出書　8, 32, 36
予想価格幅　61
予想公開価格　61, 82
落札加重平均価格　31-32, 103
ラダリング　171
利益相反　58, 66, 68, 90, 94
利益相反仮説　153
利益相反誘因　19, 23, 177
利害対立仮説　65
リクルート事件　8, 29
リスク構造変化仮説　66
リスク配分仮説　69
リテール証券会社　19, 157
理論価格　36, 209
類似会社比準価格　30
類似会社比準方式　7, 27, 35
冷却市場　51
レモン　17, 53
レモンの原理　53
レモン・プレミアム　18, 54, 112
ロックアップ　47, 58, 189
ロードショー　21, 36

【著者紹介】
金子　隆（かねこ　たかし）
慶應義塾大学名誉教授。1953年生まれ。1975年慶應義塾大学経済学部卒業。1980年慶應義塾大学大学院商学研究科博士課程単位取得退学。慶應義塾大学商学部助手、助教授を経て、1992年教授。2013～15年商学部長。専門分野はファイナンス（特に企業金融論）。
主要論文：

Richard H. Pettway, Takashi Kaneko, Michael T. Young, "International Bank Capital Standards and the Costs of Issuing Capital Securities by Japanese Banks," *Journal of Banking and Finance* Vol. 15, No. 3, Jun. 1991, pp. 559-580.

Takashi Kaneko, Bong-Soo Lee, "Relative Importance of Economic Factors in the U.S. and Japanese Stock Markets," *Journal of the Japanese and International Economies* Vol. 9, No. 3, Sep. 1995, pp. 290-307.

Takashi Kaneko, Richard H. Pettway, "Auctions versus Book Building of Japanese IPOs," *Pacific-Basin Finance Journal* Vol. 11, No. 4, Sep. 2003, pp. 439-462.

金子隆・渡邊智彦「銀行借入 vs. 市場性負債――アナウンスメント効果の比較と要因分析」『現代ファイナンス』第18巻、2005年、pp. 69-95。

IPOの経済分析
過小値付けの謎を解く

2019年8月8日発行

著　者―――金子　隆
発行者―――駒橋憲一
発行所―――東洋経済新報社
　　　　　〒103-8345　東京都中央区日本橋本石町1-2-1
　　　　　電話＝東洋経済コールセンター　03(5605)7021
　　　　　https://toyokeizai.net/

装　丁………………………吉住郷司
本文レイアウト・DTP……アイランドコレクション
印　刷………………………丸井工文社
編集協力……………………パプリカ商店
編集担当……………………伊東桃子
©2019 Kaneko Takashi　　Printed in Japan　　ISBN 978-4-492-65487-3

本書のコピー、スキャン、デジタル化等の無断複製は、著作権法上での例外である私的利用を除き禁じられています。本書を代行業者等の第三者に依頼してコピー、スキャンやデジタル化することは、たとえ個人や家庭内での利用であっても一切認められておりません。
落丁・乱丁本はお取替えいたします。